UNION GÉNÉRALE D'ÉDITIONS
8, rue Garancière - Paris VIe

Du même auteur
dans la série « L'Appel de la vie »

LA CROISIÈRE DU « SNARK »

PAR

JACK LONDON

Traduit de l'américain
par Louis POSTIF
et Charles-Noël MARTIN
pour le chapitre XVI
Préface de Louis POSTIF
Postface de l'auteur

Chronologie et Bibliographie
par Francis Lacassin

10|18

Série « L'Appel de la Vie »
dirigée par Francis Lacassin

Titre original :
The Cruise of the Snark (1911).

ISBN 2-264-00751-6

A
CHARMIAN
Le second du Snark
qui, pendant notre traversée,
prit la barre en toute circonstance
et, après deux ans en mer,
versa des pleurs au terme de
notre voyage.

PRÉFACE

UN MOT SUR LE « SNARK »

A M. Paul Budker,
Rédacteur en chef de la revue
Yachts et Yachting
qui a bien voulu m'aider de ses connaissances techniques dans les passages de ce livre ayant trait à la navigation à voile.

L. P.

C'est après la lecture d'un livre désormais classique en Amérique, *Seul autour du monde sur un voilier de onze mètres,* par le capitaine Josuah Slocum, que Jack London se décida à faire construire, de ses propres deniers, le *Snark* dans un chantier maritime de San Francisco, en vue d'une longue croisière qu'il voulait accomplir avec sa femme.

D'interminables retards de la part des constructeurs l'empêchèrent de partir à la date annoncée, et toute la presse américaine commençait à se gausser de l'expédition, lorsqu'un beau jour le *Snark* sortit par la Porte d'Or et s'en alla jusqu'aux îles des Cannibales, dans le Pacifique.

Pendant tout le voyage, qui dura deux années, Mme Charmian London tint le journal de bord, publié en 1915 à New York sous le titre *The Log of the Snark* (1) Le succès de ce récit fut si grand que l'éditeur américain Macmillan réclama à son auteur la suite de ses souvenirs sur cette passionnante croisière : Mme London dut publier presque coup sur coup *Jack London et Hawaï* et *Le Nouveau Voyage à Hawaï,* qui conquirent également la faveur du public. Le journal de bord du *Snark* sera traduit prochainement en langue française.

Charmian London était la seule femme à bord, et l'*équipage,* au départ, ne se composait que de trois hommes : Roscoe, ami personnel de Jack et de Charmian, un cuisinier et un *boy* japonais.

Pour la clarté de cet ouvrage, nous croyons devoir présenter, même sommairement, d'autres personnages ayant pris part à la croisière du *Snark.*

Bert Stolz s'embarqua à San Francisco en qualité de mécanicien pour veiller à la marche et réparer — plus souvent qu'il n'était souhaitable ! — le moteur devenu pour ainsi dire inutile. Il descendit à la première escale, Hawaï, pour rentrer chez lui et fut remplacé dans ses fonctions par Martin Johnson, engagé comme cuisinier et promu d'emblée au grade de *mécano.*

Martin fut du nombre des amateurs enthousiastes qui avaient sollicité par écrit un emploi quelconque à bord du *Snark,* pour le seul plaisir du voyage : Jack lui confia en premier lieu le poste de coq, puis celui de mécanicien, et il quitta le bateau

(1) *Journal de bord du « Snark ».* Publié à la suite de *l'Ile des lépreux,* Collection 10/18, n° 1353.

en Australie lorsque son patron, à la suite d'une maladie due aux rayons ultra-violets du soleil tropical, fut contraint d'interrompre prématurément sa croisière, qui devait durer au moins sept années. Martin Johnson termina son tour du monde et depuis il a fait son chemin : il n'est autre que l'explorateur, de célébrité mondiale, qui a maintes fois retracé pour nous sur l'écran ses chasses aux fauves (1).

Matelot d'origine hollandaise, Hermann fit partie de l'équipage du *Snark* d'Hawaï à Tahiti.

Enfin, le capitaine Warren accompagna les London d'Hawaï aux îles Fidji, où il s'embarqua sur un autre navire.

Dès lors Jack London, qui possédait quelques vagues rudiments de la navigation, acquis de lui-même au cours de la traversée, dut assurer seul la marche du voilier. Il s'en tira tout à son honneur et le chapitre intitulé « Le navigateur amateur » n'est pas un des moins amusants pour les initiés.

Outre *La Croisière du « Snark »*, Jack London écrivit dans sa cabine, à raison de mille mots par jour, *Martin Eden,* commencé à Honolulu et terminé à Papeete, Tahiti, *L'Aventureuse, Contes des mers du Sud, Radieuse Aurore* et de nombreuses nouvelles.

On sait qu'Alain Gerbault fut inspiré par l'exemple de Jack London, ainsi qu'il le raconte dans *Seul à travers l'Atlantique.*

Hélas ! après le retour de Jack dans son ranch de

(1) Peu après la rédaction de cette préface, Martin Johnson a trouvé la mort dans un accident d'aviation, en 1936 (Note de l'Editeur).

Glen Ellen, en Californie, le *Snark* fut vendu à une société anglaise qui s'en servit pour faire son commerce aux Nouvelles-Hébrides et transporter les recrues dans les plantations.

Alain Gerbault nous raconte également, dans son livre : *Sur la Route du retour,* qu'il fit connaissance avec le *Snark* en quittant l'île Melé, dans le Pacifique. « Comme je louvoyais contre une brise légère, nous dit-il, j'aperçus entre l'îlot et la terre un beau *ketch* qui tirait un grand bord pour entrer dans Port Vila. Je le voyais pour la première fois, et cependant je le reconnus au premier coup d'œil. C'était le *Snark !* le *Snark* de Jack London, sur lequel un de mes auteurs préférés avait fait une si belle croisière, un beau et brave navire sévèrement critiqué, mais qui naviguait fréquemment encore entre la Nouvelle-Calédonie et les Nouvelles-Hébrides et pour lequel les marins du pays n'avaient que des éloges. »

Ce sont les aventures de ce fameux voilier et les intéressants récits de son capitaine improvisé qu'on retrouvera dans la présente traduction de cet ouvrage connu de tous les amoureux de la mer, tant en Amérique qu'en Grande-Bretagne.

Louis Postif.
(1936)

CHAPITRE PREMIER

LA RÉALISATION D'UN RÊVE

Notre aventure prit naissance à la piscine de Glen Ellen. Entre deux coupes, nous avions pour habitude de nous allonger sur le sable pour respirer l'air chaud et nous imprégner de soleil. Mon ami Roscoe était un yachtsman, et moi j'avais quelque peu bourlingué en mer. Inévitablement, nous en arrivâmes à parler bateaux. Ce jour-là, la conversation roulait sur les voiliers, leur possibilité de naviguer en plein océan, et nous citions, en exemple, le capitaine Slocum qui en trois ans fit le tour du monde, sur le *Spray* (1). Après tout, qui nous empêchait d'en faire autant, dans une embarcation de douze mètres ? En fin de compte, nous décrétâmes que rien ne nous procurerait tant de joie que d'entreprendre pareille croisière.

« Alors, qu'attendons-nous ? » dis-je en manière de plaisanterie.

Puis je demandai discrètement son opinion à ma

(1) Le capitaine Josuah Slocum a raconté le voyage du *Spray* dans son livre : *Seul autour du monde sur un voilier de onze mètres,* traduit de l'anglais par M. Paul Budker et publié chez E. Chiron, éditeur, Paris.

Itinéraire du « Snark »

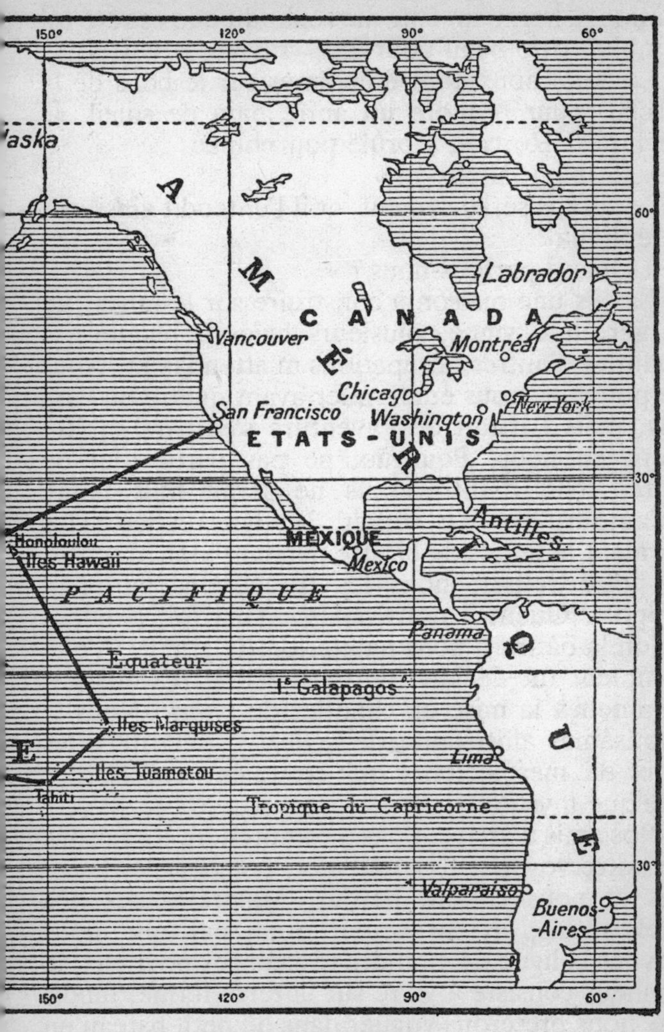

de San Francisco à Sydney.

femme, Charmian. Elle me répondit que ce rêve lui semblait trop beau pour être vrai.

Lorsque nous nous étendîmes sur le bord de la piscine pour prendre un autre bain de soleil, je déclarai à Roscoe, à brûle-pourpoint :

« Eh bien, allons-y ! »

Je parlais sérieusement, et il l'entendit ainsi, car il répliqua :

« Quand partons-nous ? »

J'avais une maison à construire sur le ranch, un verger, une vigne, plusieurs haies à planter, et quantité d'autres occupations m'attendaient. Nous ne pouvions nous embarquer avant quatre ou cinq ans, mais l'attrait de l'aventure s'empara subitement de nous. Pourquoi ne pas partir tout de suite ? Nul d'entre nous ne serait plus jeune qu'aujourd'hui. Le verger, la vigne et les haies auraient le temps de croître pendant mon absence. A notre retour, nous les trouverions en plein rapport. Quant à notre maison, ma foi, pendant qu'on la bâtirait, nous habiterions la grange. Voilà comment fut décidée notre croisière. Et aussitôt commença la mise en chantier du *Snark*. Nous le baptisâmes ainsi faute de mieux — cela dit pour ceux de mes lecteurs qui croiraient y discerner quelque mystère.

Nos amis n'arrivent pas à comprendre les raisons de notre voyage. Ils tremblent, poussent les hauts cris et nous croient perdus. Malgré toutes nos explications, ils ne voient donc pas que nous suivons la ligne de moindre résistance ; pour eux, le bonheur consiste à vivre sur la terre ferme, tandis que nous préférons voguer dans un petit bateau en plein océan. Cet état d'esprit provient de l'importance exagérée qu'ils attribuent à leur « moi ». Incapables de faire suffisamment abstraction d'eux-mêmes pour admettre que leurs idées ne sont pas nécessairement semblables à celles d'autrui, ils prétendent régler le bonheur des autres selon leurs propres souhaits, leurs impulsions et leurs tendances personnelles.

Ce raisonnement pèche par la base et je n'hésite pas à le leur dire. Mais ils ne veulent rien entendre et me prennent pour un fou : en revanche, j'éprouve quelque indulgence envers eux, car, à mon avis, nous sommes tous portés à croire qu'il y a certains rouages détraqués dans le processus mental de ceux qui ne partagent pas notre opinion.

Et si cela me plaît, à moi! Voilà les mots qui résument tout. Plus profonds que la philosophie, ils poussent l'ivrogne à boire et le moine à endosser un cilice ; ils incitent celui-ci à poursuivre la gloire, celui-là à conquérir l'or, cet autre à vivre pour l'amour, ce quatrième à se consacrer à Dieu. La philosophie est très souvent, pour l'homme, un moyen individuel d'exprimer ses goûts et ses désirs.

Mais revenons au *Snark* et laissez-moi vous exposer les raisons pour lesquelles j'ambitionne tant de faire le tour du monde dans ce bateau. Les objets prennent à mes yeux la valeur que je leur attribue. Je tiens à accomplir une œuvre par moi-même, non pour m'attirer des applaudissements, mais parce que j'éprouve une satisfaction infinie à m'exclamer : « C'est moi qui ai fait cela ! Et de mes propres mains ! » Mais, pour moi, le but doit être concret. J'aimerais mieux gagner une course à la nage dans ma piscine, ou bien rester solidement à califourchon sur un cheval qui essaie de se dérober, que d'écrire le chef-d'œuvre du roman américain. Chacun son goût.

A l'âge de dix-sept ans, j'accomplis un exploit dont je m'enorgueillis encore et qui me procura la plus grande joie de ma vie. Je me trouvais alors sur une goélette à trois mâts au large de la côte japonaise, en plein dans un typhon. Tout l'équipage était demeuré sur le pont pendant la majeure partie de la nuit. On vint m'éveiller, dans ma couchette, à sept heures du matin, pour prendre la barre. On n'avait pas hissé le moindre bout de voile. Nous étions en fuite à sec de toile, et cependant le bateau courait grand-erre. Les lames étaient éloignées l'une de l'autre d'un huitième de mille et le vent, emportant l'écume de leurs crêtes, emplissait l'air d'un tel embrun qu'il était impossible de voir devant soi à plus de deux vagues de distance. Nous manœuvrions avec peine. La goélette roulait considérablement et faisait cuiller des deux bords, virait sur elle-même, embardait du Sud-Est au Sud-Ouest, et menaçait à tout moment de se mettre en travers, lorsque les formidables vagues soulevaient son arrière. Si nous avions chaviré, le bateau eût été perdu corps et biens, sans pouvoir donner de ses nouvelles.

Je pris donc la barre, sous les yeux du capitaine. Ma jeunesse ne lui inspirait guère confiance : il craignait que je ne manquasse de la force et du sang-froid nécessaires. Après m'avoir vu triompher de plusieurs assauts, rasséréné, il descendit déjeuner dans sa cabine. A l'avant et à l'arrière, tous les matelots prenaient leur repas ; aucun d'eux n'aurait eu le temps de remonter sur le pont en cas d'accident.

Pendant quarante minutes, je restai seul au gouvernail, avec, entre les mains, le sort de la goélette, filant à toute allure, et la vie de vingt-deux hommes. A un moment donné, une grosse lame déferla à bord ; devant la catastrophe imminente et à demi noyé par les masses d'eau qui s'abattaient sur moi, j'arrêtai net l'élan du bateau et, d'un violent coup de barre, je le remis en route. Au bout d'une heure, on me releva en sueur et complètement épuisé. Mais j'avais réussi mon exploit ! De mes faibles mains, j'avais, sans flancher, tenu la barre et guidé, au milieu d'une mer démontée, cent tonnes de bois et de fer. J'éprouvais une immense fierté de m'être montré à la hauteur de ma tâche, et non à la pensée que vingt-deux marins me féliciteraient de mon courage. A la fin de cette année-là, la moitié de ces hommes étaient morts ; toutefois, mon orgueil n'en diminua pas de moitié pour autant. A franchement parler, j'avoue qu'il ne me déplaît pas de m'entourer d'un public, à condition qu'il soit très restreint. Je le choisis parmi les êtres chers ; je sens ainsi qu'en me distinguant à leurs yeux, je justifie en quelque sorte l'affection qu'ils me portent. Mais ce sentiment est tout à fait étranger au bonheur que me procure l'acte en lui-même ; ce bonheur, je l'estime comme mon bien propre, et il ne nécessite aucun témoin pour être complet. J'exulte ; tout mon être rayonne. Je suis conscient d'un enthousiasme qui m'appartient, et rien qu'à moi. Ce phénomène organique, qui me fait tressaillir des pieds à la tête, est en somme très naturel. Je le tiens pour la simple satisfaction qu'on ressent à s'adapter à son milieu. En un mot, c'est le succès.

L'être qui vit est celui qui sort vainqueur de la vie, et cette victoire continuelle lui est aussi nécessaire que l'air respiré par ses narines. Mener à bien une tâche ardue, c'est s'accoutumer à une ambiance hostile. Plus l'acte comporte de difficultés, plus grande sera la joie du triomphe. Tel est l'état d'esprit de l'homme qui va s'élancer du tremplin dans la piscine et, après un coup d'œil en arrière, fonce dans l'eau, la tête la première. Dès que le nageur quitte le tremplin, son entourage devient féroce, et féroce le châtiment infligé s'il manque son coup et frappe l'eau à plat. Bien sûr, rien ne l'oblige à courir ce risque ; libre à lui de se prélasser au bord de l'eau et de jouir de l'air estival, du soleil et de la terre ferme. Mais ce plongeur ne le conçoit pas ainsi ; en cet instant rapide où il traverse l'air, il vit avec une intensité qu'il ne connaîtrait jamais s'il se contentait de s'allonger sur la berge.

Quant à moi, j'aime mieux être ce sportif plutôt que le badaud, couché sur l'herbe, en train de le regarder. Voilà pourquoi je construis le *Snark*. Je suis ainsi fait. Tel est mon bon plaisir, voilà tout. Ce voyage autour du monde représente pour moi des heures sublimes. Veuillez me suivre et examiner un instant la situation avec moi.

Me voici, chétif animal appelé homme. Un brin de matière animée, cent soixante-cinq livres de chair et d'os, de nerfs, de tendons et de cerveau — tout cela doux et tendre, vulnérable et fragile. Si, du revers de la main, je frappe un coup sur le nez d'un cheval qui hennit, un os de ma main se brise. Je plonge la tête sous l'eau pendant cinq minutes, et me voilà noyé. Je tombe de six mètres dans l'air et je suis fracassé. Je suis un être soumis aux moindres variations climatiques. Quelques degrés au-dessous de zéro, mes oreilles, mes doigts et mes orteils noircissent et se détachent. Quelques degrés au-dessus, des ampoules se forment sur ma peau, qui se recroqueville et se sépare de ma chair à vif. Quelques autres degrés de froid ou de chaud, et la vie et la lumière s'évanouissent de mon être. Une goutte de poison injectée dans mon organisme par un reptile, et tout mouvement s'arrête en moi — pour toujours je cesse de remuer. Un éclat de plomb pénètre dans mon crâne, et me voilà définitivement plongé dans la nuit éternelle.

Faible et fragile, un brin de vie palpitante — voilà tout ce que je suis ! Autour de moi vont les grandes forces naturelles, menaces colossales, Titans de destruction, monstres dénués de sentiment, qui ont autant d'égards pour moi que j'en ai pour le grain de sable que j'écrase sous mon pied. Ils ne me connaissent point, ils sont inconscients, impitoyables, amoraux. Ces monstres se nomment les cyclones et les tornades, les éclairs et le tonnerre, les marées, les contre-courants sous-marins et les trombes, les grands tourbillons, les tremblements de terre et les volcans, les flots qui heurtent avec fracas la côte hérissée de récifs et les lames qui bondissent par-dessus les sabords des grands navires, réduisant les hommes en bouillie ou les projetant dans la mer. Aucun de ces monstres déchaînés ne connaît la frêle créature, toute de nerfs et de faiblesse, que les hommes appellent Jack London, et qui elle-même se croit quelque chose, voire un être supérieur.

Dans le conflit de tous ces Titans, dans le

labyrinthe de périls dont ils m'enveloppent, je dois me frayer un chemin précaire. Le brin de vie qui m'anime exultera en triomphant d'eux et se croira d'essence divine. Il est bon de chevaucher la tempête et de s'imaginer être un dieu. Je ne crains pas d'affirmer ceci : un atome de vie gélatineuse qui se sent l'égal d'un dieu éprouve plus d'orgueil que ce dieu prenant lui-même conscience de sa divinité.

Nous allons affronter les mers, les vents et les vagues du monde entier. L'ambiance sera féroce, l'adaptation difficile ; mais c'est le but atteint qui comblera de joie la petite vanité vacillante qui est moi-même.

Le voyage du *Snark* se présente aussi sous un autre aspect. Je brûle de tout connaître, mais l'univers est grand. Nous avons bien tracé l'itinéraire de notre route, mais nous n'avons arrêté qu'un point : notre première escale sera Honolulu. Au-delà de quelques vagues généralités, nous ne savons pas où nous relâcherons après Hawaï. Au cours du voyage, il sera toujours temps de prendre des décisions. En principe, nous vagabonderons à travers les mers du Sud, visiterons Samoa, la Nouvelle-Zélande, la Tasmanie, l'Australie, la Nouvelle-Guinée, Bornéo et Sumatra, et continuerons par les Philippines jusqu'au Japon. Ensuite viendront la Corée, la Chine, l'Inde, la mer Rouge et la Méditerranée. Après quoi, nos projets deviennent trop confus pour que j'en parle. Une chose est certaine, cependant, nous comptons faire un séjour d'un à plusieurs mois dans chaque pays d'Europe.

Le *Snark* manœuvrera à la voile. A bord, nous installerons un moteur à essence, qui fonctionnera seulement en cas de danger, par exemple quand il nous arrivera de louvoyer dans une mer déchaînée, à travers les récifs et les hauts-fonds où, dans un courant rapide, un voilier peut se trouver soudain désemparé par un calme plat. Il sera gréé en *ketch* (1), terme moyen entre le *yawl* (2) et la goélette. Depuis quelques années, le gréement du *yawl* a fait ses preuves dans les petites croisières. Le *ketch* conserve les mêmes qualités que le *yawl* et, en outre, offre certains avantages de la goélette pour la navigation à voiles. On se gardera d'accepter comme absolument exactes les explications qui précèdent ; pour moi, ce n'est que de la théorie, car non seulement je n'ai jamais voyagé sur un *ketch,* mais je n'en ai jamais vu un seul. Attendez que je parte sur mer, alors je serai à même de vous en dire plus long sur les capacités du *ketch.*

Selon nos prévisions, le *Snark* devait mesurer quarante pieds à la flottaison. Mais, nous étant aperçus que la place manquait pour une salle de bains, nous décidâmes de porter sa longueur à quarante-cinq pieds, soit quatorze mètres quarante-cinq, sa plus grande largeur est de quinze pieds, soit quatre mètres cinquante. Il ne possède pas de rouf ni de cale. La cabine principale mesure six pieds de hauteur, et le pont ne comporte d'autres ouvertures que celles des deux escaliers et un panneau à l'avant. L'absence de rouf nous offrira plus de sécurité lorsque les grandes lames

(1) Petit voilier à voiles auriques possédant un grand mât et un mât d'artimon placé sur l'avant de la mèche du gouvernail.

(2) La différence entre le *ketch* et le *yawl* réside en ceci : sur le *ketch,* le mât d'artimon est emplanté sur l'avant de l'étambot et, sur le *yawl,* à l'arrière de la mèche du gouvernail.

déverseront, avec un fracas de tonnerre, leurs centaines de tonnes sur nous. Un *cockpit* (1) étanche, spacieux, pourvu d'une haute hiloire et d'une vidange automatique, rendra plus confortables nos heures de mauvais temps.

Pas d'équipage, ou plutôt si : Charmian, Roscoe et moi. Nous nous chargerons nous-mêmes de toutes les corvées de bord ; livrés à nos seuls moyens, nous ferons le tour du monde ! Que le *Snark* arrive à bon port ou coule en cours de route, nous prendrons en nos mains sa destinée. Il va de soi que nous engagerons un cuisinier et un mousse. Pourquoi préparer nous-mêmes nos repas, laver la vaisselle et mettre la table ? Si nous tenons absolument à accomplir ces besognes, que ne restons-nous à la maison ? D'ailleurs, il nous faudra prendre le quart et manœuvrer notre bateau. Ne dois-je pas, de surcroît, remplir mon métier d'écrivain afin de pourvoir à notre nourriture, au remplacement des voiles et des filins, et au maintien du *Snark* en parfait état de navigabilité ? Puis il y a aussi le ranch, où mon personnel s'occupera à faire pousser la vigne, le verger et les haies.

Nous venons de découvrir que la salle de bains n'occupe pas toute la place prévue dans nos calculs ; nous en profiterons pour installer un moteur de soixante-dix chevaux, qui nous emmènera à une vitesse de neuf nœuds. Je voudrais bien connaître le fleuve assez rapide pour entraver notre marche à pareille allure.

Nous comptons faire beaucoup de navigation

(1) Espace aménagé au-dessous du niveau du pont, qui donne abri à l'homme de barre.

intérieure. Les dimensions restreintes du *Snark* rendent ce projet réalisable. Quand nous pénétrerons dans une terre, nous démâterons notre bateau et recourrons au moteur.

Nous longerons les canaux de Chine et le fleuve Yang-Tsé où nous passerons des mois entiers si nous obtenons l'autorisation gouvernementale, seule difficulté à résoudre. Mais si nous la surmontons, rien ne nous empêchera de poursuivre notre voyage à l'intérieur du pays.

En arrivant au Nil, nous remonterons ce fleuve. Nous en ferons autant du Danube jusqu'à Vienne et de la Tamise jusqu'à Londres. Nous pourrons quitter la Méditerranée et prendre le Rhône jusqu'à Lyon, entrer dans la Saône, suivre celle-ci jusqu'à la Marne par le canal de Bourgogne et, de la Marne, nous voyagerons sur la Seine jusqu'à Paris, où nous amarrerons au quai Notre-Dame, en plein Quartier latin, puis nous sortirons par Le Havre. Dans notre traversée de l'Atlantique jusqu'aux Etats-Unis, nous remonterons également l'Hudson, passerons dans le canal Erié, traverserons les Grands Lacs, laisserons le lac Michigan à Chicago, de là gagnerons le Mississippi par le fleuve Illinois et le canal qui les relie, puis nous descendrons le Mississippi jusqu'au golfe du Mexique. Restent ensuite les grands fleuves de l'Amérique du Sud. A notre retour à San Francisco, nous serons forts en géographie !

Les gens qui désirent bâtir une maison n'en finissent pas de discuter, d'ordinaire, sur le plan à suivre ; si le jeu les amuse, je leur conseille de construire un bateau du genre du *Snark*. Songez un instant à l'avalanche des détails qu'il faut étudier.

Commençons par le moteur. Quel est le meilleur modèle ? Un moteur à deux temps, trois temps ou quatre temps. A force de prononcer cet étrange jargon, j'en ai les lèvres écorchées, le cerveau mutilé par des idées plus bizarres encore, et complètement vide à la suite d'un tel voyage dans ce domaine rocailleux de la pensée. Système d'allumage, par magnéto ou par batterie ? Emploierons-nous des piles sèches ou des batteries d'accumulateurs ? Une batterie d'accumulateurs semble s'imposer, mais elle exige la présence d'une dynamo. Une dynamo de quelle puissance ? Une fois nos accumulateurs et leur dynamo installés, il serait ridicule de ne pas éclairer tout le bateau à l'électricité. Alors intervient le problème des lampes : quelle quantité ? Et des lampes de combien de bougies ? Quelle idée splendide ! Mais l'éclairage électrique complet nécessitera une batterie d'accus plus puissante, qui, elle-même, exigera une dynamo plus forte. Pendant que nous y sommes, pourquoi ne pas nous munir d'un projecteur ? Certes, il rendrait d'immenses services, mais un projecteur consomme tant d'électricité qu'il risque de mettre les autres lumières hors de service.

De nouveau, nous nous acharnons à calculer la force nécessaire au fonctionnement des accumulateurs et de la dynamo. Le problème enfin résolu, quelqu'un pose cette question : « Que ferez-vous si le moteur se détraque ? » Nous ne savons que répondre. Car il reste à prévoir les feux de côtés, la lampe de l'habitacle, le feu de mouillage, dont nos vies mêmes dépendent. Par mesure de prudence, nous accrocherons partout des lampes à pétrole.

Le rôle du moteur ne s'arrêtera pas là. Nous sommes à bord deux faibles hommes et une femme encore plus fragile, et nous nous briserons les reins si nous tentons de hisser l'ancre à la main. Avec la puissance dont il dispose, que le moteur s'en charge ! Autre difficulté : comment nous y prendrons-nous, maintenant, pour amener à l'avant la force du moteur au guindeau ? Avant de résoudre ce dilemme, nous redistribuons les emplacements de la chambre des machines, de la cuisine, de la salle de bains, du salon, de la cabine, et une fois de plus nous bouleversons nos plans. Le moteur une fois casé, j'expédie un télégramme en charabia aux constructeurs de New York : « Renonce joint clavette, changez palier de butée suivant distance côté avant du volant pour faire face à étambot six pour six. »

Si vous désirez connaître tous les détails, amusez-vous donc à choisir les meilleurs appareils à gouverner, ou tâchez de savoir s'il convient de munir votre gréement de caps de mouton (1) ou de ridoirs. Le compas sera-t-il placé sur l'avant de la barre au centre du bateau ou latéralement ? Pour nous mettre d'accord, il nous faudrait consulter une bibliothèque entière d'ouvrages maritimes. Surgit le problème de l'essence. Il nous en faudra environ huit mille litres. Quels sont les plus sûrs moyens de l'emmagasiner et de la distribuer ? Et quel est le meilleur extincteur d'incendie ? Et le canot de sauvetage ? Sa mise en place ? Ces points

(1) Blocs de bois de forme lenticulaire, percés de trois trous, dans lesquels passe un filin ou ride servant à raidir le gréement dormant d'un navire.

réglés, restent le mousse et le cuisinier, de quoi emplir nos nuits de cauchemars. N'oublions pas qu'il s'agit d'un petit bateau, où nous serons empaquetés les uns sur les autres. La question des domestiques dont se plaignent les terriens pâlit devant nos soucis actuels. A notre grand soulagement, nous engageâmes un mousse, mais il tomba amoureux d'une femme et nous lâcha.

Et comment peut-on trouver du temps pour étudier la navigation, alors qu'on est partagé entre ces tracas et celui de gagner de l'argent qui permettra de les vaincre ? Ni Roscoe ni moi ne connaissons un traître mot sur la navigation. L'été s'en est allé, nous nous préparons à partir, les difficultés se multiplient et notre caisse est vide. Qu'importe ! Il faut des années pour acquérir la science nautique ; nous sommes tous deux des marins et, si le loisir nous fait défaut, nous laisserons là livres et instruments et apprendrons par nous-mêmes à naviguer sur l'océan, entre San Francisco et Honolulu.

Cependant, Roscoe ne laisse pas de m'inquiéter. Il se déclare partisan d'un certain Cyrus R. Teed, qui professe sur la cosmologie des opinions totalement différentes du point de vue généralement admis. Roscoe croit dur comme fer que la surface de la terre étant concave, nous vivons à l'intérieur d'une sphère creuse. De cette façon, quoique nous naviguions sur le même bateau, le *Snark*, Roscoe, lui, voyagera autour du monde à l'intérieur, tandis que j'en ferai le tour à l'extérieur. Avant le terme de notre croisière, nous partagerons l'un et l'autre le même avis, mais je ne désespère pas de le convertir à l'idée qu'il se trouve à l'extérieur, et lui ne cesse de jurer ses grands dieux qu'à notre retour à San Francisco, il me verra débarquer à l'intérieur de la terre. Comment parviendra-t-il à me faire traverser la croûte terrestre ? Je voudrais bien le savoir. Mais je ne réponds de rien : Roscoe est un type si étonnant !

P. S. — Ce moteur ! Nous l'avons, ainsi que la dynamo et les accumulateurs. Pourquoi ne pas commander aussi un frigidaire ? De la glace sous les Tropiques ? C'est plus nécessaire que le pain. Va pour le frigidaire ! Maintenant, me voilà plongé dans la chimie. Mes lèvres me font mal, j'ai la tête en capilotade, et je me demande comment je pourrai me distraire de mes multiples occupations pour consacrer quelques heures à la navigation.

CHAPITRE II

L'INCONCEVABLE ET LE MONSTRUEUX

« Ne regardons pas à la dépense, dis-je à Roscoe. Que toute chose, sur le *Snark,* soit de la meilleure qualité. Et ne nous tracassons pas au sujet de la décoration. De simples planches en sapin pour les boiseries intérieures du bateau me suffiront amplement. Que le *Snark* soit aussi robuste et solide que le plus parfait des bateaux flottant actuellement en mer ! Encore une fois, ne vous inquiétez pas des frais : si le *Snark* remplit ces conditions, c'est l'essentiel. Tandis que vous veillerez à ces détails, je continuerai mon métier d'écrivain et gagnerai de quoi payer les factures. »

Et je m'y appliquai... du mieux possible ; car le *Snark* engloutissait l'argent plus vite qu'il ne m'arrivait. A tout moment il me fallait emprunter pour ajouter aux sommes reçues des éditeurs. Tantôt j'avais besoin de mille dollars, tantôt de deux mille, et parfois même de cinq mille dollars. Je travaillais tous les jours, et parfois même le dimanche, sans m'accorder le moindre répit ; et mes droits d'auteur disparaissaient comme dans un gouffre. Mais l'aventure en valait la peine, me disais-je, chaque fois qu'il m'arrivait de penser au *Snark.* Car rendez-vous compte, cher lecteur, de la force de résistance du *Snark*. Il mesure quatorze mètres quatre-vingt-cinq de long à la flottaison ; son galbord, soixante-dix-neuf centimètres d'épaisseur ; ses bordées, six centimètres vingt-cinq ; son pont, cinq, sans aucun écart. Je sais ce dont je parle, car je l'ai commandé moi-même à Puget Sound. En outre, le *Snark* possède quatre compartiments étanches ; en d'autres termes, trois cloisons hermétiques. En sorte que si une voie d'eau vient à se produire, quelle que soit son importance, un seul compartiment s'emplira. Les trois autres, maintenant le bateau à flot, nous permettront de réparer l'avarie. Ces cloisons présentent une autre qualité : la dernière chambre, tout à l'arrière, contient six réservoirs d'essence, soit un total de plus de quatre mille litres. Or, il est très périlleux de transporter une telle quantité de liquide inflammable sur une petite embarcation qui se dispose à accomplir une longue croisière en plein océan. Mais quand les six réservoirs étanches sont renfermés eux-mêmes dans un espace hermétiquement clos, on admettra que le danger est réduit à ses moindres proportions.

Le *Snark* est un voilier, mais incidemment on y a installé un moteur auxiliaire de soixante-dix chevaux, venant, à nos frais, tout droit de New York. Sur le pont, au-dessus du moteur, fonctionne un guindeau, magnifique appareil pesant plusieurs centaines de kilos et qui occupe une place considérable. Vous comprenez, comme nous, qu'il serait ridicule de hisser l'ancre à la force des bras, quand on dispose d'un moteur de soixante-dix chevaux. Nous avons donc installé ce guindeau : le moteur lui transmet le courant au moyen d'un engrenage et de pièces de fonte construits sur commande dans une fonderie de San Francisco.

Le *Snark* est conçu pour qu'on s'y trouve à l'aise, et rien n'a été épargné pour atteindre ce but. Prenons, par exemple, la salle de bains. Malgré ses dimensions restreintes, tout a été prévu : robinetteries, pompes, leviers, soupapes de vidange, rien n'y manque. Son installation m'a coûté des nuits blanches de réflexion. Puis viennent le canot de sauvetage et la chaloupe ; amarrés sur le pont, ils occupent le peu d'espace qui nous reste pour faire de l'exercice. Cependant, ne nous plaignons pas ; ils surpassent, en sécurité, une assurance sur la vie. Notre canot de sauvetage est excellent ; sur devis, il devait coûter cent cinquante dollars, mais à la livraison je dus acquitter une facture de trois cent quatre-vingt-quinze dollars. Voilà qui confirme ses qualités supérieures.

Si je continuais de ce train, je ne tarirais pas d'éloges sur le *Snark;* aussi, m'abstiendrai-je. En faisant jusqu'ici ressortir ses avantages, j'avais mes raisons, ainsi que vous le verrez tout à l'heure. Nous avions décidé que le *Snark* appareillerait le 1er octobre 1906. Le fait qu'il n'est point parti à cette date reste inconcevable et monstrueux. Aucune excuse plausible à ce retard, sauf que le *Snark* n'était pas prêt. On nous l'avait promis pour le 15 novembre, puis pour le 1er décembre ; cependant, nous dûmes encore prendre patience. Le 1er décembre, Charmian et moi quittâmes les montagnes pures et ensoleillées de la Sonoma pour venir dans l'atmosphère de San Francisco… mais pas pour longtemps. Oh ! non ! seulement deux semaines, car notre départ était fixé au 15 décembre. Et nous étions certains de lever l'ancre à cette date : Roscoe nous l'avait affirmé et nous étions venus, sur ses instances, nous fixer temporairement en ville. Hélas ! la quinzaine s'écoula, puis quatre semaines, puis six semaines, et huit semaines, si bien qu'en fin de compte notre embarquement nous parut plus éloigné que jamais. Vous me demandez, à moi, d'expliquer ce phénomène ? Je me refuse à répondre. Si je pouvais vous satisfaire, croyez que je ne m'en priverais pas. Moi qui n'ai pas la langue dans ma poche, j'avoue mon incapacité absolue à vous dire pourquoi le *Snark* n'était pas prêt au jour convenu. Je le répète, c'était inconcevable et monstrueux !

Les huit semaines en devinrent seize et un beau jour Roscoe ranima notre courage par cette promesse :

« Si nous ne partons pas avant le 1er avril, je vous permets de prendre ma tête pour un ballon de football. »

Deux semaines après, il vint me trouver :

« Vous savez, fit-il, je m'entraîne la tête pour ce fameux match !

— Qu'importe ! dis-je à Charmian. Songe donc au merveilleux bateau que sera le *Snark* une fois terminé ! »

Sur quoi, pour nous redonner mutuellement de l'espoir, nous échangions à tout propos nos impressions sur les nombreuses qualités du *Snark*. En attendant, j'empruntais de nouvelles sommes et, penché sur mon bureau, je ne cessais d'écrire, même le dimanche, me privant héroïquement d'accompagner mes amis en promenade sur les montagnes.

Je ne saurais passer sous silence une supériorité incontestable du *Snark :* son étrave. Aucune vague ne pourra passer par-dessus. Non seulement cette étrave se moque de la mer, mais elle lui jette une espèce de défi. Et avec cela, ses lignes sont un enchantement pour les yeux. Elle a été construite pour braver les plus fortes tempêtes.

Toucher cette étrave, c'est poser la main sur le point cosmique des choses. On devine, en la contemplant, que nous n'avons pas lésiné pour réaliser pareil chef-d'œuvre. Et à chaque nouveau retard, à toute dépense nouvelle qui allonge ma liste déjà copieuse, le simple fait de songer à cette merveilleuse étrave m'apporte quelque réconfort.

Le *Snark,* comme vous le savez, est un petit bateau. En prévoyant la coquette somme de sept mille dollars, j'avais été généreux dans mes calculs, minutieusement établis. Ayant bâti des maisons et des granges, je savais, par expérience personnelle, qu'on dépasse toujours le devis estimatif, et j'avais tenu compte d'une marge raisonnable. Or, le *Snark* me coûte trente mille dollars. Ne m'importunez pas de questions, je vous prie; je vous dis l'exacte vérité. J'ai moi-même signé les chèques et fait les appels de fonds nécessaires. Aucune explication à fournir là-dessus; c'est l'inconcevable et le monstrueux, et vous en conviendrez avec moi, je le sais, avant la fin de mon récit.

Arrivons maintenant aux retards. Je m'abouchai avec quarante-sept syndicats et cent quinze fournisseurs divers. Et aucun d'eux ne livra les marchandises aux dates convenues. Personne ne fut ponctuel, sauf, toutefois, quand il s'agissait de passer à la caisse, les jours de paie ou d'échéance. Ces gens juraient, sur leur âme immortelle, de respecter leurs engagements : en règle générale, il fallait tabler sur trois mois de retard, au moins, dans leurs livraisons. Voilà comment allaient les choses. Pour prendre notre mal en patience, Charmian et moi énumérions à satiété les qualités indiscutables du *Snark,* ce bateau si fort et si solide ; puis nous montions dans la petite chaloupe et faisions, à la rame, le tour du *Snark,* tout en couvant des yeux son étrave incroyablement merveilleuse.

« Songe un peu, disais-je à Charmian, à une rafale s'abattant au large des côtes de Chine. Le *Snark* est obligé de prendre la cape, avec sa superbe étrave fendant la tempête. Pas une goutte d'eau ne passe par-dessus. Elle demeure aussi sèche qu'une plume. Et nous autres, confortablement assis dans la cabine, nous jouons au whist en écoutant hurler le vent. »

Et Charmian, me pressant la main avec enthousiasme, de s'exclamer :

« Cette perspective compense largement les retards, les frais, nos tracas et tout le reste ! Oui, vraiment, c'est un magnifique bateau ! »

Chaque fois que je contemplais l'étrave du *Snark* ou songeais à ses compartiments étanches, je reprenais courage. Personne autre, cependant, ne partageait ma foi. Mes amis s'avisèrent de faire des paris sur notre date de départ. M. Niget, chargé de la direction du ranch pendant notre absence, fut le premier gagnant le jour de l'an 1907. Après quoi, les enjeux se multiplièrent, et je fus assailli comme par une bande de harpies. Téméraire et entêté, j'acceptais tous les paris, et je perdais immanquablement. Les femmes aussi me défièrent, même les moins hardies qui n'avaient jamais osé risquer un *cent* dans une loterie : il me fallut également les payer !

« Ne t'inquiète pas, me consolait Charmian. Pense à cette étrave et à la cape que nous prendrons dans les mers de Chine ! »

Pendant ce temps, les journaux et les éditeurs avec qui j'étais lié par contrats me bombardaient de demandes d'explications. Mais comment aurais-je pu les satisfaire, puisque tout demeurait pour moi un mystère, et que personne, pas même Roscoe, ne m'en eût donné la clef ? La presse se mit à blaguer sur le départ du *Snark* et à se gausser copieusement de moi. Un de mes amis, critique littéraire, écrivit une charge contre moi où il montrait le travail accompli jusqu'ici et les projets que j'avais en tête. L'animal me promit de publier seulement sa copie une fois que je voguerais en plein océan, mais j'étais encore à terre lorsque parut le premier de ses articles, et la série continue encore à l'heure présente.

Le temps passait. Un fait nous crevait les yeux ; il devenait impossible de terminer le *Snark* à San Francisco. La construction traînait tant que notre bateau commençait à se délabrer. Nous avions atteint la période où les détériorations vont plus vite que les réparations. Tout le monde, y compris nos ouvriers, nous considérait à présent comme des farceurs. De guerre lasse, j'annonçai que nous embarquerions sur le *Snark* en son état actuel, quitte à en achever les travaux à Honolulu. Avant notre départ, il se produisit une voie d'eau, dont il fallut nous occuper aussitôt. Je fis amener le *Snark* sur le *slip* (1), mais avant de l'atteindre, il fut coincé entre deux gros chalands et reçut un formidable choc. Nous réussîmes cependant à le placer, mais une fois au sec, les accores s'écartèrent et notre bateau tomba l'arrière le premier dans la vase.

Ce fut un beau gâchis ! Les sauveteurs se mirent aussitôt à l'œuvre. Il y a deux marées toutes les vingt-quatre heures ; à chacune d'elles, nuit et jour, pendant une semaine, deux remorqueurs à vapeur tentèrent à qui mieux mieux de redresser le *Snark* debout sur son arrière et enfoui dans la vase. Pour venir à bout de cette situation apparemment inextricable, nous eûmes recours aux engrenages et pièces de fonte fabriqués à la fonderie locale et qui transmettaient au guindeau la force du moteur. Les pièces de fonte avaient des failles : elles volèrent en éclats, les transmissions s'entre-broyèrent, de sorte que le guindeau ne nous fut d'aucun secours. Arraché de sa plaque de fondation en mauvais état, le moteur de soixante-dix chevaux, le derrière en l'air, brisa toutes les connexions et attaches, et s'enfonça sur le côté.

Sans perdre courage, nous redoublâmes nos efforts. Au moyen de courroies, on refixa le moteur sur ses pitoyables fondations ; les pièces de fonte brisées et les dents de transmission furent descendues et remisées quelque part — en attendant d'être transportées à Honolulu où les réparations auraient lieu.

(1) Appareil servant à haler à terre un petit bateau pour carénage, réparations, etc.

Jadis, dans les brumes du passé, on avait enduit l'extérieur de notre bateau d'une couche de peinture blanche, qu'on distinguait vaguement sous une bonne lumière. Les cloisons intérieures qui n'avaient pas été peintes disparaissaient sous une épaisseur de graisse et de jus de tabac laissés là par les innombrables mécaniciens qui étaient venus y travailler. N'importe ! on raboterait la crasse, et plus tard, à Honolulu, le *Snark* serait repeint entièrement en même temps que reconstruit.

Par la force seule de nos muscles et au prix de notre sueur, nous dégageâmes le *Snark* du berceau brisé et l'amenâmes le long du quai d'Oakland, dans le port de San Francisco. Des camions nous apportèrent, du ranch, des livres, des couvertures et nos bagages personnels. Ensuite, une véritable avalanche s'abattit sur nous ; bois, charbon, réservoirs à eau douce, eau, légumes, conserves, huile pour le canot de sauvetage et la chaloupe, tous nos amis, les amis de nos amis et ceux qui se prétendaient leurs amis. Apparurent également des journalistes, des photographes, des étrangers, des fous ; enfin et par-dessus tout, des nuages de poussière de charbon venant du quai.

Le départ devait avoir lieu le dimanche à onze heures, et nous étions au samedi après-midi. Sur le quai, la foule et la poussière de charbon étaient plus denses que jamais. Dans une poche de mon paletot, j'emportais un carnet de chèques, un stylographe, un timbre à dates et un buvard ; dans l'autre, une somme d'environ deux mille dollars en billets et en pièces d'or. Prêt à recevoir mes créanciers, à payer les petits en espèces et à régler les gros par chèques, j'attendais l'arrivée de Roscoe, apportant avec lui les comptes des cent quinze fournisseurs qui m'avaient retardé de si longs mois. Et alors...

Alors l'inconcevable et le monstrueux se produisirent une fois de plus. Devançant Roscoe, un quidam se présenta. C'était un huissier. Il colla un « Avis au public » sur le mât du *Snark,* et tous les gens réunis sur le quai purent lire que le *Snark* était sous le coup d'une saisie pour dettes. L'huissier confia la garde de notre bateau à un petit vieillard, puis s'éloigna. Dès lors, j'étais dépossédé de tous droits sur le *Snark :* le petit vieux en était maintenant le seigneur et maître, et je le payais, pour ce titre, trois dollars par jour. J'appris également le nom du malotru qui avait mis l'embargo sur notre yacht ; c'était un nommé Sellers, et la dette s'élevait à deux cent trente-deux dollars.

Mais qui diantre était ce Sellers ? Je consultai mes talons de chèques et constatai que, deux semaines auparavant, j'avais tiré en sa faveur un chèque de cinq cents dollars. D'autres carnets témoignaient que, pendant les nombreux mois que dura la construction du *Snark,* j'avais versé à ce plaisantin plusieurs milliers de dollars. Pourquoi, au nom de la plus élémentaire pudeur, n'avait-il point essayé d'encaisser son méchant reliquat, au lieu de faire mettre le *Snark* sous séquestre ? Je plongeai les mains dans mes poches, et, de l'une de celles-ci, je retirai le carnet de chèques, le timbre à dates et le stylo, les pièces d'or et les billets de banque. Il y avait là de quoi régler, au moins, une centaine de fois sa misérable facture ; pourquoi le bonhomme n'était-il pas venu me voir ? Aucune explication à fournir là-dessus : c'était de nouveau l'inconcevable et le monstrueux.

Pour comble de malchance, le *Snark* était sous le coup d'une saisie depuis le samedi après-midi, à une heure assez tardive. J'envoyai des hommes d'affaires dans tout Oakland et San Francisco, mais ils ne purent trouver ni juge, ni huissier, ni M. Sellers, ni son avoué, ni personne. Tout le monde était parti pour la fin de semaine. Le *Snark* n'appareilla donc point le dimanche matin à onze heures ! Le petit vieux s'y opposa formellement.

« C'est la farce d'un petit boutiquier pris de panique, dis-je à Charmian, parlant de M. Sellers et de sa saisie-arrêt. Mais ne nous inquiétons pas ; nos ennuis cesseront le jour où, débarrassés de cette histoire, nous voguerons sur le vaste océan. »

Enfin, notre départ eut lieu le mardi 23 avril 1907, en de lamentables conditions, je l'avoue. Il nous fallut hisser l'ancre à la main, la transmission de force étant hors de service. Les débris de notre moteur de soixante-dix chevaux furent descendus au fond du *Snark* pour servir de lest. Après tout, qu'importaient ces inconvénients ? Nous y mettrions bon ordre à Honolulu. Le bateau, dans son ensemble, n'était-il pas magnifique ? A vrai dire, le moteur de la chaloupe refusait de fonctionner et le canot de sauvetage faisait de l'eau comme un panier. Peuh !... c'étaient de simples accessoires. Les cloisons étanches, le bordé solide et sans écarts, les appareils de la salle de bains, voilà ce qui, pour nous, représentait le *Snark !* Et, par-dessus tout, cette noble étrave fendeuse de vent !

Nous sortîmes par la Porte d'Or (1) et fîmes route vers le Sud, dans cette partie du Pacifique où nous espérions rencontrer les alizés du Nord-Est. Tout de suite d'autres mésaventures se produisirent. Comptant sur la jeunesse pour accomplir avec succès pareille croisière, j'emmenais avec nous trois jeunes gens : un mécanicien, un cuisinier et un mousse. Mes calculs n'étaient justes que d'un tiers. J'avais, en effet, oublié de prévoir qu'un de ces hommes sur trois, au moins, souffrirait du mal de mer, et deux s'en plaignaient déjà : le cuisinier et le mousse. Ils gagnèrent leur couchette et pendant plusieurs semaines on ne put rien tirer d'eux. Nous dûmes nous passer de repas chauds et le ménage à bord fut quelque peu négligé, mais qu'y faire ? Nous découvrîmes bientôt qu'on nous avait fourni une caisse d'oranges gelées ; notre caisse de pommes moisissait ; les choux, gâtés avant même de nous parvenir, furent jetés par-dessus bord ; l'essence avait coulé sur les carottes ; les navets étaient durs comme du fer et les bettes entièrement pourries ; quant aux allume-feu, c'était du bois mort qui ne voulait pas prendre, et le charbon, livré dans des sacs de pommes de terre en mauvais état, s'était répandu partout sur le pont et s'échappait à travers les dalots.

Mais pourquoi s'attacher à d'aussi insignifiants détails ? Pour nous, seul le bateau importait... et il était parfait, n'est-ce pas ? En me promenant sur le pont, je comptai, rien qu'en une minute, quatorze écarts dans le magnifique bordé commandé spécia-

(1) La Porte d'Or est le nom du goulet qui fait communiquer avec la pleine mer la baie de San Francisco.

lement par moi à Puget Sound et qu'on devait me livrer sans abouts. De surcroît, l'eau passait à travers ce pont, au point que Roscoe fut à demi submergé dans sa couchette. Les outils furent détériorés dans la salle des machines, ainsi que les provisions à la cuisine. Les flancs du *Snark* faisaient eau également, de même que les fonds, et il nous fallut pomper tous les jours pour maintenir le bateau à flot. Bien que le plancher de la cuisine fût surélevé d'environ soixante centimètres au-dessus des fonds du *Snark*, l'eau tournoyait comme dans une baratte quatre heures après le dernier coup de pompe et je me suis mouillé jusqu'aux genoux le temps d'avaler sur le pouce une collation froide.

Une fois de plus nous sommes trompés ; ces magnifiques cloisons, qui coûtent si cher, ne sont pas du tout étanches ! L'eau circule, libre comme l'air, d'un compartiment à l'autre ! En outre une forte odeur d'essence, provenant de la chambre voisine de celles où sont emmagasinés les réservoirs, donne à croire qu'un ou plusieurs de ceux-ci, sur la demi-douzaine, ont des fuites. Et la salle de bains, avec ses pompes, ses leviers et ses soupapes ? Impossible de l'utiliser pendant le premier jour. Les puissants leviers d'acier se brisèrent net dans la main de celui qui essaya de pomper. De toutes les parties du *Snark*, la salle de bains fut délabrée la première.

Les pièces où entrait de l'acier, quelle qu'en fût la provenance, étaient toutes défectueuses, aussi bien la plaque de couche du moteur, expédiée de New York, que les pièces de fonte et les engrenages du guindeau, commandés à San Francisco. Enfin, le fer forgé employé dans le gréement vola de tous côtés à la première secousse. Du fer forgé qui se cassa comme du macaroni ! Puis la mâchoire de la corne de grand-voile se rompit. Nous y fixâmes celle de la voile de cape, et au bout de cinq minutes le même accident se produisit. Notez que nous dépendions entièrement de cette dernière voile en cas de tempête. En ce moment, la grand-voile pend comme une aile brisée, la mâchoire ayant été remplacée par un amarrage de fortune. Savoir si nous pourrons nous procurer du fer de bonne qualité à Honolulu !

L'homme nous a trahis et envoyés en mer dans un tamis, mais le Seigneur doit nous protéger, car nous jouissons d'un temps calme. Nous savons qu'il faut constamment pomper pour nous maintenir à flot et nous accordons autant de confiance à un cure-dent en bois qu'à la plus massive des pièces de fer du *Snark*. Nos convictions sur la solidité de notre bateau s'ébranlant de plus en plus, nous essayons, Charmian et moi, de nous raccrocher aux qualités extraordinaires de l'étrave. C'est, d'ailleurs, notre seule planche de salut. Alors, un beau soir, nous prîmes la cape.

Comment, pour les non-initiés, décrire cette manœuvre ? Pour supporter un mauvais temps, on réduit la voilure le plus possible, afin que le navire tienne debout au vent et à la mer. Lorsque le vent est trop violent ou les vagues trop hautes, un bateau de la dimension du *Snark* peut facilement prendre la cape. Alors, il ne reste plus rien à faire sur le pont ; l'homme de barre devient inutile, de même que l'homme de veille. En pareil cas, tout le monde descend dans la cabine pour y dormir ou jouer au whist.

Nous voguions sous une légère rafale d'été quand je commandai à Roscoe de prendre la cape. La nuit approchait. Presque toute la journée je m'étais chargé du gouvernail, l'équipage sur le pont (Roscoe, Bert et Charmian) tombait de fatigue, et les hommes, en bas, souffraient du mal de mer. Nous avions déjà pris deux ris dans l'énorme grand-voile. Nous rentrâmes le clinfoc et le foc, et prîmes également un ris dans la trinquette. Nous réduisîmes aussi l'artimon. A ce moment, le bâton de clinfoc disparut sous un paquet de mer et se brisa net. Aussitôt je mis la barre dessous. Le *Snark* roulait en plein dans le creux des lames. Je donnai encore quelques coups de barre, mais le *Snark* ne quittait pas cette position dangereuse entre toutes pour un navire. Je mis la barre toute dessous ; le *Snark* ne put se mettre qu'à huit quarts du vent. J'envoyai alors Roscoe et Bert sur la grande écoute, sans résultat, d'ailleurs, car le *Snark* ne quittait pas le creux des vagues et sa lisse disparaissait tantôt à tribord, tantôt à bâbord.

De nouveau l'inconcevable et le monstrueux montrèrent leurs têtes grises. L'aventure était grotesque, inouïe. Je refusais d'en croire mes yeux : avec deux ris dans la grand-voile et la trinquette, le ris pris, le *Snark* refusait de capeyer. La grand-voile fut bordée plat. Cette manœuvre ne modifia pas d'un dixième de degré la route du *Snark*. Nous choquâmes cette fois l'écoute de la grand-voile. En vain. Nous établîmes une voile de cape au mât d'artimon et serrâmes la grand-voile. Aucun changement. Le *Snark* continuait de rouler dans le creux des lames. Sa magnifique proue refusait de se dresser pour affronter le vent.

Ensuite, nous rentrâmes la voile d'étai dans laquelle nous venions de prendre un ris, en sorte que seule restait établie la voile de cape du mât d'artimon, notre dernière ressource. Nous ne réussîmes pas davantage, aussi vrai que je vous le dis.

Maintenant, quelle décision auriez-vous prise à notre place ? Sortir l'ancre flottante ? Voilà précisément ce que nous fîmes. Nous possédions une ancre de ce genre, fabriquée sur commande et garantie insubmersible. Imaginez un cerceau d'acier servant à maintenir ouvert un grand sac de toile conique ; voilà l'ancre flottante. Nous fixâmes solidement cette ancre à l'avant du *Snark* et la lançâmes par-dessus bord. Elle coula aussitôt ! Elle était heureusement munie d'un faux bras ; et en halant sur celui-ci, nous pûmes la rentrer à bord. Nous attachâmes comme flotteur une grosse pièce de bois et plusieurs fois de suite nous laissâmes tomber l'ancre ; cette fois, elle flottait ! Le filin à l'avant se raidit, l'artimon de cape à l'arrière faillit amener l'avant dans le vent, mais là se borna son effort ; le *Snark* prit l'ancre flottante en remorque et continua d'avancer, l'entraînant après lui toujours dans le creux des vagues. Et voilà ! Nous allâmes jusqu'à amener l'artimon de cape, à le remplacer par l'artimon bordé plat, et le *Snark* se dandina dans le creux des vagues, l'ancre toujours à la traîne. Je ne vous force pas à me croire : moi-même j'ai peine à me rendre à l'évidence. Je vous raconte simplement ce que j'ai vu.

Maintenant, je vous laisse juges. Lequel d'entre vous a entendu parler d'un voilier qu'on ne peut mettre à la cape, même à l'aide d'une ancre flottante ? En tout cas, c'est la première fois que cela m'arrive.

Pendant tout ce temps je me tenais sur le pont, témoin d'un fait brutal, inconcevable et monstrueux. Malgré toutes nos précautions, le *Snark* refusait de prendre la cape ! Un ciel orageux, où la lune brillait par intermittences, s'était levé sur nous. L'air était chargé d'humidité, de fortes rafales nous menaçaient, et le *Snark* continuait sa route toujours dans le creux des vagues, froid et impitoyable à la clarté lunaire. Alors, nous rentrâmes l'ancre flottante, amenâmes l'artimon et prîmes la fuite devant le temps sous la trinquette, puis nous descendîmes, espérant avaler un repas chaud. Mais nous trouvâmes dans la cabine, étendus comme des morts sur leurs couchettes, le cuisinier et le mousse. Nous nous allongeâmes nous-mêmes, tout habillés, prêts à la moindre alarme, écoutant le clapotement de l'eau de cale qui envahissait jusqu'à hauteur du genou le sol de la cuisine.

Au *Bohemian Club* de San Francisco, j'ai entendu des marins, véritables connaisseurs, porter leur jugement sur le *Snark*, pendant sa construction. Leur seule objection — et là-dessus ils tombaient tous d'accord — c'est qu'il ne pourrait naviguer vent arrière par mauvais temps. Au demeurant, l'ensemble était merveilleusement conçu. Ses lignes, expliquaient-ils d'un air énigmatique..., cela provient du défaut de ses lignes ! Eh bien, j'eusse aimé avoir avec moi, à bord du *Snark*, l'autre nuit, ces fameux marins du Club. Ils auraient vu, eux-mêmes, leur reproche complètement démenti par les faits. Le *Snark* incapable de fuir ? Mais c'est la seule chose qu'il fit à la perfection. Fuir ? Il fuit grand-erre avec une ancre flottante à l'avant et tout l'artimon bordé plat à l'arrière. En ce moment, nous marchons vent arrière à la vitesse de six nœuds sous les alizés du Nord-Est. La mer est houleuse. Personne ne tient la barre, qui n'est même pas amarrée et qui est très légèrement au vent. Pour préciser, le vent souffle du Nord-Est ; l'artimon est serré, la grand-voile se balance à tribord, les focs sont bordés plat et nous faisons route au Sud-Sud-Ouest. Et il existe des marins, ayant bourlingué à la voile pendant quarante ans, pour affirmer qu'aucun bateau ne peut courir plein vent arrière sans être gouverné ! Ils me traiteront d'imposteur en lisant ces lignes ; le capitaine Slocum fut ainsi qualifié lorsqu'il écrivit les mêmes faits au sujet du *Spray*.

Quant à la conduite du *Snark* à l'avenir, je ne saurais formuler la moindre prédiction. Si je possédais l'argent et le crédit nécessaires, je construirais un autre bateau qui, lui, prendrait la cape. Mais je suis à bout de ressources. Il me faut donc accepter celui-ci tel quel, ou abandonner la partie. Devant cette impossibilité, j'essaierai, faute de mieux, de m'en tirer en mettant à la cape par l'arrière. J'attends le prochain coup de vent pour voir comment notre bateau se comportera. A mon avis, la manœuvre reste possible. Tout dépend de la façon dont l'arrière prendra les lames. Qui sait ? Peut-être qu'un beau matin, sur la mer de Chine, quelque capitaine, étonné, se frottera les yeux et portera de nouveau son regard sur une petite embarcation bizarre, ressemblant au *Snark* à s'y méprendre, capeyant par l'arrière et se riant du vent !

P. S. — A mon retour en Californie, après cette croisière, j'ai constaté que le *Snark* mesurait seulement quatorze mètres dix-neuf à la flottaison au lieu de quatorze mètres quatre-vingt-cinq. Cette erreur provenait sans doute de ce que le constructeur ne vivait pas en bons termes avec sa règle de charpentier.

CHAPITRE III

L'AVENTURE

Non, l'aventure n'est pas morte, malgré la machine à vapeur et Thomas Cook and Son. Quand j'annonçai cette croisière du *Snark,* une légion de jeunes gens, au tempérament vagabond, ainsi que des jeunes femmes, sans compter des gens d'âge mûr, s'offrirent à m'accompagner. Parmi mes amis, j'en compte au moins six qui regrettaient leur mariage récent, et je connais un couple qui faillit rompre les fiançailles, tout cela à cause du *Snark.*

Chaque courrier était chargé de demandes de postulants qui étouffaient dans les « villes bondées d'hommes », et je ne tardai pas à m'apercevoir qu'un Ulysse du xxe siècle avait besoin d'une armée de sténographes pour liquider sa correspondance avant de mettre à la voile.

Certes, non ! l'esprit d'aventure n'est pas près de mourir, tant qu'on recevra des lettres débutant ainsi : « Je ne doute pas qu'en lisant cette requête, adressée du fond de l'âme par une inconnue habitant New York », etc. ; et, quelques lignes plus loin, on apprend que « cette inconnue pèse quarante kilos, désire être mousse, et meurt d'envie de parcourir le monde ». La possession d'un « amour passionné pour la géographie », voilà en quels termes un autre exprimait la soif de voyages qui était en lui. Un troisième m'écrivait : « Je suis en proie à un maudit désir de ne jamais tenir en place, d'où cette lettre. » Mais le plus étonnant était ce garçon qui voulait venir parce que ses jambes le démangeaient.

Certains m'écrivaient, anonymement, avançant les noms d'amis dont ils m'énuméraient les qualités ; mais j'entrevis, dans ce procédé, une intention sinistre et je passai outre.

A deux ou trois exceptions près, les centaines de personnes qui désiraient faire partie de mon équipage me paraissaient des plus sérieuses. Beaucoup m'envoyèrent leurs photographies : quatre-vingt-six pour cent étaient prêtes à accepter n'importe quelle besogne, et quatre-vingt-dix-neuf pour cent ne réclamaient aucune rémunération. Presque tous les amateurs demandaient une réponse favorable par télégramme à leurs frais, et nombre d'entre eux promettaient de s'engager par écrit à se présenter le jour même du départ.

En revanche, d'autres avaient une vague idée du travail exigé à bord du *Snark,* comme, par exemple, celui-ci qui me disait : « Je prends la liberté de vous demander s'il me serait possible de vous accompagner pour faire des dessins et illustrations. »

Puis venaient les lettres ingénues, franches et familières, dépourvues de tout ornement, de jeunes garçons, tous désireux de participer à cette croisière. C'est à ceux-là qu'il me coûtait le plus de refuser.

Mais qu'on ne s'imagine pas que la plupart de mes volontaires étaient des enfants ; au contraire, ceux-ci constituaient une très faible proportion. Des hommes et des femmes de toutes conditions, des médecins, des chirurgiens et des dentistes s'offraient en grand nombre pour me suivre, et comme tous les postulants exerçant une profession libérale, ils ne réclamaient aucune rétribution, souhaitaient remplir n'importe quel emploi et proposaient même de me payer si j'acceptais leurs services.

Une multitude de typographes et de journalistes voulaient venir, sans compter les valets de chambre, chefs de cuisine et stewards expérimentés. Puis des ingénieurs civils, et une avalanche de lettres de « dames de compagnie » s'abattit sur Charmian, alors que j'étais submergé de demandes de soi-disant secrétaires particuliers. Quantité d'étudiants d'écoles secondaires et d'universités tenaient à nous accompagner, et chaque corps de métier nous fournissait quelques candidats : mécaniciens, électriciens et divers autres spécialistes insistaient avec une ardeur toute spéciale. Je fus étonné du nombre d'employés, d'hommes de loi qui, de leurs bureaux poussiéreux, répondaient à l'appel de l'Aventure, et plus surpris encore par celui de capitaines en retraite toujours esclaves de la mer. Pères et fils mouraient d'envie de se joindre à nous, beaucoup de maris suivis de leurs femmes, sans parler de la jeune sténographe qui m'écrivait : « Prévenez-moi immédiatement si vous avez besoin de mes services. Je prendrai le premier train et apporterai ma machine à écrire. » Mais voici le bouquet... remarquez la façon adroite dont ce mari m'imposait sa femme : « Je crois bon de vous demander s'il est possible de faire la croisière avec vous. J'ai vingt-quatre ans, je suis marié et sans le sou, et pareil voyage *nous* conviendrait admirablement. »

Quand on y songe, quelle tâche ardue, pour l'homme moyen, de faire ses propres éloges dans une lettre ! Néanmoins, un de mes correspondants n'hésitait point à se donner les plus flatteuses références et, en terminant, il se montrait enchanté d'avoir rédigé pareille missive.

« Imaginez-vous donc ceci ; votre mousse est capable de s'occuper du moteur, de le réparer en cas d'avarie. Il peut prendre son tour à la barre, accomplir le travail d'un charpentier, voire d'un mécanicien. En outre, il jouit d'une excellente santé, il est fort et animé d'une bonne volonté. Ne le préférez-vous pas à un gamin qui, continuellement en proie au mal de mer, ne vous rendra d'autre service que de laver vos plats ? » Il me répugnait franchement de répondre par un refus à des lettres de ce genre. Le scripteur se trouvait depuis deux ans seulement aux E.U.A., avait fait seul ses études et, comme il le disait : « Je ne désire pas aller avec vous pour gagner mon pain, mais seulement pour voir et apprendre. » A cette époque, il était dessinateur dans une importante société de construction de moteurs et connaissait, par expérience, le maniement des petits bateaux.

Nombre de mes camarades socialistes me firent part de leurs objections contre cette croisière. En voici une des plus typiques : « La cause socialiste et les millions d'opprimés du capitalisme se reconnaissent le droit de revendiquer votre vie et les services que nous attendons encore de vous. Si, malgré tout, vous persistez, souvenez-vous du moins, en avalant la dernière gorgée d'eau salée avant de disparaître dans le bouillon, que nous protestons contre cette aventure. »

Et voici, enfin, ce qu'écrivait la seule femme — en dehors de Charmian — qui eût désiré faire partie de notre équipage : « Si vous ne réussissez pas à trouver un cuisinicr, j'aimerais fort à entreprendre ce voyage en remplissant cet emploi à bord. Je suis une femme de cinquante ans, favorisée d'une excellente santé, ayant beaucoup voyagé ; je connais bien la mer, et si votre croisière doit durer dix ans, tant mieux ! Voici mes références... »

« Je mets à votre disposition un nouveau procédé pour utiliser la force du vent, me disait un inventeur de San Francisco. Sans gêner en quoi que ce soit la marche d'un bateau par faible brise, mon appareil permet, en cas de gros temps, de déployer le plus de toile possible. Grâce à lui, il serait impossible au *Snark* de chavirer. »

La lettre ci-dessus était datée du 16 avril 1906. Deux jours après se produisit le tremblement de terre de San Francisco, qui fit sans doute de mon correspondant un sinistré et empêcha notre rencontre.

Voici les lignes que m'écrivait un homme « long » d'un peu plus de cinq pieds : « Quand j'ai appris votre projet, ma joie fut telle que je m'imaginai un instant faire partie de l'équipage du *Snark*. Aussi ai-je eu l'intention de vous proposer mes services comme mousse ou comme cuisinier. Malheureusement j'ai dû, le mois dernier, me rendre d'Oakland à Denver pour travailler chez un ami, mais les affaires vont de mal en pis. Le grand tremblement de terre ayant retardé votre départ, je me décide seulement aujourd'hui à solliciter un des postes ci-dessus. Je ne suis pas très fort, je mesure un peu plus de cinq pieds de long, mais je jouis d'une excellente santé et puis vous rendre d'appréciables services. »

« Nous sommes six jeunes marins américains, frais émoulus de la Marine Marchande, âgés de 20 à 22 ans. Nous travaillons actuellement aux Aciéries de l'Union. Pourriez-vous nous prendre avec vous ? »

De si belles lettres me faisaient regretter les dimensions restreintes du *Snark*.

Quelque jour, quand j'aurai gagné une fortune, je construirai un immense navire, capable de contenir un millier de passagers. Mes volontaires devront faire le tour du monde sur ce bateau ou bien rester chez eux. Mais je réponds qu'ils atteindront leur but, car l'Aventure n'est pas morte. Je sais, d'ailleurs, ce que j'avance, car je viens d'échanger avec Elle une longue et intime correspondance.

CHAPITRE IV

NOUS NOUS ORIENTONS

« Mais, objectaient nos amis, comment osez-vous partir en mer sans navigateur ? Car vous ne savez point naviguer, n'est-ce pas ? »

Je dus avouer que je ne savais rien en fait de navigation, n'ayant jamais regardé à travers un sextant, que j'aurais peut-être confondu avec un almanach nautique. Quand ils me demandèrent si Roscoe était navigateur, je hochai la tête. Roscoe se piqua au jeu. Il avait vaguement parcouru le précis de navigation que nous nous étions procuré pour le voyage, savait se servir des tables de logarithmes, avait vu jadis un sextant, comptait des marins parmi ses ancêtres. Il en concluait qu'il connaissait la navigation ! Ce en quoi il se trompait, j'insiste là-dessus. Arrivé, tout jeune, du Maine en Californie par l'isthme de Panama, c'était la première fois qu'il perdait la terre de vue. Jamais il n'avait suivi d'école maritime, ni passé d'examen ; jamais non plus il n'avait navigué à la voile en haute mer. Il était tout bonnement un yachtsman de la baie de San Francisco, d'où l'on aperçoit toujours la côte à quelques milles de distance.

Le *Snark* commença donc sa longue croisière

sans navigateur. Le 23 avril, nous franchissions la Porte d'Or, en mettant le cap vers les îles Hawaï, à vingt et un milles marins à vol de mouette. Le résultat justifia notre audace, car nous atteignîmes notre destination, et, de plus, sans le moindre ennui, comme vous l'allez voir ; ou plutôt sans de graves inconvénients. Pour débuter, Roscoe taquina la navigation. Il en possédait bien la théorie, mais l'appliquait pour la première fois, ainsi qu'en témoigna le comportement bizarre du *Snark*. Non que le *Snark* ne fût parfaitement stable en mer, mais sur la carte sa conduite paraissait désordonnée. Un jour, par faible brise, il faisait (toujours sur la carte...) un bond comme si on avait souqué de la toile et, le jour suivant, il filait grand-erre, sans changer pour ainsi dire de position. Or, quand un bateau enregistre six nœuds au loch pendant vingt-quatre heures consécutives, il a couvert indiscutablement cent quarante-quatre milles.

Rien à dire contre l'océan, ni contre le loch breveté ; quant à la vitesse, on pouvait la suivre des yeux. Donc, l'erreur provenait des calculs qui se révélaient incapables de reproduire exactement sur la carte la marche du *Snark*. Le fait ne se produisait pas tous les jours, cependant il se produisait : phénomène naturel, en somme, car on ne pouvait guère s'attendre à mieux de quelqu'un qui, pour la première fois, s'essayait à appliquer une théorie.

La navigation exerce une curieuse influence sur l'esprit humain. Le navigateur de moyenne force en parle avec une si profonde vénération que son attitude même déroute le profane devant un ténébreux et épouvantable mystère. J'ai connu des jeunes gens modestes et ingénus, francs comme le jour, qui se lançaient dans l'étude de la navigation ; au bout de peu de temps, ils devenaient renfermés et prenaient de l'importance comme s'ils venaient d'accomplir un formidable tour de force intellectuel. La navigation impressionne son public à l'instar d'un prêtre de quelque rite sacré, surtout lorsque, d'un ton d'oracle, il invite des visiteurs à jeter un coup d'œil sur son chronomètre et autres instruments de précision. Voilà pourquoi nos amis éprouvèrent tant de crainte à nous voir partir sans navigateur à bord.

Pendant la construction du *Snark,* il m'arriva de faire à Roscoe la proposition suivante : « Je fournirai les livres et les instruments nécessaires, lui dis-je, et vous piocherez la navigation. Moi, je serai trop occupé pour songer à quoi que ce soit. Une fois en mer, vous m'enseignerez vos propres connaissances. » Roscoe était ravi. Mais, dès que nous fûmes en mer, il se mit à pratiquer le rite sacré devant nos yeux émerveillés, et un changement subtil, mais visible, s'était opéré en lui. Lorsque, à midi, il prit la hauteur du soleil, une lueur de béatitude l'enveloppait comme une auréole. Lorsqu'il descendait pour faire des calculs, il remontait vivement sur le pont nous annoncer la latitude et la longitude, et sa voix prenait un ton autoritaire tout à fait nouveau. Mieux encore, il se farcit le crâne de certaines données qu'il garda secrètement pour lui. Plus il découvrait les raisons des bonds désordonnés du *Snark* sur la carte, le *Snark* déviant de moins en moins de sa route, et plus il devenait impénétrable. Timidement, je me hasardai à lui dire que le temps était venu, pour moi aussi, d'apprendre la navigation. Il ne s'empressa pas de me répondre et ne s'offrit nullement à m'aider, malgré sa promesse formelle.

Je n'en veux pas à Roscoe. Il n'y pouvait rien lui-même. Il prenait, malgré lui, les façons de tous ceux qui l'avaient précédé. Ayant perdu pour ainsi dire le sens des valeurs en même temps que celui de l'orientation, il se sentait écrasé par les responsabilités et croyait détenir une puissance égale à celle d'un dieu. Toute sa vie, Roscoe l'avait passée à terre, avec des points de repère pour le guider, tant bien que mal. Aujourd'hui, il naviguait sur une mer s'étendant à perte de vue, limitée seulement par le cercle immuable du ciel. Le soleil se levait à l'Est, se couchait à l'Ouest et les étoiles décrivaient leur ronde dans la nuit. Mais où est le surhomme capable d'affirmer, en cet instant précis, rien qu'en observant la voûte céleste : « L'endroit où je suis se trouve à une distance de quatre milles trois quarts à l'Ouest du magasin de Jones à Smitherville » ; ou : « Je sais où je suis, car la Petite Ourse m'apprend que l'on rencontrerait Boston à trois milles de là, en prenant le deuxième tournant à droite. » Ne cherchez pas; le surhomme, c'est Roscoe. Non seulement il en fut étonné, mais il éprouva une sorte de crainte respectueuse de lui-même ; il venait d'accomplir un exploit miraculeux. Le fait de se repérer sur la surface liquide prit les proportions d'un rite, et il se considéra dès lors comme un être supérieur, devant nous qui dépendions entièrement de lui pour nous conduire sur la grand-route salée, dépourvue de bornes kilométriques, et qui relie les continents. A l'aide du sextant, il interrogeait le dieu Soleil ; il consultait ensuite des anciens livres et des tables de caractères magiques, mâchonnait des prières dans une langue étrange, traçait des signes cabalistiques, puis il plaçait le doigt sur un point de la carte en s'exclamant : « Nous sommes à tel endroit. »

De nouveau, je le proclame : Roscoe n'était pas à blâmer. L'égal d'un dieu, il nous portait dans le creux de sa main à travers les espaces bleus de sa carte. Il m'inspira une telle vénération que, m'eût-il ordonné de m'agenouiller, je me serais aussitôt jeté à ses pieds en lui criant mon adoration.

Cependant, un jour, une petite pensée m'effleura l'esprit : ce n'est point là un dieu, me dis-je, mais Roscoe, un simple mortel comme toi. Ces prouesses, tu peux les accomplir aussi. Qui lui a enseigné cette fameuse science? Lui-même. Allons, imite-le..., et sois ton propre professeur. Dès lors, le prestige de Roscoe s'effondra d'un seul coup, ainsi que sa dignité de grand prêtre du *Snark*. J'envahis son sanctuaire et réclamai les anciens livres, les tables magiques et le « moulin à prières », autrement dit le sextant.

Et maintenant, en simple langage, je vais essayer de vous expliquer comment j'appris moi-même la navigation. Tout un après-midi je demeurai dans le *cockpit,* tenant la barre d'une main et de l'autre les tables de logarithmes. Deux après-midi de suite, pendant deux heures, je piochai la théorie générale de la navigation et le procédé spécial grâce auquel on calcule une latitude méridienne. Puis je saisis le sextant, déterminai l'erreur instrumentale, et pris la hauteur du soleil. Une fois mes observations faites, le calcul devint un véritable jeu d'enfant. Dans l'*Epitome* et l'*Almanach Nautique,* je découvris des vingtaines de tables très compliquées, toutes employées par les mathématiciens et les astronomes. En somme, cela revenait à se servir de tables d'intérêts et de barèmes, que vous connaissez tous. Le mystère s'évanouit aussitôt devant nos yeux. Je posai mon doigt sur la carte et annonçai l'endroit où nous nous trouvions. Je tombai juste, du moins aussi juste que l'ami Roscoe, qui désigna un point à un quart de mille du mien.

J'avais enfin soulevé le voile. En présence de ce miracle, je me sentis doué d'une force nouvelle, et j'en frissonnai d'orgueil. Lorsque Martin me demanda où nous étions, du même ton humble et déférent employé tout récemment par moi-même envers Roscoe, je répondis avec exaltation, en gonflant ma poitrine, dans le langage chiffré du grand prêtre. Il aurait fallu entendre les exclamations du pauvre Martin ! Quant à Charmian, je venais de lui démontrer, d'une manière tout à fait inédite, mon droit à son admiration. Un autre sentiment s'épanouissait en moi : j'estimais Charmian heureuse, entre toutes les femmes, d'avoir choisi un mari tel que moi.

Impossible de résister à de pareils réflexes. Je le dis en défense de Roscoe et de tous les autres navigateurs. Le démon de la puissance opérait en moi. Je ne ressemblais plus à nos concitoyens, du moins à la majorité d'entre eux : je venais de percer le mystère des cieux, grâce à quoi je me dirigeais sur l'Océan. Le goût de ma supériorité me stimulait davantage encore. De longues heures, je gouvernais la barre d'une main et, de l'autre, je manipulais les instruments. Au bout d'une semaine, je fus à même de trancher plusieurs difficultés.

Par exemple, je pris, le soir, la hauteur de l'étoile Polaire. Je la corrigeai de l'erreur instrumentale, de la dépression, etc., et trouvai notre latitude. Et cette latitude concordait avec celle du midi précédent corrigée de l'estime entre les deux observations. Quel orgueil j'éprouvai ! Le miracle que j'accomplis ensuite fit déborder la coupe. A neuf heures, je devais prendre le quart. Tout seul, je résolus un problème ; je découvris qu'une étoile de première grandeur, l'Alpha de la Croix, passerait au méridien vers huit heures et demie. Jamais je n'en avais entendu parler auparavant. Je la cherchai sur le planisphère céleste ; elle appartenait à la Croix du Sud. Comment ! pensai-je. Nous avons navigué avec la Croix du Sud, dans le ciel nocturne, sans nous en douter ? Je ne pouvais en croire mes yeux.

Je recommençai mes opérations et les vérifiai. Charmian, ce soir-là, prit la barre de huit à dix heures. Je lui recommandai d'ouvrir l'œil et de chercher au Sud la Croix du Sud. Lorsque parurent les étoiles, la Croix du Sud brillait à une faible hauteur de l'horizon. De l'orgueil ? Aucun médecin sorcier, aucun grand prêtre n'en ressentit plus que moi. A l'aide du sextant, je repérai l'Alpha de la Croix et, d'après sa hauteur, je calculai notre latitude. Mieux encore : je pris la hauteur de l'étoile Polaire, qui correspondait exactement aux chiffres fournis par la Croix du Sud. Vous parlez d'orgueil ! Le langage des étoiles n'était-il pas aussi le mien ? Je les écoutais m'indiquer le chemin dans l'abîme des cieux.

J'étais un faiseur de miracles ! J'oubliais avec quelle aisance j'avais appris tout cela sur une simple page imprimée ; je ne tenais aucun compte de l'œuvre grandiose accomplie par les esprits supérieurs qui m'avaient précédé, astronomes et mathématiciens, créateurs de la science de la navigation et des tables de l'*Epitome*. Je n'avais en vue que cette merveille des merveilles : la voix des étoiles m'avait indiqué l'endroit où je voguais sur la grand-route salée. Charmian ignorait tout cela, de même que Martin et le mousse Tochigi. Je leur dévoilai mon secret. Me prenant pour le messager de Dieu, je m'interposais entre eux et l'infini, je traduisais le langage des élus en des termes accessibles à leurs intelligences moyennes. Nous étions dirigés par le ciel, et moi je déchiffrais l'écriteau céleste... moi ! moi !

Maintenant, l'esprit au repos, je m'empresse de divulguer l'extrême simplicité du mystère, afin de confondre Roscoe, les autres navigateurs et le reste de la prêtrise, de crainte que je ne devienne pareil à eux, impénétrable, immodeste et infatué de ma propre estime. Et voici ce que je tiens à vous dire : tout jeune homme doué d'une quantité normale de matière grise, pourvu d'une instruction ordinaire et d'un esprit tant soit peu apte à l'étude, peut apprendre seul la navigation avec des livres, des cartes marines et quelques instruments de précision. Toutefois, qu'on n'aille pas s'y méprendre. Le métier de marin est une autre chose. On ne l'acquiert pas en un jour ; il exige des années. De même la navigation par l'estime nécessite une longue étude et beaucoup de pratique. Mais courir les mers en observant le soleil, la lune et les étoiles, n'est plus qu'un jeu d'enfant grâce aux règles fixées par les astronomes et les mathématiciens. Tout individu d'intelligence moyenne peut les assimiler seul en une semaine. Comprenez-moi bien. Je ne prétends pas qu'au bout de huit jours un jeune garçon soit à même de commander un vapeur de quinze mille tonnes, filant à vingt nœuds sur l'Océan, d'un continent à l'autre, par bon et mauvais temps ; je n'affirme pas davantage qu'il saura gouverner au degré près, et fera des atterrissages avec une étonnante précision. Non ! mais, monté sur un solide voilier et prenant le large sans posséder un traître mot de la navigation, au bout d'une semaine il en saura suffisamment pour déterminer sur la carte l'endroit où il se trouve. Il sera capable de faire une latitude méridienne avec assez d'exactitude, et de déterminer sa latitude et sa longitude après dix minutes de calcul. N'étant pas encombré de marchandises ni de passagers et nullement pressé d'atteindre sa destination, il poursuivra son petit bonhomme de chemin et, s'il lui arrive de douter de lui-même et de craindre un atterrissage de nuit, il mettra à la cape et continuera sa route le lendemain matin.

Il y a quelques années, Josuah Slocum fit seul le tour du monde sur un petit voilier de onze mètres. Je n'oublierai jamais ce passage où, dans son livre, il encourage les jeunes gens à l'imiter. Aussitôt je souscrivis à cette idée et j'emmenai sans hésiter ma femme avec moi. Pareille aventure dépasse de cent coudées une excursion organisée par Cook and Son ; en dehors du divertissement et du plaisir, elle procure non seulement au jeune homme l'occasion unique de connaître les merveilles du monde extérieur : pays, peuples et climats, mais encore de jeter un regard en soi-même, de converser familièrement avec son âme. Puis vient la question d'entraînement et de discipline. Tout d'abord, le jeune navigateur apprendra à discerner ses imperfections ; ensuite, à les maîtriser. Aussi reviendra-t-il, de pareil voyage, plus grand et meilleur. Et n'est-ce pas un sport royal que de partir seul autour du monde, d'accomplir tout de ses deux mains, sans dépendre de personne ? Quelle joie de revenir au point de départ et de pouvoir se dire : « J'ai réalisé moi-même cette prouesse : faire le tour de cette sphère tourbillonnant à travers l'espace ; je puis voyager seul, sans le secours d'un capitaine pour me guider sur la mer. Incapable de voler vers les autres astres, du moins je suis le maître de celui-ci. »

En écrivant ces lignes, je lève les yeux et mon regard embrasse l'immense Océan. Me voici dans l'île d'Oahu, au large de la grève de Waïkiki. Au loin, dans un ciel d'azur, les nuages poussés par l'alizé flottent à la dérive sur le gris turquoise de la mer. A quelque distance, les vagues se teignent d'émeraude et de gris olivâtre. Autour des récifs, l'eau prend une nuance pourpre ardoise tachetée de rouge. Plus près de moi, des bandes vertes très vives alternent avec des brunes et laissent entrevoir des nappes de sable entre les bancs de corail vivant. Un ressac magnifique agite, avec un bruit de tonnerre, ces couleurs chatoyantes. Sur la crête blanche d'une lame, surgit une forme noire, toute droite, homme-poisson, ou dieu-marin, poussée vers le rivage. Enfouie jusqu'aux reins dans la poussière d'embrun, elle est reprise par les vagues et rejetée d'un seul coup vers la terre, à un quart de mille de là. C'est un Canaque sur un *surf-board* (1). N'en doutez pas, après avoir achevé ce chapitre, moi aussi je voguerai sur cette orgie de couleurs et ce formidable ressac; j'essaierai de fendre ces brisants comme cet indigène, avec maladresse, sans doute, mais savourant pleinement ces trop courts instants de vie.

Mais revenons à notre sujet. N'allez pas croire que je connaisse tous les secrets de la navigation. J'en possède à peine les rudiments, c'est-à-dire qu'il m'en reste encore beaucoup à apprendre. A bord du *Snark* une vingtaine de bouquins fascinants m'attendent, entre autres *L'Angle dangereux*, de Leeki ; la *Ligne* (2) *de Summer*, laquelle vous permet de trouver, sans erreur possible, votre position. Malgré la multiplicité des méthodes pour se repérer en mer, il faut des années d'études avant de posséder à fond la science de la navigation.

Il nous arriva de commettre des bévues qui expliquent en grande partie la conduite désordonnée du *Snark*. Par exemple, le jeudi 16 mai, l'alizé nous faussa compagnie. Pendant vingt-quatre heures, nous n'avions pas parcouru vingt milles, en nous basant sur l'estime. Pourtant, voici nos points à midi pendant les deux jours, d'après nos observations :

Jeudi : 20°57'9" N ; 152°40'30" O.
Vendredi : 21°15'33" N ; 154°12' O.

(1) Ou *papa-hee-nalu*, en langage hawaïen. Planche de 2 m de long sur 0,75 de large, sur laquelle les Canaques « marchent sur les flots », un peu à la manière de nos sportifs avec l'aquaplane.

(2) C'est ce que nous appelons la « Droite de hauteur ».

La différence entre les deux positions atteignait approximativement quatre-vingts milles, et cependant nous n'avions pas couvert vingt milles. Après plusieurs vérifications, notre calcul fut reconnu exact. Mais nos observations étaient erronées. Faire correctement une observation exige de la pratique et beaucoup d'habileté, surtout sur une petite embarcation comme le *Snark,* par suite des mouvements violents du bateau et de la difficulté, pour l'observateur, de voir loin devant lui. Une grosse lame qui se soulève à un mille de distance peut, bel et bien, cacher tout l'horizon.

En notre cas, un autre facteur de perturbation entrait en jeu. Dans sa course annuelle à travers l'espace, le soleil augmentait sa déclinaison. Au milieu de mai, sur le 19e parallèle de latitude Nord, l'astre du jour monte presque au zénith. Sa hauteur était comprise entre 88 et 89 degrés. A 90 degrés, le soleil se fût trouvé exactement au-dessus de nos têtes. Un autre jour, nous apprîmes à prendre la hauteur du soleil dans sa position perpendiculaire. Roscoe ramena le soleil sur l'horizon à l'Est et ne quitta pas ce point, bien que le soleil dût traverser le méridien du Sud. Quant à moi, je remarquai le soleil au Sud-Est. Il en résulta qu'à midi 25 minutes, à l'heure du bord, je proclamai qu'il était midi d'après le soleil. Autrement dit, nous avions retardé notre route de 25 minutes, soit environ 6 degrés de longitude, ou 350 milles. Le *Snark* avait donc filé 15 nœuds pendant 24 heures — à notre insu ! C'était grotesque autant qu'absurde ! Cependant Roscoe, le regard toujours tourné à l'Est, nous affirmait qu'il n'était pas encore midi. Il voulait absolument nous attribuer une vitesse de 20 nœuds. Nous promenâmes ensuite fiévreusement nos sextants sur la ligne du ciel ; pourtant le soleil frôlait l'horizon ; on le voyait tantôt au-dessus, tantôt au-dessous. D'un côté, le soleil annonçait le matin ; de l'autre, il marquait l'après-midi. Sachant pertinemment qu'il ne pouvait se tromper, nous passâmes le reste de l'après-midi dans le *cockpit* à consulter nos livres afin de découvrir notre erreur. Ce jour-là, nous ne fîmes aucune observation ; mais il n'en fut pas de même le lendemain. Nous apprenions notre métier !

Nous apprenions bien... mieux encore que nous nous l'imaginions. Un soir, au début du second quart, Charmian et moi étions assis sur le pont du gaillard d'avant en train de jouer au *cribbage.* Levant par hasard la tête, j'aperçus des montagnes couvertes de nuages qui émergeaient de la mer. La vue de la terre nous plongea dans la joie, mais je n'étais rien moins que rassuré au sujet de notre navigation. Je croyais pourtant en savoir long là-dessus. Notre position, à midi, outre le chemin parcouru depuis, ne devait pas nous amener à plus de cent milles de la terre, et voici qu'elle surgissait devant nous, et s'évanouissait dans les feux du couchant. La terre était un fait indiscutable et, de nouveau, nous nous trompions dans nos calculs. Eh bien, non ! Cette masse lointaine était le sommet de l'Haleakala, ou *Maison du Soleil,* le plus grand volcan éteint du globe. Il s'élevait à 1 330 mètres au-dessus du niveau de la mer, et se trouvait à une centaine de milles. Toute la nuit, nous filâmes à une vitesse de 7 nœuds, et au matin, la *Maison du*

Soleil se dressait toujours devant nous ; en quelques heures nous arrivions à sa hauteur :

« Voici l'île de Maui, dis-je en consultant la carte. L'autre, là-bas, se nomme Molokaï et sert de léproserie. Plus loin, c'est le cap de Makapuou. Nous ne nous sommes pas trompés ! »

CHAPITRE V

PREMIER ATTERRISSAGE

« La vie, sur mer, ne sera pas si monotone que vous le craignez, avais-je annoncé à mes compagnons de voyage. La mer fourmille de vie. Elle est si peuplée que tous les jours nous verrons du nouveau. A peine aurons-nous franchi la Porte d'Or et mis le cap vers le Sud, que nous rencontrerons les poissons volants. Nous les ferons frire pour le petit déjeuner. Installés sur le beaupré, nous pêcherons des bonites, des dorades, et harponnerons des marsouins. Puis il y aura des requins..., une infinité de requins. »

Nous traversâmes, en effet, la Porte d'Or, en route vers le Sud. Nous perdîmes de vue les montagnes de Californie et, de jour en jour, la chaleur du soleil augmenta. Mais pas de poissons volants, pas de bonites et pas davantage de dorades. L'Océan semblait vide. Jamais je n'avais cinglé sur une mer si déserte. Dans ces mêmes latitudes, j'avais toujours, jusque-là, vu des poissons volants.

« N'importe ! dis-je. Attendons d'avoir dépassé les côtes de la Californie méridionale. Vous m'en direz alors des nouvelles ! »

Nous passâmes devant la Californie méridionale, devant la péninsule de la Basse-Californie, devant les côtes du Mexique, mais, de poissons volants, point. Pas le moindre fretin. Les jours s'écoulaient et l'existence à bord commençait à nous peser.

« Ne vous inquiétez pas, dis-je encore. Dès que nous mettrons la main sur les poissons volants, nous pêcherons ce que nous voudrons. Les poissons volants sont suivis par toutes les autres races, pour qui ils constituent une véritable provende. »

Pour me diriger sur Hawaï, j'aurais dû faire cap au Sud-Ouest, mais je continuai à faire route au Sud ; je voulais absolument trouver ces poissons volants ! Finalement, il arriva un moment où j'aurais dû, pour atteindre Honolulu, faire route à l'Ouest. Au lieu de cela, je continuai droit dans le Sud. Ce n'est que vers 19° de latitude Nord que le premier d'entre eux daigna se montrer, absolument seul. C'est, d'ailleurs, moi qui l'aperçus ; cinq autres paires d'yeux ardents avaient, pendant toute cette journée, fouillé en vain la mer. Ces poissons étaient si rares que nous n'en découvrîmes aucun autre de toute la semaine. Quant aux dorades, aux bonites, aux marsouins, et à toutes les autres hordes vivantes, nous n'en vîmes pas la couleur. Pas même un requin ne vint, de sa nageoire dorsale sinistre, rompre la surface liquide. Bert faisait tous les jours une trempette sous le beaupré ; suspendu à la sous-barbe, il laissait flotter son corps dans l'eau. Chaque fois l'envie lui prenait de lâcher tout et de tirer quelques bonnes coupes ; je m'évertuai à l'en dissuader, mais j'avais perdu auprès de lui toute autorité.

« S'il y a des requins, me demanda-t-il, pourquoi ne se montrent-ils pas ? »

Je lui affirmai qu'ils ne tarderaient pas à rappliquer s'il s'avisait de mettre son projet à exécution. Je n'en croyais pas un mot, mais je voulais effrayer Bert. Pendant deux jours, cette menace produisit un effet salutaire. Le troisième jour, le vent tomba complètement, il fit plutôt chaud. Le *Snark* filait 1 nœud. Incapable de se maîtriser davantage, Bert fit un plongeon sous le beaupré. Voyez donc la perversité des choses. Jusque-là nous avions parcouru deux milliers de milles sans rencontrer l'ombre d'un requin. Cinq minutes après que Bert fut sorti de son bain, nous aperçûmes la nageoire d'un squale, qui fendait l'eau et tournait en cercle autour du *Snark*.

Ce requin ne présageait rien de bon. Que faisait-il dans cette mer déserte ? Sa présence m'intriguait au plus haut point. Deux heures après, le mystère s'éclaircit ; une île apparut à nos yeux ; le requin venait de la côte, et non du large. Messager de la terre, il nous avait devinés.

Vingt-sept jours après notre départ de San Francisco, nous arrivions donc à l'île d'Oahou, territoire d'Hawaï. De très bonne heure, ce matin-là, nous contournâmes en dérivant le cap du Diamant, en pleine vue d'Honolulu. Soudain, l'Océan se mit à grouiller de vie. D'étincelantes escadres de poissons volants fendaient l'air. En cinq minutes, nous en comptâmes plus que durant tout notre voyage. D'autres poissons, énormes et d'espèces différentes, bondissaient de tous côtés.

Sur eau et sur terre l'agitation régnait. Dans le port, nous voyions les mâts et les cheminées de bateaux et le long de la plage de Waïkiki la fumée s'élevant des habitations accrochées au sommet des pentes volcaniques du Punch Bowl et du Tantale. Le remorqueur de la douane, fonçant à toute vitesse sur nous, chassa un gros banc de marsouins qui se réfugia sous notre beaupré et y exécuta de grotesques cabrioles. Puis ce fut le tour de la chaloupe du médecin sanitaire, qui bondit dans notre direction. Une énorme tortue de mer émergea à la surface et risqua un œil vers nous. Jamais nous n'avions assisté à pareilles explosions de vie. Des individus aux visages étranges montaient sur notre pont, et partout des voix inconnues se faisaient entendre. On jeta sous nos yeux des journaux du jour même, reproduisant les nouvelles télégraphiques du monde entier. Incidemment, nous y lûmes que le *Snark,* absolument incapable de tenir la haute mer, avait péri avec son équipage. Tandis que nous lisions cette dépêche, un message sans fil, reçu par le Parlement, au sommet de l'Haleakala, annonçait l'arrivée saine et sauve du *Snark.*

C'était la première terre que nous abordions après un voyage de vingt-sept jours sur une mer déserte. Quel magnifique spectacle ! D'incrédulité, nous nous frottions les yeux, et le vertige s'emparait de nous. Il nous fallut quelque temps pour nous adapter à ce nouveau milieu ; semblables à Rip van Winkles (1), nous croyions rêver. D'un côté, la

(1) Personnage légendaire, immortalisé par l'auteur américain, Washington Irving. Rip est un paresseux incorrigible.

mer bleue se confondait avec l'azur du ciel ; de l'autre, elle se soulevait d'énormes brisants qui retombaient en franges neigeuses sur une grève de coraux éclatants de blancheur. Plus loin, de verdoyantes plantations de canne à sucre montaient en ondulant vers des pentes abruptes que terminaient des crêtes volcaniques, coiffées de prodigieuses masses de nuages et que détrempaient les averses tropicales.

Virant de bord, le *Snark* se dirigea tout droit dans le ressac d'émeraude qui déferlait avec un bruit de tonnerre ; bientôt, à un jet de pierre, de chaque côté, des brisants montrèrent leurs longues dents vert pâle menaçantes... Brusquement la terre, véritable symphonie en vert, se referma sur le *Snark ;* notre bateau venait de pénétrer d'un seul coup dans la passe et se trouvait maintenant au centre d'un lagon immobile. Sur de minuscules grèves, de jeunes enfants à peau bronzée prenaient leurs ébats. La mer avait disparu de notre vue. La chaîne d'ancre grinça dans l'écubier et nous demeurâmes debout sans broncher sur le pont. La scène nous parut si féerique que nous ne pouvions en croire nos yeux. Cet endroit, figurant sur la carte sous le nom de « Port des Perles », fut baptisé ensuite par nous le « Port des Rêves ».

Un canot accourut à notre rencontre ; il conte-

Pour échapper aux reproches de sa femme, il va un jour chasser et s'endort pendant vingt ans dans les montagnes. A son retour au village, personne ne reconnaît ce vieillard qui finit par douter lui-même de son identité. Sa femme est morte, mais sa fille le recueille dans son foyer, où il termine heureusement ses jours. — N. D. T.

nait à son bord les membres du *Yacht Club* d'Hawaï, venus pour nous saluer et nous souhaiter la bienvenue avec toute la grâce hospitalière de leur pays. Nos derniers souvenirs sur l'humanité nous ramenaient aux huissiers des Etats-Unis et aux mercantis trembleurs ne possédant, pour toute âme, que des dollars usés, et qui, dans une atmosphère de suie et de poussière noire, avaient posé leurs mains souillées sur le *Snark* pour l'empêcher de courir sa grande aventure. Quelle différence avec nos hôtes d'aujourd'hui ! Un teint hâlé, débordant de santé, colorait leurs joues ; leurs prunelles ne reflétaient pas ce désir cupide qu'on lisait chez les autres, aveuglés à force de compter leurs monceaux d'or. Non, ces hommes simples ne tentèrent pas de détruire notre rêve ; ils le confirmèrent plutôt, avec toute la pureté de leur cœur.

Avec eux, nous gagnâmes la rive par une mer plate et éblouissante, où nous attendait un paysage de toute beauté. De plus en plus plongés dans le rêve, nous atterrîmes sur un quai minuscule. Ne perdez pas de vue que, depuis vingt-sept jours, sans un instant de repos, nous n'avions pas quitté la mer, au point que le mouvement incessant des vagues faisait partie intégrante de nous-mêmes. Nous avions été tellement ballottés qu'au moment où nous descendions à terre, cette sensation persistait dans notre corps et notre cerveau. Tant bien que mal, je longeai le quai et faillis maintes fois tomber dans l'eau. Quant à Charmian, elle faisait peine à voir. Pour nous, le quai prenait l'apparence d'un pont de bateau ; il se soulevait, de nouveau et retombait brusquement. Privés du bastingage où agripper nos mains, Charmian et moi faisions mille efforts pour maintenir notre équilibre. Jamais je n'avais vu pareil débarcadère : lorsque je le regardais fixement, il demeurait immobile ; dès que je levais les yeux, il se mettait à tanguer, tout comme le *Snark* sur une mer houleuse.

Soutenus par nos hôtes, nous parvînmes enfin à rejoindre la terre, mais elle ne valait guère mieux. Elle bascula aussitôt de côté et, à perte de vue, je vis ce mouvement oscillatoire se prolonger jusqu'aux crêtes ébréchées à l'horizon, voire jusqu'aux nuages. De toute évidence, ce pays manquait de stabilité, autrement il ne serait pas livré à d'aussi ridicules cabrioles. A tout instant, notre beau songe pouvait s'envoler comme de la fumée. Il me vint à l'esprit que la tête me chavirait ainsi parce que j'avais absorbé quelque aliment indigeste. J'interpellai Charmian : titubant, elle marchait aux côtés d'un yachtsman indigène, contre lequel elle alla buter. Comme moi, elle s'étonnait de la ronde étourdissante de ce pays.

Après avoir traversé une immense pelouse, nous descendîmes une avenue bordée de palmiers royaux, et foulâmes un autre tapis de verdure sous l'ombre accueillante d'arbres majestueux. Des gazouillements d'oiseaux remplissaient l'air chargé de senteurs chaudes : parfums des grands lis, des fleurs flamboyantes d'hibiscus et d'autres plantes tropicales étranges et magnifiques. La scène devenait d'une beauté sublime. Charmian, étendant le bras, se cramponna à moi pour ne pas défaillir d'admiration. Je raidis les jambes, et aussitôt tout se reprit à danser autour de moi. On eût dit un tremblement de terre — à cela près que l'impression dura peu et que je n'eus aucun mal. Prendre la terre en défaut constituait une tâche pour ainsi dire impossible. Dès que je concentrai mon attention sur elle, rien ne se produisait, mais à la moindre distraction, le panorama se remettait en branle. Une fois pourtant j'entrevis, en détournant brusquement la tête, la ligne agitée des palmiers qui formaient un grand arc dans le ciel. Mais le tableau se figea aussitôt dans une immobilité absolue dès que j'y portai résolument les yeux. Ensuite, nous arrivâmes devant une maison pourvue d'une vaste véranda où devaient vivre des lotophages. Portes et fenêtres restaient ouvertes à la brise. Les murs étaient tapissés de toile de *tapa* (1). Des divans, disparaissant sous des nattes de joncs, invitaient chacun à s'asseoir à côté d'un grand piano qui ne devait jouer, j'en suis sûr, que des berceuses pour enfants. Des domestiques — servantes japonaises en costume indigène — allaient et venaient sans bruit, comme des papillons. Tout dans cette demeure nous communiquait une fraîcheur délicieuse et nous faisait oublier le soleil tropical et ses impitoyables rayons. Cela me semblait trop beau pour être vrai. Nous nagions encore dans notre rêve. En me retournant, j'aperçus le piano qui, dans un coin spacieux de la pièce, s'abandonnait à une furieuse sarabande. J'allais en faire la remarque quand une gracieuse femme — véritable madone — vêtue de blanc et chaussée de sandales — s'avança vers nous et nous salua comme si elle nous connaissait depuis toujours.

Nous prîmes place à table, sous la confortable

(1) Toile fabriquée dans les îles du Pacifique, avec l'écorce d'arbres à papier.

véranda, et des servantes-papillons vinrent nous servir d'étranges mets, en particulier un certain nectar appelé *poï* (1).

Cependant notre songe menaçait de se dissiper ; déjà il vacillait et tremblait comme une bulle de savon sur le point de crever. Au moment où mes regards se portaient sur l'herbe verdoyante, les arbres majestueux et les fleurs d'hibiscus, je crus sentir soudain la table remuer. Table, madone, véranda, hibiscus écarlates, pelouses et arbres, — tout cela se soulevait et se balançait devant moi pour s'enfoncer ensuite dans le creux d'une monstrueuse vague. Pour éviter une chute, j'agrippai nerveusement ma chaise, avec l'impression que je m'y cramponnais aussi solidement qu'à mon beau songe. Je n'eusse pas été surpris si la mer, se précipitant sur nous, avait submergé ce pays féerique, et si je m'étais tout à coup retrouvé à la barre du *Snark,* mes tables de logarithmes à côté de moi. Cependant l'illusion persistait. A la dérobée, j'observai la femme et son mari ; aucun signe d'émotion sur leurs traits. les plats n'avaient pas bougé de la table : les arbres et les hibiscus demeuraient à la même place. Rien n'était changé.

« Voulez-vous du thé glacé ? » me demanda mon hôtesse.

Le côté de la table où elle était assise me sembla basculer lentement dans l'abîme et je lui répondis oui à un angle de 45 degrés.

(1) Nourriture commune aux habitants d'Hawaï, préparée avec des racines d'une plante nommée *taro*. On en fait une pâte à laquelle on ajoute de l'eau, puis on laisse fermenter.

« Au sujet de requins, dit son mari, figurez-vous que là-bas, à Niihau, j'ai connu un indigène... »

A ce moment, la table fit une brusque embardée en sens inverse et j'aperçus mon homme au-dessus de moi, à une inclinaison vertigineuse. Pendant tout le repas, il en fut ainsi ; vers la fin, une parole mystérieuse s'échappait des lèvres des mangeurs de lotus et je crus saisir le mot « reporters ». Adieu, mon rêve ! Trois hommes traversèrent la pelouse et se dirigèrent vers moi. Promenant mon regard sur l'eau miroitante, je vis le *Snark* à l'ancre et me frottai les paupières. Mais oui, parbleu ! je m'étais embarqué à San Francisco ! Nous étions à Hawaï, cet endroit-ci s'appelait le Port des Perles et, à ce moment même, recevant les journalistes, je répondais cette phrase à la première question :

« Mais oui, nous avons été favorisés d'un temps magnifique pendant toute notre traversée ! »

CHAPITRE VI

UN SPORT ROYAL

Il s'agit d'un sport royal pour les souverains naturels de la terre. Sur la plage de Waïkiki l'herbe prolonge ses racines jusqu'au niveau de l'eau et cesse de croître à quinze mètres de la mer. Les arbres eux-mêmes puisent leur nourriture jusqu'aux couches salées : assis sous leur ombrage, le regard tourné vers l'Océan, on voit le ressac s'avancer mystérieusement sur la grève, avec un grondement de tonnerre. A un demi-mille au large, là où se dressent les récifs, de longues vagues coiffées de blanc sortent du paisible bleu turquoise, se projettent vers le ciel et s'en viennent rouler au rivage dans une procession incessante et un rugissement perpétuel.

Ces blancs bataillons de la mer infinie se succèdent sans arrêt et mesurent chacun au moins quinze cents mètres. On se sent minuscule devant ces forces colossales et l'on frémit à l'idée de se mesurer avec elles. Que faire contre ces monstres à gueules de taureaux, pesant un millier de tonnes et se précipitant au rivage beaucoup plus vite qu'un homme à la course ? Rien ! réplique-t-on mentalement en se faisant plus petit, heureux de se trouver assis sur l'herbe, à l'ombre des grands arbres.

Et tout à coup, là-bas, d'une énorme vague qui jaillit au ciel, semblable à quelque dieu marin quittant les remous, un homme à tête noire surgit au-dessus d'une crête neigeuse. Bientôt ses épaules, sa poitrine, tous ses membres se révèlent à nos yeux. A l'endroit où, voici quelques secondes, on ne voyait qu'une énorme désolation, un être humain se dresse de toute sa hauteur. Chose étrange ; il ne se débat pas frénétiquement dans cette ambiance hostile. Les monstres tout-puissants ne l'engloutissent pas, ni ne l'écrasent. Calme et superbe, il les domine, penché sur les sommets vertigineux, les pieds disparaissant sous les tourbillons d'écume, la poussière d'embrun l'aspergeant jusqu'aux genoux. Le reste de son corps émerge dans l'air libre et l'éblouissante clarté du soleil ; il vole devant lui, aussi rapidement que le flot sur lequel il se tient en équilibre. C'est le dieu Mercure, un Mercure à peau brune ; ses talons ailés l'emportent avec la vitesse des vagues. Du fond de la mer, il a bondi sur le dos d'une lame rugissante sur laquelle il s'accroche, malgré tous les efforts de celle-ci pour se débarrasser de lui. Impassible et calme comme une statue, il continue sa course quand soudain un fracas épouvantable se fait entendre ; la vague se brise, l'écume jaillit de partout, et, à nos pieds, atterrit tranquillement un Canaque à reflets d'or et de bronze qui, voilà quelques minutes, apparaissait comme un faible point à l'horizon.

Il évoque ce matin fatal où Tristan se mesura pour la dernière fois avec l'Océan. Quand on y songe, ce Canaque vient d'accomplir un exploit plus grand que celui de Tristan, et il savoure des joies inconnues du héros allemand. Il est, certes, délicieux de se prélasser à l'ombre des arbres, mais ne sommes-nous pas, à l'égal de ce Canaque, des représentants de la royale race humaine ! Et ce qu'il fait, ne pouvons-nous aussi le faire ? Alors, dépouillons-nous de ces vêtements si gênants sous ce climat. Jetons-nous dans la mer et luttons avec elle ; mettons des ailes à nos talons, déployons toute notre force et notre adresse ; chevauchons les flots à notre tour.

Voilà comment l'idée me prit d'enfourcher les vagues. Maintenant que j'y ai goûté, plus que jamais je proclame ce sport digne des rois.

Permettez-moi de vous en expliquer le côté physique. Une vague est la transmission d'un mouvement, mais l'eau qui en forme le corps demeure immobile. Si elle se déplaçait, une pierre jetée dans un étang laisserait, au centre du cercle d'ondes qui irait s'élargissant, un trou qui s'agrandirait sans cesse. Or, il n'en est pas ainsi : l'eau qui entre dans la composition d'une vague reste stationnaire. Suivez des yeux un point quelconque de l'Océan, vous verrez la même eau se lever et retomber mille fois au gré de l'agitation que lui communiquent un millier de vagues successives.

Imaginez à présent ce même mouvement ondulatoire dirigé vers le rivage. Lorsque le fond diminue de profondeur, la partie inférieure de la lame frappe la terre et s'arrête net. Mais l'eau est fluide et la partie supérieure n'ayant pas encore rencontré d'obstacles, continue sans cesse à transmettre ses ondes. Le sommet de la vague poursuivant sans arrêt sa course alors que le fond s'attarde derrière, un phénomène doit fatalement se produire : le frottement de la partie inférieure de la lame sur le fond (ou sur un haut-fond) produit les brisants. Mais une molle ondulation ne devient pas brusquement un brisant, sauf lorsque la pente du rivage est abrupte. Toutefois, quand le fond diminue graduellement de profondeur, par exemple sur une largeur de quatre cents à seize cents mètres, la transformation s'opérera sur une distance égale. Voilà ce qu'on voit au large de la plage de Waïkiki, qui constitue un splendide champ de course au ressac. Vous sautez sur le dos d'une vague au moment où elle commence à se briser, et elle vous emmène ainsi jusqu'à la rive.

Donnons maintenant des détails sur ce sport, appelé le *surf-riding*. Procurez-vous une planche plate, de 2 mètres de long sur 0 m. 75 de large, et de forme autant que possible ovale. Allongez-vous dessus comme un gamin le fait sur une glissoire, et pagayez avec vos mains en eau profonde, à l'endroit où apparaissent les premières crêtes. Restez tranquillement sur votre planche. L'une après l'autre, les vagues viendront se briser, devant vous, derrière, par-dessous et même au-dessus de vous, puis se précipiteront vers le rivage, en vous laissant là. Lorsqu'une crête se forme, la vague se redresse : imaginez-vous avec votre planche, au bord de cette pente abrupte ; si elle restait immobile, vous descendriez jusqu'en bas exactement comme l'enfant descend d'une colline sur sa glissoire. « Cependant, m'objecterez-vous, une vague change de place ? » Très juste : mais l'eau qui en forme le fond demeure immobile. Voilà tout le secret. Si vous parvenez à vous y installer, vous glisserez jusqu'au rivage sans toucher le fond. Ne souriez pas, je vous prie. La surface de cette vague, mesurant environ deux mètres, vous transportera ainsi sur une distance de quatre cents, voire huit cents mètres. Comprenez bien ceci : d'une part, la vague n'étant qu'une force d'impulsion, d'autre part l'eau composant cette vague se renouvelant sans cesse, vous conservez votre même position et voyagez aussi vite que cette succession de vagues. Une étendue de quatre cents mètres vous sépare du rivage : à mesure que vous accomplissez votre parcours, l'eau s'amasse dans la vague, le centre de gravité se charge du reste et vous franchissez en glissant toute la distance. Si vous caressez toujours l'illusion que l'eau se meut avec vous, essayez donc d'y tremper les bras et de pagayer : vous ne tarderez pas à vous apercevoir qu'il faut être bien agile pour y parvenir, car l'eau retombe en arrière aussi vite que vous vous précipitez en avant.

Etudions maintenant un autre aspect du *surf-riding*. Chaque règle souffre son exception. Comme nous l'avons vu, l'eau composant une vague ne se lance pas en avant, mais il existe un phénomène appelé l'élan, l'impulsion de la mer. L'eau de la crête surplombante court en avant, ainsi que vous vous en rendrez compte si elle vous frappe au visage ou si, vous trouvant en dessous, elle vous assène un coup formidable qui vous laissera pantelant et à demi suffoqué pendant une demi-minute. Le sommet d'une vague s'appuie sur l'eau qui en forme le fond, mais quand celui-ci heurte la terre, il s'arrête net et la crête continue sa course. Ce qui constituait sa base est remplacé par de l'air et, pour la première fois, soumis aux lois de la pesanteur, il se détache et suit son impulsion en avant. Voilà pourquoi le *surf-riding* est un jeu aussi mouvementé que la glissade sur la pente d'une colline. En réalité, on est soulevé dans l'air et projeté vers la rive comme par la main d'un Titan.

Après avoir quitté la fraîcheur des arbres, j'enfilai un maillot de bain et me pourvus d'une planche. Ses dimensions étaient étroites, mais je l'ignorais et personne ne m'en fit la remarque. Je rejoignis une bande de petits Canaques, en eau peu profonde, un véritable jardin d'enfants marins, où les brisants arrivaient, petits et réguliers. Dès que les gamins voyaient surgir une vague, ils se jetaient à plat ventre sur leur planche, donnaient force coups de pied et se laissaient porter jusqu'au rivage. Désireux de rivaliser avec eux, je les observai quelque temps, imitant tous leurs gestes, mais j'échouai lamentablement. Plusieurs fois de suite je renouvelai mes tentatives. Je me démenais plus que les petits sauvages, sans succès. Six d'entre eux se trouvaient près de moi. Nous sautions tous sur nos planches à la vue d'un bon brisant, nos pieds barattaient comme les hélices d'un vapeur et les jeunes sacripants disparaissaient en m'abandonnant derrière eux, à ma grande honte. Pendant une bonne heure j'essayai de mon mieux ; impossible de saisir la moindre vague qui me projetât au rivage. C'est alors qu'apparut mon sauveteur en la personne d'Alexandre Hume Ford, globe-trotter de profession. Cet homme, toujours à la poursuite de nouvelles émotions, avait découvert son bonheur à Waïkiki. Se dirigeant vers l'Australie, il était venu ici pour y passer une semaine afin de se livrer au *surf-riding*. Ce sport l'avait enthousiasmé. Depuis un mois, il s'y adonnait quotidiennement et éprouvait les mêmes frissons qu'aux premiers jours. Aussi en parlait-il avec autorité.

« Abandonnez cette planche, me conseilla-t-il. Elle est extrêmement dangereuse. Si jamais le bout heurtait le fond de l'eau, vous seriez éventré sur-le-champ. Tenez, prenez la mienne. Elle est de la taille d'un homme. »

Je m'incline toujours devant le véritable savoir. Ford me montra comment me servir de sa planche. Puis il attendit un bon brisant, me donna une poussée au moment propice, et me voilà parti.

Quelle délicieuse sensation, lorsque la vague m'agrippa et me lança en avant ! Je filai comme une flèche sur une distance de vingt mètres et atterris sur le sable. Marchant dans l'eau, je rejoignis Ford et lui rapportai sa grande planche de plusieurs pouces d'épaisseur, et d'un poids d'au moins 35 kilos. Il m'enrichit de conseils. Personne ne lui avait enseigné ce sport, et tous ses exercices laborieux de quatre semaines, il me les révéla en une demi-heure. Trente minutes après, j'étais capable de me débrouiller seul. Je répétai la manœuvre plusieurs fois de suite, aux applaudissements de Ford, qui continuait à me guider de ses recommandations. Entre autres, il me criait de me tenir en avant sur un certain angle, et pas davantage. Mais je dus outrepasser la limite, car au moment où je poussais une charge vers la terre, cette satanée planche donna du nez contre le fond, s'arrêta net, fit un saut périlleux et se détacha de moi. Je fus projeté en l'air comme un vulgaire jeton et, à ma honte, englouti sous la vague qui me retomba dessus. Sans la rencontre providentielle de Ford, je me serais fait inévitablement éventrer à ce jeu-là. Ce risque particulier est inhérent au sport, m'expliqua Ford. Si pareil accident lui survient avant son départ de Waïkiki, son goût pour les émotions vives lui passera pour quelque temps, j'en réponds.

« Demain, me dit Ford, je vous conduirai au large. »

Regardant la mer à l'endroit qu'il me désignait, j'aperçus d'énormes vagues fumantes à côté desquelles les brisants de la veille ressemblaient à de petites rides. J'ignore quelle eût été ma réponse si je ne m'étais soudain rappelé que j'étais un des rois de la création.

« Très bien, j'en tâterai dès demain. »

L'eau qui bat la plage de Waïkiki ne diffère pas de celle qui baigne les côtes de toutes les îles hawaïennes ; c'est une eau idéale pour la natation, suffisamment fraîche pour qu'on s'y trouve à l'aise, et chaude à point pour vous permettre d'y demeurer toute une journée sans contracter le moindre refroidissement. En plein soleil ou sous les étoiles, à la mi-été ou au plus fort de l'hiver, elle garde toujours la même température. Etant donné les qualités de cette eau-là — pure, cristalline et aussi salée qu'en plein Océan — rien d'étonnant que les Canaques soient parmi les meilleurs nageurs du monde.

Le lendemain matin, Ford vint me chercher. Je nageai dans cette eau merveilleuse sur une distance que je ne saurais apprécier. A cheval sur nos planches, ou plutôt installés dessus à plat ventre, nous traversâmes, en pagayant, le « jardin d'enfants » où les petits Canaques s'adonnaient à leur jeu favori. Bientôt nous arrivâmes en eau profonde où se lançaient sur nous, en mugissant, les énormes brisants. Dans cette lutte sans merci entre la force aveugle et l'intelligence, il fallait conserver toute sa présence d'esprit pour éviter les coups qui pleuvaient de toutes parts. Je ne tardai pas à apprendre certaines tactiques. Lorsqu'une lame passait en se repliant au-dessus de moi, pendant un court instant je distinguais la lumière du jour à travers son corps d'émeraude ; je baissais alors la tête et m'agrippais de toutes mes forces à ma planche, prêt à recevoir la gifle qui, aux yeux de celui qui m'avait suivi du rivage, me faisait disparaître complètement de la surface liquide. En réalité, la planche et moi avions passé à travers la crête et émergé de l'autre côté. Je ne recommande pas ce sport aux infirmes ou aux personnes délicates, car les vagues vous soufflettent avec une force monstrueuse. De temps à autre, il vous arrive de passer à travers une demi-douzaine d'entre elles à la fois : c'est alors qu'on savoure les douceurs du *farniente* sur la rive.

En plein large, au milieu d'un tourbillon d'embruns, un troisième personnage, nommé Freeth, se joignit à nous. Me frottant les yeux, je sortais d'une vague et regardais devant moi pour épier la suivante, lorsque je vis surgir sur le dos de celle-ci un jeune dieu bronzé par le soleil. Ford l'appela. Il fit demi-tour, saisit sa planche par le milieu et se dirigea droit vers nous en pagayant. De lui, j'appris d'autres choses que je résumerai ainsi : tout le secret du *surf-riding* consiste, dans la plupart des cas, à employer la non-résistance.

Parez le coup qui va s'abattre sur vous. Plongez profondément dans la vague qui menace de vous gifler et laissez-la passer son chemin au-dessus de votre tête. N'ayez jamais de mouvements raides ; relâchez-les sans cesse ; cédez à l'eau qui essaie de vous écarteler. Lorsqu'un courant sous-marin vous entraîne au fond de l'abîme, ne vous débattez pas, autrement vous risqueriez la noyade, car il est plus fort que vous. Laissez-vous porter en nageant vers la surface.

L'amateur du *surf-riding* doit être avant tout excellent nageur, posséder une force moyenne et un brin de solide bon sens. Il ne songera qu'à lui-même. Peu importe le nombre de sportifs en sa compagnie, il ne comptera sur aucun pour lui porter secours. La sécurité dont je me croyais entouré par la présence d'amis me fit négliger ces principes essentiels. Or, voici ce qui m'advint une fois : au moment où je m'y attendais le moins, une énorme vague se précipita sur nous et emporta mes deux compagnons jusqu'à la rive. Avant qu'ils eussent le temps de venir me chercher, j'aurais pu me noyer une demi-douzaine de fois. Le deuxième jour, tout fier de mes exploits, je fis durer la partie quatre heures, et je me promis de regagner, le lendemain, la plage debout sur ma planche. Mais ce désir ne devait pas se réaliser.

Le lendemain je dus garder le lit. Je n'étais pas positivement malade, mais assez mal en point. En vous vantant l'eau d'Hawaï, j'ai omis de vous parler du soleil hawaïen, non moins étonnant. Ce soleil tropical insidieux et trompeur n'a pas quitté le dessus de nos têtes de toute la première quinzaine de juin. Pour la première fois, j'étais, à mon insu, brûlé par le soleil. A de nombreuses occasions dans le passé, mes bras, mes épaules et mon dos avaient subi cette épreuve et restaient presque immunisés. Mais il n'en allait pas de même de mes jambes dont j'avais exposé pendant des heures le tendre revers à ces rayons perpendiculaires. Une fois sur la rive, je mesurai seulement l'étendue du désastre. Au début, je n'éprouvais qu'une sensation de chaleur ; ensuite, la démangeaison s'intensifia, et ma peau se couvrit de cloques. Les jointures refusèrent de se plier. Impossible dès lors de marcher. Voilà pourquoi j'écris ces lignes au lit.

Mais demain ! Ah ! demain ! Je partirai sur cette onde merveilleuse et rentrerai en me tenant tout droit sur ma planche, à l'instar de Ford et de Freeth. Et si j'échoue, je recommencerai après-demain ou le jour suivant. J'ai décrété que le *Snark* ne quittera pas Honolulu avant que, moi aussi, j'aie mis à mes talons des ailes, qui prendront la vitesse de la mer. Je veux devenir un Mercure hâlé, à la peau qui pèle !

CHAPITRE VII

LES LÉPREUX DE MOLOKAÏ

Le *Snark,* ce jour-là, longeait la côte sous le vent de Molokaï, en route vers Honolulu. Après avoir consulté la carte, je montrai du doigt une péninsule basse derrière laquelle se dressait une formidable falaise dont la hauteur variait de sept cents à treize cents mètres.

« Voici l'abîme infernal, l'endroit maudit, entre tous, de la terre entière ! » m'exclamai-je.

J'eusse été scandalisé si, à cet instant précis, j'avais pu me voir, un mois plus tard, sur le rivage de cet endroit maudit et me complaisant dans la société de huit cents lépreux qui se divertissaient autant que moi. Leur joie n'impliquait rien de déshonorant ; la mienne, au milieu d'une telle misère, était pour le moins déplacée. Voilà les pensées que m'inspirait mon attitude ; cependant, pour ma seule excuse, j'avoue que je n'aurais pu résister à l'allégresse générale.

Dans l'après-midi du 4 juillet, fête nationale américaine, tous les lépreux s'étaient réunis dans un immense terrain de sports, où devait avoir lieu une course hippique.

Quittant la compagnie de l'administrateur et des

médecins, je m'étais mis en quête d'un coin d'où je pourrais prendre un instantané de l'arrivée d'une course. Trois chevaux firent leur entrée, l'un monté par un Chinois, le deuxième par un Hawaïen, et le troisième par un jeune Portugais. Les trois concurrents étaient lépreux : de même le jury et les spectateurs. Les chevaux devaient faire deux fois le tour de la piste. Le Chinois et l'Hawaïen, partis ensemble, galopaient à même hauteur, et le Portugais s'escrimait à soixante mètres par-derrière. Ils accomplirent le premier tour en gardant ces mêmes positions. A mi-chemin de la seconde et dernière épreuve, le Chinois prit de l'avance et gagna d'une encolure l'Hawaïen. Pendant ce temps, le Portugais se mit à accélérer le trot de son cheval. Mais le résultat, pour lui, demeurait sans espoir. Des encouragements forcenés montèrent de la foule. Le Portugais se rapprochait de plus en plus. Sur le point d'atteindre le but, l'Hawaïen fut devancé par le Portugais. Dans un tonnerre de coups de sabots, les trois chevaux se précipitèrent en même temps, les jockeys faisant claquer leurs fouets au milieu des hurlements. Petit à petit, le Portugais passa, gagnant d'une tête le Chinois. Je repris mes sens au centre d'un groupe de lépreux ; ils poussaient des acclamations, lançaient leur chapeau en l'air et trépignaient comme de vrais diables. Moi aussi, du reste. Je m'étais même surpris à crier, enthousiaste : « Sapristi, mais il va gagner ! Gagnera ! Gagnera ! »

J'essayai de dominer mon ardeur en me persuadant que j'assistais à une des scènes horribles de Molokaï : je jugeais scandaleux d'avoir, en de telles circonstances, la tête et le cœur assez légers. Mais tous ces reproches demeurèrent lettre morte. De nouveau, nous allions nous pâmer de rire, car une course d'ânes commençait où le dernier arrivé serait proclamé gagnant. Pour compliquer les choses, aucun cavalier ne montait l'animal lui appartenant. Tous avaient échangé leurs bêtes, de sorte que chacun d'eux s'efforçait de dépasser, avec le baudet qui lui était dévolu, le sien chevauché par un concurrent. Il va de soi que seuls les propriétaires de bourricots vieux ou capricieux s'étaient fait inscrire pour l'épreuve. L'un d'eux était même dressé à se rouler par terre dès que son cavalier s'avisait de lui caresser les flancs de ses talons. Certains ânes voulaient à toute force faire demi-tour et revenir au poteau de départ, d'autres avaient une prédilection pour s'arrêter contre la barrière, où ils collaient la tête et contemplaient le paysage. Tous allaient leur petit train-train, sans se presser. A mi-chemin, un des aliborons entra en discussion avec son jockey qu'il sema en route et obligea de revenir à pied, mais celui-là gagna la course ! Près d'un millier de lépreux riaient à gorge déployée devant la drôlerie de cette épreuve sportive.

Tout ce qui précède n'est qu'un préambule à mes déclarations suivantes ; les horreurs de Molokaï, telles qu'on les a décrites jadis, n'existent pas. La colonie a été décrite par quantité d'écrivains spécialistes d'articles sensationnels qui, pour la plupart, n'y sont jamais allés. Je ne conteste pas que la lèpre soit un terrible fléau, mais on s'est surtout attaché jusqu'ici à faire ressortir l'horreur de Molokaï plutôt qu'à étudier loyalement le sort des lépreux et de ceux qui leur consacrent leur vie. En voici un exemple frappant. Un journaliste, qui, bien entendu, n'a jamais mis les pieds dans la colonie, dépeint en un style très vivant l'administrateur MacVeigh, étendu dans une paillote et assiégé, chaque nuit, par des lépreux affamés qui se traînent à ses genoux en lui réclamant de la nourriture. Ce reportage, destiné à faire dresser les cheveux, fut reproduit par toute la presse américaine et suscita de nombreux articles de tête fulminant d'indignation et de protestations.

Eh bien, j'ai vécu et dormi pendant cinq jours dans la « paillote » de M. MacVeigh (laquelle, soit dit en passant, était un confortable chalet en bois, et, sachez-le, il n'existe aucune paillote dans toute la colonie). J'ai entendu, en effet, les lamentations de lépreux, mais ces lamentations, particulièrement harmonieuses et rythmiques, étaient accompagnées par la musique d'instruments à cordes tels que violons, guitares, *ukulélés*, et banjos. Elles affectaient aussi des genres différents ; l'orchestre des lépreux faisait vibrer l'air de lamentations, de même deux sociétés chorales, et, enfin, un quintette d'excellentes voix. Une telle imposture n'aurait jamais dû être publiée. Les « lamentations » n'étaient autres que la sérénade offerte par les sociétés musicales de l'île en l'honneur de M. Mac Veigh, chaque fois qu'il revient d'un voyage à Honolulu.

La lèpre n'est pas aussi contagieuse qu'on le croit communément. J'ai fait, avec ma femme, une visite d'une semaine à la colonie : vous pouvez bien imaginer que nous nous en serions abstenus si nous avions éprouvé la moindre crainte de contracter cette maladie. Nous n'avons pas davantage porté de longs gants en caoutchouc ni évité le moins du monde le voisinage des lépreux. Au contraire, souvent nous nous mêlions à eux et, le jour de notre départ, nous en connaissions des vingtaines, de vue et de nom. De simples précautions de propreté suffisent. Une fois rentrés chez eux, après avoir été toute la journée en contact avec les malades, les non-lépreux, c'est-à-dire les médecins et l'administrateur de la colonie, se contentent de se laver le visage et les mains avec du savon légèrement antiseptique et de changer de vêtements.

Cependant, il convient d'insister sur la malpropreté ordinaire des lépreux, et l'isolement de ceux-ci, d'après le peu qu'on connaisse de la maladie, doit être rigoureusement observé. D'autre part, l'horreur épouvantable qu'ils inspiraient autrefois et l'ignoble traitement dont ils étaient l'objet étaient aussi cruels qu'inutiles.

Pour dissiper certaines craintes populaires concernant la lèpre, je citerai quelques traits sur les rapports existant entre lépreux et non-lépreux, tels que je les ai observés à Molokaï. Le lendemain de notre arrivée, Charmian et moi assistâmes, dans la matinée, à un tir organisé par le *Kalaoupapa Rifle Club,* et nous pûmes constater les efforts déployés par les fonctionnaires de l'île pour soulager les misères de leurs semblables. Le club participait précisément à un concours dont le prix était une coupe offerte par M. MacVeigh, membre de la société, de même que le docteur Goodhue et le docteur Hollmann, médecins-résidents (qui, à propos, vivent ici avec leur femme). Dans la baraque de tir, nous étions entourés de lépreux. Lépreux et non-lépreux se servaient des mêmes fusils et se coudoyaient dans cet espace restreint. La plupart des malades étaient Hawaïens. Un Norvégien était assis à côté de moi sur un banc. En face, dans le stand, se trouvait un Américain, vétéran de la guerre civile, qui s'était battu avec les Confédérés. Malgré son âge respectable, soixante-cinq ans, il marqua une bonne vingtaine de points. De robustes policemen hawaïens également lépreux, à l'uniforme kaki, prenaient part au concours, ainsi que des Portugais, des Chinois et des Kokouas ou infirmes indigènes de la colonie, non-lépreux.

L'après-midi où Charmian et moi grimpâmes le *pali* de 700 mètres pour jeter un dernier regard sur la colonie, l'administrateur, les médecins et tout ce mélange de malades et non-malades se livraient à une passionnante partie de base-ball.

Le lépreux et ses pustules si mystérieuses et redoutées n'étaient pas traités ainsi en Europe, pendant le Moyen Age. A cette époque, on considérait un lépreux comme mort, légalement et politiquement. On le plaçait en tête d'une procession funèbre, puis on le conduisait à l'église où le prêtre officiant récitait le *Miserere*. Ensuite on lui versait sur la poitrine une pelletée de terre, et il était mort — mort vivant. Cependant, ce procédé sommaire ne fut pas tout à fait inutile. Rappelons que la lèpre, inconnue en Europe jusqu'au retour des Croisés, se répandit lentement et fit ensuite de nombreuses victimes. De toute évidence, cette infection se contractant par simple contact, on ne pouvait l'enrayer que par l'isolement des malades. Quelque barbare et monstrueux que fût le traitement infligé aux lépreux en ces temps reculés, il eut tout de même ce résultat d'arrêter cette horrible maladie.

Grâce aux mêmes moyens, elle décroît sensiblement dans les îles Hawaï. Mais l'isolement pratiqué à Molokaï n'est pas du tout l'épouvantable cauchemar si souvent exploité par la presse *jaune* des Etats-Unis. Tout d'abord, on n'arrache pas impitoyablement le lépreux à sa famille. Devant un cas suspect, la commission d'Hygiène invite le patient à se rendre, frais de voyage payés, à l'hôpital d'observation d'Honolulu. Le bactériologue le fait passer à l'examen microscopique et, s'il découvre le *bacillus lepræ,* cinq médecins procèdent à un contre-examen. La déclaration est ensuite confirmée par le ministère de l'Hygiène, après quoi on dirige le lépreux sur Molokaï. Mais, au cours de cette épreuve, le malade a eu le droit de choisir son propre médecin.

Toutefois, il n'est pas envoyé immédiatement à la léproserie. On lui accorde suffisamment de temps, des semaines, voire des mois, pour régler ses affaires à Kalihi. A Molokaï, il peut recevoir parents ou amis, mais ses visiteurs ne doivent pas manger et dormir dans la même pièce que lui ; on leur réserve des chambres constamment désinfectées.

La colonie de Molokaï jouit d'un climat beaucoup plus délicieux encore que celui d'Honolulu, car elle est située sur le côté du vent de l'île où soufflent les alizés frais du Nord-Est. Le paysage est magnifique ; d'une part, on aperçoit la mer bleue, et, de l'autre, le décor grandiose du *pali,* avec, çà et là, ses luxuriantes vallées. Partout s'étendent des pâturages herbeux où paissent des centaines de chevaux appartenant aux lépreux. Certains d'entre eux possèdent même leur propre voiture. Dans le petit havre de Kalaoupapa sont amarrés leurs barques et un canot à vapeur. A part une certaine zone déterminée, aucune autre restriction ne leur est imposée sur la mer. Ils vendent le produit de leur pêche à la commission d'Hygiène et gardent pour eux l'argent qu'ils en reçoivent. Pendant mon séjour, ils prirent en une seule nuit quatre mille livres de poissons.

Tandis que les uns se consacrent à la pêche, d'autres s'adonnent à l'agriculture. On y exerce tous les métiers. Un lépreux, pur Hawaïen, est le patron peintre. Il emploie huit hommes et repeint les bâtiments de la colonie. Il est membre du *Rifle Club* de Kalaoupapa, où je l'ai rencontré, et j'avoue qu'il portait des vêtements plus élégants que les miens. Le patron charpentier se trouve dans le même cas. En dehors des magasins de la commission d'Hygiène, il existe d'autres petites boutiques tenues par ceux qu'anime l'esprit commercial.

Le surveillant-adjoint, M. Waiamaou, homme d'une éducation raffinée et d'une vive intelligence, est un pur Hawaïen et souffre de la lèpre. M. Bartlett, l'actuel magasinier, de nationalité américaine, exerçait un commerce à Honolulu avant d'être atteint par la terrible maladie. Tout l'argent que gagnent ces hommes leur appartient intégralement. En cas d'incapacité de travail, la colonie prend soin d'eux, les nourrit, les loge, leur fournit les vêtements et l'assistance médicale.

La commission d'Hygiène s'occupe également

d'agriculture, d'élevage, dirige sa propre laiterie pour les besoins locaux, et fournit des emplois raisonnablement rémunérés aux lépreux qui désirent travailler. Néanmoins, on ne les y force pas, car ils sont considérés comme les pupilles de cette colonie.

Le major Lee, ingénieur-mécanicien au service de l'*Inter Island Steamship Company* que je rencontrai en plein travail dans la nouvelle blanchisserie à vapeur, installait les nouvelles machines.

« Racontez-leur donc franchement, là-bas, comment nous vivons ici ! De grâce, décrivez exactement ce que vous avez vu ! Ecrasez du pied toutes ces calomnies qui dépeignent notre colonie comme une chambre de torture. Nous ne voulons pas qu'on dénature les faits. Nous avons notre fierté. Dites au monde ce que nous sommes, en réalité. »

Tous ceux — hommes et femmes — avec qui j'eus l'occasion de m'entretenir tenaient à peu près le même langage. Ils ressentaient visiblement la manière dont certains journalistes peu scrupuleux, en mal de copie sensationnelle, les avaient exploités jadis.

Malgré leurs misères physiques, les lépreux forment une colonie de gens heureux. On en compte environ deux mille répartis en deux villages, ou vivant dans de nombreuses habitations situées en pleine campagne au bord de la mer. Il y a six églises, un établissement de l'Y.M.C.A., plusieurs salles de réunion, un kiosque à musique, un champ de courses, des terrains de base-ball, de tir, un club athlétique, quantité de sociétés chorales et deux fanfares.

« Ils sont si contents de leur séjour, me confia

M. Pinkham, que vous ne les chasseriez pas à coups de fusil. »

Il me fut donné de vérifier moi-même la véracité de cette assertion. Au mois de janvier de cette année, onze lépreux sur lesquels la maladie, malgré certains ravages, ne laissait plus de trace d'activité, furent ramenés à Honolulu pour subir un nouvel examen. Ils partirent à contrecœur et, comme on leur demandait s'il leur plaisait de reprendre leur liberté en cas de guérison, ils répondirent tous en chœur : « Nous voulons retourner à Molokaï ! »

M. MacVeigh m'a cité le cas d'un nègre américain, cireur de chaussures, actuellement à Honolulu. Voilà bien longtemps, avant les examens bactériologiques, on l'envoya comme lépreux à Honolulu. Devenu pupille de l'Etat, il se crut tout permis et nous joua nombre de vilains tours. Après des années, ce trouble-fête fut sérieusement examiné et reconnu non-lépreux.

« Ah ! ah ! ricana M. MacVeigh, je te tiens maintenant ! Tu vas t'en aller par le prochain bateau. Quel bon débarras ! »

Mais le nègre ne voulut rien savoir. Il se maria séance tenante avec une vieille femme pourrie de lèpre et adressa une requête à la commission d'Hygiène pour qu'on l'autorisât à soigner son épouse malade. Personne autre, disait-il pathétiquement, ne se dévouerait comme lui pour la malheureuse. On vit clair dans son jeu : il fut déporté dans le premier vapeur et rendu au monde. Mais il préférait Molokaï ! Il débarqua subrepticement sur la côte, il glissa une nuit du *pali* et regagna la colonie. Il fut appréhendé, jugé et condamné, pour violation de propriété, à payer une légère amende, et rembarqué à nouveau. On l'avertit qu'en cas de récidive il serait frappé d'une amende de cent dollars et envoyé en prison à Honolulu. Aujourd'hui, lorsque M. MacVeigh se rend à la capitale, le nègre ne manque jamais de lui cirer les bottes et chaque fois il lui tient ce petit discours :

« Dites donc, patron ! Si vous saviez combien je regrette la vie de là-bas ! Je m'y trouvais si bien ! » Puis, baissant le ton, il murmure d'un air confidentiel : « Eh ! patron, pourrais-je y retourner ? Vous serait-il possible de me ramener parmi vous ? »

Il avait passé neuf ans à Molokaï et n'avait jamais été aussi heureux de sa vie.

Quant à la crainte inspirée par la lèpre elle-même, je n'en ai vu trace nulle part, à Molokaï. Elle n'existe que dans l'imagination des gens ignorant tout de la maladie. Dans l'hôtel où je résidais à Waïkiki, une dame exprima devant moi, avec horreur, son étonnement d'apprendre que j'avais visité la léproserie. Native d'Honolulu, elle n'avait, paraît-il, jamais posé le regard sur un lépreux. Or, je n'en pouvais dire autant moi-même, car on observe si peu l'isolement des lépreux aux Etats-Unis qu'il m'est arrivé d'en croiser à maintes reprises dans les rues des grandes villes.

Certes, la lèpre est un épouvantable fléau, mais, d'après le peu que j'en sais, je préférerais de beaucoup finir mes jours à Molokaï que, par exemple, dans un sanatorium de tuberculeux. Les hôpitaux et asiles de pauvres en Amérique, ou les institutions semblables en d'autres pays, sont le théâtre de scènes plus poignantes encore. S'il me fallait choisir entre l'*East End* de Londres, l'*East Side* de New York ou les abattoirs de Chicago et

Molokaï, je n'hésiterais pas un instant : j'aimerais mieux vivre cinq ans à Molokaï plutôt qu'une année dans ces dépotoirs de vice et de misère humaine.

Oui, à Molokaï les gens sont heureux. Jamais je n'oublierai la célébration du 4 juillet dont je fus témoin. Dès six heures du matin, les « horribles » étaient dehors, vêtus d'accoutrements fantastiques, les uns montés sur des chevaux, d'autres sur des mules et des ânes (les leurs) et se livrant à de folles cabrioles. Deux fanfares trouaient l'air de leurs cuivres. Ensuite venaient les amazones — les *paous* — trente ou quarante Hawaïennes, superbes en leurs anciens costumes de cheval, et qui avançaient par groupes de deux ou trois, ou davantage. Dans le courant de l'après-midi, Charmian et moi fûmes invités dans la loge du président du jury : nous distribuâmes les prix aux meilleures écuyères et à celles qui portaient les plus jolis costumes. Tout autour de nous se pressaient des centaines de lépreux dont la tête et les épaules étaient couvertes de guirlandes de fleurs, et que la vue du spectacle semblait plonger dans le ravissement. Sur la crête des montagnes et les plaines herbeuses se profilaient des groupes de cavaliers, femmes et hommes parés de couleurs chatoyantes, et galopant au milieu des rires et des chansons, rapides comme le vent.

Le même soir, nous nous rendîmes dans l'une des salles de réunion. Devant un public nombreux, les sociétés chorales prirent part à un concours, et la nuit se termina par un bal. J'ai vu les Hawaïens qui croupissent dans les quartiers pauvres d'Honolulu ; aussi, je comprends aisément pourquoi les lépreux ramenés de la colonie pour subir un nouvel examen médical hurlent comme un seul homme : « Qu'on nous ramène à Molokaï ! »

Un fait est certain : le lépreux de la colonie jouit d'un meilleur sort que celui qui vit clandestinement, dans la crainte perpétuelle d'être découvert. Ce paria solitaire se décrépit lentement, mais sûrement. Irrégulière dans son action, la lèpre s'empare d'une victime, accomplit son ravage, puis sommeille pendant une période indéterminée, cinq ans, dix ans, voire quarante ans, durant lesquels le pernicieux bacille laissera l'individu en parfaite santé. Cependant, il est rare que les premières atteintes cessent d'elles-mêmes ; d'ordinaire, le mal se manifeste par un ulcère sous le pied, puis la nécrose osseuse se déclare. Si le lépreux se cache, impossible de le soigner ; la nécrose le rongera jusqu'à l'os de la gangrène ou de quelque autre complication. Imaginons ce même malade à Molokaï. Dès son arrivée, le chirurgien l'opérera au pied, extraira l'ulcère, nettoiera l'os et enrayera complètement l'infection. Un mois après, le convalescent sortira à cheval, fera de la course à pied, enfourchera la crête des vagues ou grimpera les pentes vertigineuses des montagnes pour aller à la cueillette des pommes sauvages.

Les horreurs légendaires de la lèpre remontent à l'état de choses qui régnait avant l'époque de la chimie antiseptique et l'apparition des docteurs Goodhue et Hollmann à la colonie. Le docteur Goodhue est le premier chirurgien qui se soit risqué dans ce pays, et on ne saurait trop le louer pour la noble mission qu'il a remplie. J'ai passé une matinée entière avec lui dans la salle d'opérations.

Sur les trois malades qu'il opéra, deux étaient débarqués du même bateau que le mien. Le microbe s'était attaqué à un seul endroit de leur corps. L'un souffrait au cou-de-pied d'un ulcère fort avancé déjà, et l'autre d'une plaie sous l'aisselle. Le docteur Goodhue enraya immédiatement le mal, et d'ici quinze jours ces deux hommes auront recouvré leur santé et leur force. L'unique différence entre eux et nous, c'est que chez eux le germe vit à l'état latent et peut se réveiller d'un moment à l'autre. La lèpre, dont l'existence remonte à la préhistoire, est citée dans les plus anciennes chroniques. Cependant, on n'est guère plus avancé qu'alors sur ses origines. On a seulement appris qu'en raison de sa contagion, il convient d'isoler les malades qui, ajoutons-le, sont traités plus humainement qu'autrefois. Toutefois la lèpre demeure encore un mystère insondable. Les rapports des médecins spécialistes de toutes les parties du monde révèlent la nature insidieuse de cette maladie, et s'accordent à dire qu'elle ne présente aucune phase définie. En réalité, ils n'en savent rien. Dans le passé, ils généralisaient les cas inconsidérément et avec un esprit dogmatique. Il n'en va plus de même aujourd'hui. La seule conclusion générale qu'on puisse tirer de toutes les recherches effectuées jusqu'ici, c'est le caractère *relativement peu contagieux* de la lèpre. Mais impossible de l'expliquer. Après avoir isolé le bacille, on parvient à déterminer, par un examen bactériologique, si un individu est lépreux ou non, mais on ignore plus que jamais comment ce bacille pénètre dans l'organisme humain. Les savants ont essayé d'inoculer le virus de la lèpre à toutes sortes d'animaux, mais sans aucun succès.

Ils ne parviennent pas davantage à découvrir un sérum pour combattre l'infection. Malgré tous leurs travaux, ils restent incapables de trouver l'origine de la lèpre et sa guérison. Il y eut parfois des lueurs d'espoir, mais bien éphémères.

Certain docteur persistera à déclarer, avec l'appui de preuves apparemment tangibles, que la lèpre provient de l'abus d'un régime exclusivement composé de poisson, jusqu'au jour où un de ses confrères, habitant les hauts plateaux de l'Inde, lui demandera pourquoi les indigènes de cette région sont affectés par la lèpre, alors qu'ils ignorent, de père en fils, le goût du poisson. Un fait reste patent : *il n'existe pas, jusqu'ici, un seul cas authentique de guérison.*

La lèpre, nous l'avons dit, est *relativement peu contagieuse.* Mais comment devient-elle contagieuse ? Un médecin autrichien a eu l'idée de s'inoculer à lui-même, ainsi qu'à ses aides, le virus de la lèpre, sans réussir à la contracter. Mais cela ne prouve rien. Souvenons-nous de l'assassin hawaïen (dont l'affaire fit certain bruit à l'époque) qui vit sa condamnation à mort commuée en une peine d'emprisonnement à vie pour s'être laissé, aux fins d'expériences, inoculer le *bacillus lepræ.* Quelque temps après l'opération, la maladie fit son apparition et l'homme mourut lépreux à Molokaï. Cet exemple n'est pas davantage concluant, car on découvrit qu'au moment où l'on vaccinait le sujet, plusieurs membres de sa famille, déjà atteints de la lèpre, vivaient à Molokaï. Peut-être l'avait-il contractée à leur contact et incubait-elle depuis longtemps lorsqu'il fut piqué officiellement ?

Quand on en connaîtra davantage, on finira sans

doute par guérir la lèpre, qui disparaîtra rapidement de la surface du globe. La bataille sera courte et violente. En attendant, comment découvrir ce sérum, ou quelque arme encore inconnue? La question ne laisse pas d'être grave. On estime à un demi-million le nombre de lépreux, non isolés, seulement dans l'Inde. Les bibliothèques Carnegie, les universités Rockefeller et d'autres œuvres de bienfaisance rendent certes d'immenses grands services au pays, mais on ne peut s'empêcher de songer aux résultats obtenus si on consacrait quelques milliers de dollars à la léproserie de Molokaï (1). Les habitants de cette colonie sont de

(1) A l'époque où Jack London publia ce livre, certains journaux américains émirent des réserves sur la situation des lépreux à Hawaï, telle que la décrivait l'auteur californien « par trop optimiste », et élevèrent des doutes sur la non-contagion de leur terrible maladie. Or, voici qu'à plus de 25 ans de distance, le célèbre professeur Le Mée, rentré en France après une mission d'étude de quatre mois en Océanie, a fait les déclarations suivantes à la presse parisienne : « Et la lèpre ? lui demanda un journaliste. — Eh bien ! Nous avons vécu trois semaines dans le village d'Orofara, près de Tahiti, où 200 lépreux sont réunis et vivent librement. Mais ne vous récriez pas. Car il nous est permis d'affirmer aujourd'hui que *la lèpre n'est pas contagieuse.* Pour mon compte, je resterais plus volontiers en présence d'un lépreux que d'un homme qui éternue ! A Orofara, les lépreux cultivent leurs champs et sont, en somme, assez heureux. — Mais quel serait donc le moyen de propagation de la maladie ? — Le sol, la contagion par la plante des pieds nus, unie à des conditions de misère physiologique et sociale. J'ajoute qu'il existe un parallélisme entre la lèpre et la tuberculose. Les deux bacilles se ressemblent, l'un attaquant par l'air, l'autre par la terre. Nous avons trouvé à la colonie des cas admirables. C'est ainsi qu'une femme y a suivi son mari, devenu lépreux, et vit avec lui depuis dix-sept ans sans avoir contracté la maladie. Les

simples accidents du sort, boucs émissaires de quelque mystérieuse loi naturelle ignorée de l'homme ; on les isole là-bas pour la protection de leurs semblables, qui autrement pourraient — croit-on — contracter cette odieuse maladie. Non seulement pour nos contemporains, mais dans l'intérêt des générations futures, ces quelques milliers de dollars aideraient largement les savants dans leurs recherches d'un sérum ou de quelque remède inattendu qui permettrait au monde médical d'exterminer le *bacillus lepræ.* Allons, philanthropes, voilà, entre autres, un excellent moyen d'employer votre argent !

---

marques d'attachement, de solidarité ne se comptent plus à Orofara : les êtres horribles qui vivent là sont les plus beaux que je connaisse au point de vue moral. Pourtant, ceux qui viennent dans cette île — un des 120 rochers de l'archipel — savent qu'ils ne reprendront plus contact avec le monde. » — N. D. T.

CHAPITRE VIII

LA MAISON DU SOLEIL

Quantité de touristes, en quête de merveilleux paysages, marins ou terrestres, errent comme des âmes en peine autour du globe. Ils parcourent l'Europe par armées entières ; on les rencontre par troupeaux en Floride et aux Antilles, aux Pyramides, sur les flancs et sommets des montagnes Rocheuses du Canada et des Etats-Unis ; mais dans la Maison du Soleil, ils se font aussi rares que de frétillants dinosauriens.

L'*Haléakala,* ou la « Maison du Soleil », est une imposante montagne qui se dresse sur l'île de Maui. Elle est visitée par si peu de gens que leur nombre se ramène pour ainsi dire à zéro : cependant je proclame que jamais un amoureux de la nature ne posera nulle part au monde ses yeux sur un spectacle aussi grandiose.

Honolulu se trouve à six jours de paquebot de San Francisco ; Maui, à une nuit d'Honolulu, et, si l'on est pressé, on peut arriver en six autres heures à Kolikoli, situé à trois mille trois cent dix mètres au-dessus du niveau de la mer et à proximité de l'entrée de la Maison du Soleil. Pourtant aucun voyageur ne s'y rend et l'Haléakala, dédaignée, s'endort dans sa solitaire grandeur.

N'ayant rien de commun avec des touristes, nous autres, du *Snark,* nous montâmes sur l'Haléakala. Sur la pente de cette monstrueuse montagne, nous passâmes la nuit à une altitude de 600 mètres dans un pâturage de quelque deux milliers d'hectares. Le lendemain matin, tout le monde fut prêt à l'heure du départ. Montés sur des chevaux de trait et accompagnés de cow-boys, nous grimpâmes jusqu'à Ukulélé, ferme de montagne dont l'altitude de 1800 mètres provoque une forte baisse de température : aussi nous dûmes nous servir de couvertures pendant la nuit, et faire un feu ronflant dans la salle commune. Le mot *ukulélé* signifie, en hawaïen, puce sauteuse ; il s'applique également à un certain instrument de musique ressemblant à une guitare primitive. J'incline à croire que ce ranch fut baptisé d'après la guitare.

Disposant de tout notre temps, nous passâmes une journée entière à Ukulélé, à discuter altitude et baromètres et à cueillir des framboises aussi grosses que des œufs de poule. Parfois nous nous arrêtions pour contempler les pentes de lave recouvertes de pâturages qui montaient jusqu'à la crête de l'Haléakala, à 1500 mètres de l'endroit où nous nous trouvions. Il nous fut donné d'assister en plein soleil à une prodigieuse bataille de nuages, qui se déroulait au-dessous de nous.

Tous les jours, sans trêve aucune, ce duel se poursuit. Oukioukiou est le nom de l'alizé qui descend avec furie du Nord-Est, se précipite sur l'Haléakala ; mais l'énorme masse de la montagne le renvoie à gauche et à droite, en sorte que l'Oukioukiou n'effleure même pas le côté opposé au vent de l'Haléakala. Or, un autre courant d'air, appelé Naoulou, souffle en direction contraire de l'alizé. Nuit et jour, Oukioukiou et Naoulou se livrent assaut ; tantôt ils avancent, reculent, se prennent de flanc, décrivent des courbes, des spirales, se retournent sur eux-mêmes, s'entrelacent. On voit les mastodontes fondre du ciel et se disperser en tous sens, par escadrons, bataillons et corps d'armée. Parfois l'Oukioukiou projette d'immenses nuées au-dessus de l'Haléakala : le Naoulou s'en saisit, les aligne en nouvelles formations et contre-attaque son éternel adversaire. De colère, l'Oukioukiou, en un mouvement de flanc savamment exécuté, lance une autre armée au versant est de la montagne, mais Naoulou s'en empare de nouveau, la traîne vers lui, la triture en une boule informe et pique une charge contre l'Oukioukiou en le contournant. Pendant ce temps, en dehors du principal champ de bataille, sur les pentes glissant vers la mer, les deux ennemis ne cessent de se bombarder de petites bouffées vaporeuses, qui rampent entre les arbres, dans les gorges, se tiennent en embuscade, bondissent les unes sur les autres, et se font mutuellement prisonnières. Tout à coup l'un ou l'autre des tourbillons envoie une colonne qui ramasse en tas tous ces mêmes soldats, les pousse vers le ciel à des centaines de mètres, dans un prodigieux remous.

Mais c'est plutôt sur les versants ouest que la guerre fait rage. A cet endroit le Naoulou rassemble le gros de ses troupes et remporte de glorieuses victoires. Vers la fin de l'après-midi, l'Oukioukiou ayant perdu une partie de sa force, comme d'ailleurs tous les autres alizés, est repoussé par le Naoulou, dont l'état-major accomplit des merveilles. Pendant la journée, il a constitué d'importantes réserves qu'il réunit en une colonne compacte, dont la pointe, très allongée, mesure des kilomètres ; elle s'insinue lentement dans le vaste front de bataille de l'Oukioukiou, qu'elle finit par fendre en deux. Mais tout ne se passe pas sans coup férir. L'Oukioukiou riposte sauvagement et grâce aux nombreux renforts qui affluent du Nord-Est, il démolit, par cinq cents mètres à la fois, la colonne ennemie, et la balaie au loin vers le Maui de l'Ouest. Parfois, lorsque les avant-gardes des deux armées s'entrechoquent, il se produit une formidable secousse : les nuages enchevêtrés jaillissent à des hauteurs vertigineuses, tourbillonnent sans cesse. L'Oukioukiou excelle à constituer des formations trapues, ramassées sur elles-mêmes, à les pousser sur le sol, au-dessous de Naoulou, puis à cogner. Le centre puissant de Naoulou cède à ces coups de bélier, s'arc-boute, mais plus souvent il retourne la colonne attaquante sur elle-même et la met en déroute. Durant ce conflit gigantesque, les petits escarmoucheurs en lambeaux se faufilent parmi les arbres et les rochers, effleurent l'herbe et se culbutent les uns sur les autres, tandis qu'au-dessus d'eux, haut dans le ciel, l'Haléakala, seul sous les rayons du soleil, assiste impassible au combat.

La scène se passe ainsi la nuit, mais dès le matin l'Oukioukiou, ayant recouvré de nouvelles forces, refoule les hordes de son adversaire qui s'enfuit en déroute. Tous les jours se ressemblent, dans ce duel de nuages. Oukioukiou et Naoulou sont voués à se combattre éternellement sur les pentes de l'Haléakala, sans parvenir à se vaincre.

Le lendemain matin, signal de départ. Accompagnés de nos cow-boys et de nos chevaux, il fut décidé que nous ferions l'ascension de la montagne jusqu'au sommet. Un cheval transportait sur son dos environ quatre-vingt-dix litres d'eau et des outres de vingt litres chacune lui pendaient de chaque côté : l'eau, en effet, est précieuse dans ces parages, bien qu'à quelques kilomètres au Nord et à l'Est du cratère il tombe plus de pluie que partout ailleurs sur le globe. Nous traversions d'innombrables coulées de lave durcie, sans nous soucier des pistes ; et jamais je n'ai vu de chevaux aussi étonnants que les treize qui formaient notre attelage. Ils s'accrochaient sur les pentes ou se laissaient glisser perpendiculairement avec la sûreté et le sang-froid de chèvres sauvages ; aucun d'entre eux ne gêna ses compagnons ni ne tomba une seule fois.

Tous ceux qui font l'ascension de pics isolés éprouvent une étrange illusion d'optique. Plus on grimpe, plus la surface terrestre devient visible ; il en résulte que l'horizon semble s'élever au-dessus de nous. Ce phénomène est particulièrement remarquable sur l'Haléakala, car l'ancien volcan monte tout droit de la mer, comme un seul bloc. A mesure que nous gravissions cette pente escarpée, on eût dit que la montagne, nous-mêmes et tout le paysage environnant enfoncions au sein d'un profond abîme. Tout autour de nous brillait l'horizon, d'où la mer venait nous rejoindre. Ce spectacle inouï évoquait, en mon esprit, le volcan à travers lequel Jules Verne accomplit son voyage au centre de la terre.

En atteignant le sommet de la montagne volcanique, nous nous trouvâmes au bord d'un immense entonnoir : c'était le grand cratère, appelé la Maison du Soleil, d'une circonférence de 35 kilomètres. Nous nous tenions sur le côté occidental de la paroi qui descendait presque à pic à 800 mètres au-dessous de nous. Sur le fond du cratère, d'un rouge vif comme si l'éruption avait eu lieu la veille, on distinguait des coulées de lave et des cônes de cendre : ceux-ci, qui mesuraient de 150 à 300 mètres de haut, nous produisaient l'effet de menus tas de sable, tant la scène était immense.

Deux vastes brèches, profondes d'au moins 300 mètres, échancraient le bord du cratère : à travers celles-ci, l'Oukioukiou s'escrimait à pousser en avant ses hordes floconneuses, mais la chaleur qui se dégageait du cratère les dissipait dans l'air ténu du dehors. Nos regards se posaient sur un tableau sinistre et fascinant à la fois, où s'étalaient, nues, les entrailles de la terre. On eût dit que cet amoncellement de matières premières était destiné à la construction d'un nouveau monde. Çà et là, de formidables roches avaient été projetées de l'intérieur, crevant la surface brûlante, maintenant refroidie. C'était irréel, incroyable. Et toujours au-dessus de nous, la bataille entre l'Oukioukiou et le Naoulou se poursuivait avec rage. Dominant cet abîme, les îles de Lanaï et Molokaï semblaient suspendues dans le ciel. De l'autre côté du cratère, au Sud-Est, nous croyions voir monter la mer de turquoise, puis la ligne blanche des brisants, sur la côte d'Hawaï ; plus haut encore nous apercevions la ceinture de nuées et, à une distance de cent vingt kilomètres, le Mauna Kea et le Maunoa Koa qui lançaient dans l'azur leurs pics neigeux enguirlandés de nuages et qui paraissaient tenir en équilibre sous la voûte céleste.

Selon une vieille légende, un certain Maui, fils d'Hina, vivait sur la montagne appelée actuellement le Maui occidental. Sa mère, Hina, passait ses nuits à fabriquer des *kapas,* qu'elle faisait sécher le jour. Chaque matin, elle les étendait au soleil. Mais à peine étaient-ils dehors qu'elle devait les rentrer chez elle et les mettre à l'abri pour la nuit. Car sachez que les jours étaient alors plus courts qu'aujourd'hui. Pris de pitié en voyant sa mère se dépenser à cette tâche inutile, Maui se résolut à intervenir — oh ! non pas pour l'aider à pendre et à dépendre ses *kapas...* fi donc ! il était trop intelligent pour cela. Il méditait tout simplement de ralentir la course du soleil. Peut-être est-il le premier astronome d'Hawaï ? Ayant relevé une série d'observations sur le soleil dans diverses parties de l'île, il remarqua que l'astre du jour passait droit au-dessus de l'Haléakala. Contrairement à Josué, il n'implora pas l'intervention divine. Il recueillit une énorme quantité de noix de coco et, avec la fibre, il tissa une corde épaisse au bout de laquelle il fit un nœud coulant, à la manière des cow-boys d'Haléakala. Ensuite, il grimpa dans la Maison du Soleil et attendit les événements.

Au moment où le soleil, courant à bride abattue, allait mettre un terme à son bref voyage, le jeune héros prit au lasso l'un des plus gros et des plus solides rayons solaires. Il diminua quelque peu l'élan du soleil et brisa net le rayon. Puis il recommença jusqu'à ce que, enfin, l'astre lui demandât grâce. Maui lui présenta ses conditions de paix et l'autre consentit à ralentir légèrement sa marche. Hina eut désormais amplement le temps de faire sécher ses *kapas* et actuellement les jours sont plus longs qu'autrefois — ce qui correspond exactement aux enseignements de l'astronomie moderne.

Nous déjeunâmes de bœuf séché et de *poï* dur dans un corral de pierre qui, jadis, servait d'abri au bétail qui traversait l'île. Nous longeâmes ensuite le bord du cratère sur une distance de huit cents mètres et nous en commençâmes la descente. A 850 mètres de profondeur se trouvait une première plate-forme, puis nous tombâmes sur une pente de cendres volcaniques. Les chevaux glissaient et trébuchaient, mais s'accrochaient obstinément au sol. Lorsque leurs sabots brisaient la croûte noire, ils soulevaient autour d'eux des nuages de poussière ocre, acide au goût. Ils parcoururent au galop une piste plane jusqu'à l'orifice d'une espèce de cheminée d'aération et la descente se poursuivit comme auparavant. Au-dessus de nous se dressait le mur du cratère, toujours de plus en plus haut. Nous devions franchir d'innombrables coulées de lave et faire de tortueux détours parmi les flots de cette mer pétrifiée. Des vagues de lave pareilles à des dents de scie tourmentaient la surface de cet océan sinistre.

Au fond du cratère, nous avions choisi un endroit pour camper, sous un petit bouquet d'arbres nommés *olapas* et *koléas*, blotti dans un coin au pied d'une muraille s'élevant à 500 mètres de haut. Il y avait ici un pâturage pour les chevaux, mais l'eau manquait. Après avoir couvert une distance de quinze cents mètres, nous parvînmes à dénicher un trou d'eau dans une crevasse : il était à sec. Quinze mètres plus haut, nous découvrîmes une mare contenant environ trois cents litres d'eau. Nous montâmes un seau et bientôt le précieux liquide se déversait le long du rocher dans le premier trou d'eau, et les cow-boys y abreuvèrent les chevaux, un seul à la fois, faute de place. Nous rejoignîmes notre petit campement et dressâmes la tente. Au-dessus de nous, un troupeau de chèvres sauvages se chamaillaient : le bruit de nos balles les dispersèrent et nous pûmes ajouter du chevreau rôti à notre menu ordinaire. En levant les yeux, nous voyions rouler au ciel une mer de nuages, poussés par Oukioukiou. Ils ne voilaient pas la lune ni ne la cachaient, car la chaleur du cratère dissolvait les nuées à mesure qu'elles passaient.

Attirées par le feu de campement, certaines chèvres vinrent nous observer d'un air provocateur. Ces bêtes, très grasses, ne buvaient que rarement d'eau... elles se contentaient, paraît-il, de l'abondante rosée matinale. La tente nous parut une délicieuse chambre à coucher, et nous nous endormîmes au son berceur des *houlas* que chantaient nos infatigables cow-boys hawaïens, dans les veines de qui bouillait sans doute le sang de Maui, leur vaillant ancêtre.

Une vue photographique donne une idée malheureusement inexacte de la Maison du Soleil. La sublime composition chimique de la pellicule peut ne pas mentir, mais elle ne reflète certes pas toute la vérité. Il est possible que l'objectif reproduise fidèlement la brèche de Koolaou ; cependant on ne se rendra pas compte, sur l'épreuve, de ses proportions véritables. Ces murs, qui semblent mesurer quelques dizaines de mètres de hauteur, en atteignent des centaines ; ce coin de nuage, qui essaie de s'insinuer dans l'énorme fissure, compte plus de deux kilomètres de largeur : en dehors, c'est l'incommensurable océan. Ce premier plan de scories et de cendres volcaniques, d'aspect incolore, est en réalité d'une richesse inouïe de nuances où dominent le rouge brique, le rose, le jaune ocre et le noir pourpre. Spécifier qu'un mur de cratère mesure 650 mètres de hauteur ne rime absolument à rien, car il évoque autre chose qu'une vulgaire dimension. La distance du soleil à la terre est d'environ 150 millions de kilomètres, mais, suivant la conception d'un mortel, un département limitrophe paraît beaucoup plus éloigné de nous. Si la faiblesse de l'esprit humain se refuse à comprendre l'immensité du soleil, elle ne traite pas mieux la Maison du Soleil. L'Haléakala vous apporte un message de beauté dont on ne saurait, à l'aide de simples mots, rendre toute la grandeur. Kolikoli est à six heures de Kahului : Kahului, à une nuit d'Honolulu et Honolulu à six jours de San Francisco : voilà tout ce qu'on peut affirmer, sans crainte de déformer la vérité.

Nous grimpâmes sur les pentes du cratère et, après avoir attaché nos chevaux dans des endroits inimaginables, nous nous amusâmes à faire rouler des pierres dans le vide et à tirer des coups de feu sur des chèvres sauvages. Pour ma part, je n'attrapai aucune chèvre, trop absorbé par l'autre jeu. Une fois, nous fîmes dégringoler une roche de la taille d'un cheval. Elle commença de descendre, tournant sur elle-même, se dandinant et menaçant parfois de s'arrêter ; après quoi elle fit un saut en l'air d'au moins vingt-cinq mètres. Elle diminua rapidement de grosseur jusqu'au moment où elle heurta une légère pente de sable volcanique : alors elle rebondit comme un lapin de garenne effrayé et laissa derrière elle une minuscule piste de poussière jaune. Roche et poussière fondirent à nos yeux, puis quelques-uns d'entre nous annoncèrent que l'énorme pierre s'était immobilisée... sans doute parce qu'ils ne la voyaient plus. D'autres — j'étais du nombre — la virent poursuivre sa descente : entre nous, je crois fermement que cette pierre roule encore à l'heure actuelle.

Le dernier jour que nous passâmes dans le cratère, l'Oukioukiou nous donna un nouvel échantillon de sa force. Il repoussa violemment le Naoulou sur toute la ligne, les nuages s'engouffrèrent dans la Maison du Soleil, et nous dûmes en sortir, de peur d'être étouffés. En guise de pluviomètre, nous avions placé, sous une petite déchirure de la tente, un récipient d'une contenance d'un litre environ. L'orage de la nuit précédente ayant rempli ce récipient, il nous fut impossible de mesurer l'eau qui se répandit partout dans les couvertures. Ce pluviomètre de fortune devenu inutilisable, nous n'avions plus de raison de prolonger notre séjour : aussi nous levâmes le camp dans la grisaille humide de l'aube et dirigeâmes nos pas vers l'Est, à travers la lave, jusqu'à la brèche de Kaupo.

Le Maui oriental n'est, en somme, que l'immense fleuve de lave qui déborda, voilà fort longtemps, par la brèche de Kaupo. Nos chevaux suivirent ce chemin, qui se trouvait à une altitude d'au moins deux mille mètres au-dessus du niveau de la mer, et il leur fallut toute une journée pour accomplir la descente. Jamais je n'avais vu pareilles bêtes ; sans perdre leur sang-froid, elles franchissaient avec mille précautions les endroits dangereux, mais dès qu'elles posaient le pied sur une piste suffisamment plane, elles la parcouraient au trot jusqu'à ce qu'elle redevînt mauvaise ; alors, elles ralentissaient d'elles-mêmes.

Pendant des jours entiers, ces braves animaux réalisèrent des prodiges, se nourrissant la plupart du temps d'herbes qu'ils cherchaient la nuit, durant notre sommeil. Certains d'entre eux, élevés dans la région sèche et protégée du vent par l'Haléakala, ne connaissaient pas le maréchal-ferrant ; néanmoins, ils avaient marché sur les aspérités de la lave, avec le poids supplémentaire d'un homme sur le dos, et leurs sabots étaient en meilleur état que ceux des chevaux ferrés.

Le paysage entre Vi iras (où la crevasse de Kaupo déverse sa lave dans la mer) et Hana, que nous parcourûmes en une demi-journée, mériterait un séjour d'une semaine, voire d'un mois ; cependant, malgré sa beauté sauvage, il pâlit devant le tableau merveilleux qui s'étend au-delà des plantations de caoutchouc, entre Hana et le ravin de Honomanou, que nous traversâmes en deux jours. Les indigènes l'appellent le « pays du fossé », nom peu élégant, certes, mais il n'en possède pas d'autre. Personne ne se risque par là, à l'exception d'une poignée d'hommes attirés par les affaires, et nul n'a entendu parler de cet endroit.

L'Haléakala est sillonné d'un millier de gorges abruptes d'où se précipitent autant de torrents, chacun d'eux laissant sur son passage une vingtaine de chutes et de cascades avant d'arriver à la mer. J'ai déjà dit que dans cette contrée il tombe plus de pluie que partout ailleurs. En 1904, le niveau moyen atteignit dix mètres cinquante. N'oublions pas qu'ici l'eau se transforme en sucre, la canne à sucre constituant la principale richesse des îles Hawaï. Or, le Fossé du Nahikou n'est pas un fossé proprement dit, mais une suite de tunnels creusés par l'homme. L'eau n'apparaît à la surface que pour franchir une gorge ; une conduite suspendue à une hauteur vertigineuse la recueille et la déverse sur l'autre flanc de la montagne et, de là, sur les plantations. Cette magnifique voie d'eau est baptisée « fossé », mais à ce titre on pourrait tout aussi bien dénommer « fourgon » la nef de Cléopâtre.

Il n'existe aucun chemin carrossable dans ce pays, et, avant la perforation des tunnels, on n'y trouvait pas une seule piste à chevaux. Une telle quantité d'eau de pluie arrosant un sol fertile sous un soleil tropical y fait croître une véritable jungle. Un homme pourrait, à la rigueur, défricher quinze cents mètres de chemin par jour dans cette luxuriante végétation, mais au bout d'une semaine le malheureux n'y tiendrait plus et il lui faudrait revenir en hâte sur ses pas avant que les lianes n'eussent envahi complètement le sentier tracé par lui.

O'Shaughnessy fut cet intrépide ingénieur qui conquit la jungle et les gorges, creusa le « fossé » et construisit la première piste à chevaux de façon durable, en maçonnerie et ciment armé. On lui doit également le plus remarquable système hydraulique du monde ; chaque goutte, chaque filet d'eau sont captés et emmenés par des canalisations souterraines au « fossé » principal. Mais il pleut si abondamment qu'en de nombreux endroits l'eau déborde dans la mer. Malgré son étroitesse, la piste à chevaux ne connaît pas d'obstacles. Elle enjambe les précipices, descend à pic les flancs de la montagne, contourne les bruyantes chutes d'eau, ou passe au-dessous d'elles. Nos admirables chevaux montrent la même insouciance ; ils trottent sur le sol rendu glissant par la pluie, et, si vous les laissiez faire, ils exécuteraient des exercices de haute école, au bord de l'abîme. Je conseille aux amateurs doués de nerfs solides et de sang-froid de tenter cette épreuve. L'un de nos cow-boys, réputé pour sa force et son courage, avait chevauché toute sa vie sur les pentes raboteuses de l'Haléakala. Incomparable dresseur de chevaux, dès qu'il voyait ses camarades reculer, il partait tout seul à la rencontre d'un taureau sauvage dans l'enclos du ranch. Mais la première fois qu'il passa à cheval au-dessus du Fossé de Nahikou, il perdit tout son prestige à nos yeux. Quand il fut sur la piste étroite qui enjambait un précipice d'une profondeur effrayante et qu'il entendit rugir sous ses pieds les chutes d'eau bouillonnantes, ce fameux cow-boy ne demanda pas son reste : il descendit bravement de cheval, prit pour prétexte qu'il avait une femme et deux enfants et traversa à pied, tenant son cheval par la bride.

Nous quittions les conduites pour longer l'instant d'après les précipices, où nous marchions, l'un derrière l'autre, sur des ponts primitifs en rondins qui croulaient sous nos pas et menaçaient de nous emporter. J'avoue que, tout d'abord, je veillai à ne pas fourrer entièrement mes pieds dans les étriers, pour me tenir prêt à sauter et à me raccrocher quelque part à la moindre alerte. Dans le cratère, nous avions fini par perdre toute notion de hauteur et, sur le Nahikou, par ne plus redouter la profondeur. La succession ininterrompue de ces gouffres et de ces sommets ne produisait plus chez nous aucune émotion. Aussi impassibles que nos chevaux, nous conservions stoïquement notre équilibre.

Quelle chevauchée ! L'eau ruisselait de toutes parts. Tantôt nous passions par-dessus les nuages, tantôt en dessous ou à travers. A tout moment, un rayon de soleil pénétrait comme un projecteur jusqu'à l'abîme béant sous nos pieds, ou éclatait sur quelque crête rocheuse au bord du cratère, à des centaines de mètres au-dessus de nos têtes. A chaque tournant de la piste, des douzaines de cascades bondissaient dans notre rayon visuel.

La première nuit que nous campâmes dans le ravin de Keanse, nous comptâmes trente-deux chutes d'eau. Autour de nous, une végétation folle poussait dans ce coin sauvage. Nous vîmes des forêts entières d'arbres appelés *koas* et *koléas ;* d'autres, des *ohiaais,* qui donnaient des espèces de pommes rouges, tendres et d'un goût savoureux ; des bananiers, accrochés aux parois des gorges, ployaient sous le poids de leurs fruits qui tombaient par régimes entiers et obstruaient le chemin.

Au faîte des arbres ondoyaient les flots verdoyants de milliers de lianes ; certaines flottaient, comme de minces dentelles, sur les branches supérieures ; d'autres s'enroulaient autour des arbres, tels de monstrueux serpents ; l'une d'elles, nommée *éi-éi,* ressemblait à s'y méprendre à un palmier grimpant ; elle balançait continuellement son énorme tige et étouffait les branches qui lui servaient de support. A travers tout cela, de majestueuses fougères lançaient leurs larges et délicates frondaisons, et le *léhua* étalait ses fleurs écarlates. Sur le sol croissaient en profusion égale les plantes bizarres qu'aux Etats-Unis on conserve précieusement dans des serres. En fait, toutes les variétés tropicales imaginables prospèrent dans le pays des Fossés de Maui.

Jamais je ne fis pareille chevauchée ! Elle dura deux jours. Ensuite nous pénétrâmes dans une campagne onduleuse et, par un chemin carrossable, nous galopâmes jusqu'à la ferme. Peut-être nous jugea-t-on cruels de crever ainsi nos braves bêtes après un voyage si long et si harassant ; mais il nous fut impossible de les retenir, malgré tous nos efforts, ainsi qu'en témoignèrent les nombreuses ampoules dont étaient couvertes nos mains. Voilà le genre de chevaux qu'on élève là-bas.

A notre arrivée au ranch, d'autres cow-boys rassemblaient le bétail, le marquaient au fer ou dressaient des chevaux. Au-dessus de nos têtes, l'Oukioukiou et le Naoulou, infatigables, continuaient à se battre, et, très haut dans le ciel, se dressait le prodigieux sommet de l'Haléakala.

CHAPITRE IX

TRAVERSÉE DU PACIFIQUE

> « *Iles Sandwich jusqu'à Tahiti... Grosse difficulté à effectuer cette traversée dans les alizés. Les baleiniers et tous les autres marins émettent de grands doutes sur la possibilité de gagner Tahiti en partant des îles Sandwich. Le capitaine Bruce prétend qu'un navire doit, avant de se mettre en route, se maintenir au Nord en attendant une saute de vent. Dans la traversée qu'il accomplit en novembre 1837, il n'observa aucune variation de température près de la Ligne en venant au Sud et ne put se diriger vers l'Est, bien qu'il s'y fût efforcé par tous les moyens.* »

Voilà tout ce que disent les instructions nautiques concernant l'océan Pacifique Sud : pas un mot de plus pour aider le pauvre marin à faire sa longue traversée... ni pour le guider entre Hawaï et les îles Marquises, situées à quelque huit cents milles au Nord-Est de Tahiti et extrêmement difficiles à atteindre. Ce manque de renseignements provient, je crois, du fait qu'aucun voyageur n'est censé entreprendre ce tour de force quasi impraticable. Mais l'impossible ne nous effrayait pas... tout simplement parce que nous avions omis de lire, avant notre départ, ce petit paragraphe dans les instructions nautiques.

Nous quittâmes Hilo, Hawaï, le 7 octobre, et arrivâmes à Noukou-Hiva, dans les Marquises, le 6 décembre, soit une distance de deux mille milles à vol d'oiseau, et nous en parcourûmes au moins quatre milles pour l'accomplir, preuve que le plus court chemin d'un point à un autre n'est pas toujours la ligne droite. Eussions-nous mis le cap directement sur les Marquises, nous aurions pu bel et bien couvrir cinq mille ou six mille milles pour obtenir le même résultat.

Nous avions, tout au moins, pris une décision : nous ne traversions pas la ligne à l'Ouest du 130e degré de longitude, car en voici l'inconvénient ; en passant la Ligne à l'Ouest de ce point, supposé que les alizés du Sud-Ouest se missent à souffler dans cette direction, nous aurions été repoussés si loin sous le vent des Marquises qu'il eût été pour ainsi dire impossible de les rejoindre en louvoyant. Il convenait aussi de tenir compte du courant équatorial, qui avance vers l'Ouest à une vitesse de douze à soixante milles par jour. Situation critique de nous trouver ainsi sous le vent de notre destination avec un tel courant contre nous ! Non : pas à une minute, ni même à une seconde, nous ne passerions l'Equateur à l'Ouest du 130e degré Ouest ! Mais puisque nous devions nous attendre à trouver les alizés du Sud-Ouest à 5 ou 6 degrés au Nord de la Ligne, il nous faudrait jusque-là nous maintenir dans l'Est, à hauteur du 128e degré de longitude Ouest.

J'ai omis de dire que, suivant son habitude, notre moteur à essence de soixante-dix chevaux ne fonctionnait pas, en sorte que nous aurions à compter seulement sur le vent. Le moteur du canot ne marchait pas davantage. Pendant que j'y suis, j'avoue que le moteur de cinq chevaux, qui actionnait la lumière, les ventilateurs et les pompes, ne valait guère mieux. Nuit et jour, je suis hanté par ce titre sensationnel d'un livre que j'aimerais à écrire quelque jour : *Autour du monde avec trois moteurs à essence et une femme.* Sans doute n'y mettrai-je jamais la main, par crainte de froisser la susceptibilité de certains jeunes messieurs de San Francisco, d'Honolulu et d'Hilo qui apprirent leur métier au détriment des moteurs du *Snark.*

Tous les calculs nous semblaient faciles sur le papier. Ici se trouvait Hilo et là notre objectif, 128° de longitude Ouest. Poussés par l'alizé du Nord-Est, nous pouvions suivre une ligne droite entre deux points et même choquer un brin nos écoutes. L'inconvénient avec les alizés, c'est de ne jamais savoir par où les prendre ni dans quelle direction ils soufflent. Nous nous engageâmes dans celui du Nord-Est au large du port d'Hilo ; mais ce fichu vent soufflait en plein de l'Est ! Le courant équatorial Nord se dirigeait à l'Ouest avec la violence d'un fleuve. De surcroît, un petit bateau au plus près, avec grosse mer debout, fait peu de route. Il monte et descend sur les lames sans avancer. Les voiles sont bien pleines, à chaque instant la lisse sous le vent disparaît dans l'eau, il patauge, tape dans lame, fait jaillir des embruns. Dès qu'il réussit à prendre un peu d'erre, il se heurte contre une montagne liquide et s'arrête net.

Les proportions réduites du *Snark* en pareilles circonstances eurent pour résultat de le faire dériver vers le Sud. Il ne s'y dirigea pas tout à fait, mais sa marche à l'Est était inquiétante, car, en réalité, il n'avançait pas dans cette direction. Le 11 octobre, il parcourut 40 milles à l'Est, le 12 octobre, 15 milles, le 13 octobre, aucune route dans l'Est, le 14 octobre, 30 milles, le 15 octobre, 23 milles, le 16 octobre, 11 milles et le 17 octobre il fit carrément 4 milles à l'Ouest. Ainsi, dans une semaine, le *Snark* couvrit un total de 115 milles vers l'Est, soit 16 milles par jour. Mais entre la longitude d'Hilo et le 128ᵉ degré de longitude Ouest il existe une différence de 27 degrés, en chiffres ronds 1 600 milles. A raison de 16 milles quotidiennement, il nous aurait fallu cent jours pour couvrir cette distance. Même alors notre objectif — 128ᵉ degré de longitude Ouest — se trouvait à 5 degrés au Nord de la Ligne, et Nouka-Hiva, dans les Marquises, à 9 degrés au Sud de la Ligne et à 12 degrés de l'Ouest !

Il ne nous restait qu'une solution : sortir des alizés au Sud et entrer dans les vents variables. En réalité, le capitaine Bruce n'en découvrit point lors de sa traversée et il ne parvint point à faire route vers l'Est à aucune amure. De toute notre âme, nous souhaitions en rencontrer, car ces vents occupent une étroite région située entre les alizés et les calmes équatoriaux ; on les prend généralement pour les courants d'air chaud qui proviennent des calmes équatoriaux, soufflent très haut dans l'atmosphère, en direction opposée aux alizés, redescendent graduellement et viennent éventrer la surface de la mer. Et on les trouve... tout à fait par hasard, étant donné qu'ils sont coincés entre les alizés et les calmes équatoriaux qui, eux, changent de place de jour en jour, voire de mois en mois.

Nous pénétrâmes dans les vents variables par 11 degrés de latitude Nord et nous nous maintînmes par 11 degrés Nord. Au Sud se tenaient les calmes équatoriaux, au Nord l'alizé du Nord-Est qui refusait de souffler dans cette direction. Les jours passaient, mais le *Snark* ne s'éloignait toujours pas du 11e parallèle.

Les « variables » méritent vraiment leur nom. A intervalles, un léger vent debout s'évanouissait et nous abandonnait dans un calme pendant vingt-quatre heures. Alors, un nouveau vent debout nous reprenait pendant trois heures, et durant quarante-huit heures nous roulions dans un nouveau calme. Puis... hourra ! Un vent frais, admirablement frais, sortit de l'Ouest, poussa le *Snark* devant lui, toutes voiles établies, avec un sillage bouillonnant d'écume et la ligne de loch toute droite. Au bout d'une demi-heure, alors que nous nous disposions à établir le *spinnaker* (1), le vent, après quelques soupirs morbides, tombait.

Chaque bouffée favorable qui durait plus de cinq minutes ranimait notre espoir, mais en vain. La brise molle (ou les risées) s'effaça de même. Cependant, nous eûmes de meilleures surprises. Dans les variables, le tout est de savoir attendre, et

(1) Le mot *spinnaker,* également utilisé en France, désigne une voile triangulaire en usage sur les yachts pour augmenter la vitesse de marche en vent arrière.

nous pouvions nous permettre ce luxe, grâce à nos provisions de nourriture et d'eau douce. Le 26 octobre, nous parcourûmes cent trois milles à l'Est, événement si considérable que nous en parlâmes plusieurs jours durant. Une fois, nous fûmes pris par un petit grain qui se dissipa en huit heures, mais il nous aida à parcourir soixante et onze milles cette même journée. Au moment où il expirait, le vent s'éleva au Nord (de la direction tout à fait opposée) et nous fit traverser un autre degré vers l'Est.

De mémoire d'homme, aucun voilier n'avait tenté cette aventure, et nous voguions dans l'une des régions les plus désertiques des solitudes du Pacifique. Pendant les soixante jours que dura notre traversée, nous n'aperçûmes à l'horizon aucun voilier ni la moindre fumée de vapeur. Un navire désemparé aurait pu dériver dans ces parages pendant des siècles, sans arriver à en sortir. La seule chance de salut appartenait à un voilier comme le *Snark,* et celui-ci se trouvait ici par une surprise due au fait que nous n'avions point pris connaissance, avant notre départ, du fameux paragraphe des instructions nautiques. Debout sur le pont, on mesurait, devant soi et de tous côtés, trois milles et demi jusqu'à l'horizon, d'où il ressort que le diamètre du cercle marin dont nous étions le centre atteignait sept milles. Comme nous ne quittions pas le centre et que nous avancions toujours quelque part, nous vîmes nombre de cercles, qui se ressemblaient tous. Aucune petite île touffue, aucun promontoire gris, aucune voile blanche ne rompaient la symétrie de cette courbe parfaite. Ces processions de nuages passaient au-dessus du cercle, le survolaient et allaient se dissoudre à l'autre bord.

A mesure que s'écoulaient les semaines, l'univers s'évanouissait à nos yeux, et bientôt, il n'y eut plus de tangible, sur l'étendue liquide, que le minuscule *Snark* chargé de sept âmes. Nos souvenirs du monde, du vaste monde civilisé, nous semblaient des rêves d'autres existences vécues par nous avant notre départ. Notre réserve de légumes frais épuisée, il nous arrivait parfois d'en parler à peu près avec le même regret que mon père lorsqu'il faisait allusion aux vergers de son enfance, aujourd'hui disparus. Mais l'homme est un animal qui s'acclimate vite à son milieu ; aussi nous ne tardâmes pas à considérer la vie à bord comme une seconde nature.

Le monde extérieur cessa dès lors d'empiéter sur nous. Notre cloche tintait les heures, mais aucun intrus ne se présentait à la porte. Nul convive à déjeuner, nul télégramme, nulle sonnerie du téléphone ne venaient troubler notre délicieuse intimité. Nous n'avions à tenir aucun rendez-vous, nous n'avions plus de trains à prendre, plus de journaux à lire.

Mais le voyage n'était nullement monotone pour autant. Nous ne savions jamais ce qui allait se produire d'un instant à l'autre. Nous ne manquions ni de variété ni d'émotions. Par exemple, à quatre heures du matin, je relève Hermann à la barre. Il me donne la route :

« Est-Nord-Est. Il a fait une embardée de huit quarts, mais je n'arrive pas à gouverner. »

Rien d'étonnant. Le bateau n'existe pas encore qu'on puisse gouverner en calme plat.

« J'ai eu un peu de brise voilà un moment… peut-être reviendra-t-elle », continue Hermann avec quelque espoir, avant de regagner sa couchette.

La voile d'artimon est serrée et solidement rabantée. Elle nous a par trop agacés. Par suite du roulis et de l'absence du vent, elle se cognait continuellement contre le mât, heurtait les palans et claquait dans l'air, en produisant un vacarme infernal. Cependant la grand-voile reste toujours établie, et la trinquette, le foc et le clinfoc tirent sans arrêt sur leurs écoutes.

Le ciel est criblé d'étoiles. Par un pur hasard, j'ai mis la barre toute au vent dans la direction contraire à celle où l'avait laissée Hermann. En attendant les événements, je m'appuie contre la roue et contemple les astres. Que faire d'autre avec un voilier qui roule dans un calme absolu ? Un coup de brise m'effleure la joue, si faible que je m'en suis à peine rendu compte. Un autre lui succède, puis un troisième, et un petit vent frais, mais à peine perceptible, se décide à souffler. A mon grand étonnement, la voilure du *Snark* s'agite ainsi que notre bateau, car l'aiguille du compas tourne lentement dans l'habitacle. En réalité, elle ne remue pas du tout : le magnétisme terrestre la maintient dans le même axe, et tandis que le *Snark* tourne sur lui-même, l'aiguille pivote sur ce délicat dispositif en carton qui flotte dans un récipient fermé et rempli d'alcool.

Le *Snark* revient en route. La brise devient une bouffée qui s'engouffre dans les voiles du bateau et lui fait donner légèrement de la bande. Au-dessus de moi, les nuages poussés par le vent effacent une à une les étoiles dans le ciel. Des murs de ténèbres m'entourent et la dernière étoile disparue, ils sont si proches qu'il me semble pouvoir les atteindre et les toucher. Je me penche un peu, je les sens me frôler le visage. Les risées de vent se suivent, je me félicite d'avoir serré l'artimon. Bigre ! en voilà une fameuse ! Le *Snark* se remet à monter et descendre, sa lisse plonge sous l'eau et le Pacifique tout entier se déverse sur nous. Après avoir essuyé cinq ou six risées de ce calibre, je regrette qu'on n'ait pas serré le foc et le clinfoc. La mer se creuse, les coups de vent, plus fréquents, augmentent de violence et l'embrun éclabousse l'air.

Inutile de regarder au vent. Le mur noir se trouve maintenant à portée du bras. Cependant je ne résiste pas à l'envie de mesurer la force des coups assenés sur le *Snark*. De sinistres présages se manifestent du bord du vent, et j'ai la conviction que si je m'obstine à les étudier, je finirai par en deviner le sens. Impression inutile ! Entre deux rafales, je cours à l'avant jusqu'à l'escalier de la cabine, où je frotte des allumettes et consulte le baromètre qui indique : 29-90. Cet instrument sensible ne tient aucun compte du rugissement féroce qui se fait entendre dans le gréement. Je regagne la barre juste à temps pour recevoir un autre grain, le plus fort jusqu'ici. Le vent souffle par le travers, et le *Snark* suit sa route, à grand-erre, vers l'Est. Pour l'instant, c'est l'essentiel.

Cependant, le foc et le clinfoc ne laissent pas de m'inquiéter ; s'ils étaient serrés, le bateau tiendrait mieux au vent, et avec moins de danger. Le vent se remet à ronfler et des gouttes de pluie tambourinent sur le pont, comme de la grêle. Tout à l'heure, il me faudra sans doute appeler tout l'équipage. Non, pas encore, je puis attendre. Peut-être est-ce la fin, et je ne veux pas réveiller les hommes sans raison. Mieux vaut les laisser dormir. Je maintiens donc seul le *Snark* à hauteur de sa tâche. Tout à coup un déluge, accompagné de sifflements lugubres, s'abat sur le pont. Puis le calme reparaît. Plus que jamais, je me félicite de n'avoir dérangé personne.

A peine le vent est-il tombé que la mer redevient houleuse. Les grosses lames déferlent et le bateau s'agite comme un bouchon. Les rafales se précipitent, plus violentes que tout à l'heure. Si seulement je savais ce qui se passe au bord du vent, là, dans la nuit ! Le *Snark* résiste difficilement, sa lisse sous le vent plonge de plus en plus sous l'eau. Le vent rugit derechef.

A présent, l'heure est venue d'appeler les hommes. Cette fois, je suis bien décidé, mais la pluie redouble, le vent mollit et je me ravise. Combien je me sens seul à la barre dans ces ténèbres hurlantes ! Quelle responsabilité de gouverner, de son propre chef, ce petit monde flottant sur une mer déchaînée ! L'esprit tendu, je dois penser à tout, prévoir tout pour protéger la vie de ses habitants endormis. Mes devoirs m'effraient ; voici qu'une nouvelle tempête s'abat sur nous, une grosse vague lèche la lisse et retombe avec fracas dans le *cockpit.* L'eau de mer, qui projette de fantastiques lueurs phosphorescentes, répand en moi une étrange chaleur. Je vais, en fin de compte, appeler tout le monde pour réduire la voilure. Pourquoi laisserais-je tous ces gens dormir ? Stupidité de ma part, ce scrupule. Pendant que se déroule un singulier combat entre mon cœur et mon intelligence, le calme s'est rétabli. Le *Snark* pourra encore soutenir quelques grains avant que j'appelle mes compagnons à l'aide.

L'aube grise perce le banc de brouillard et nous permet d'entrevoir une mer écumante, aplatie sous le poids des bourrasques dont le nombre et la force s'accroissent sans répit. La pluie tombe, soulève une vapeur laiteuse au-dessus des flots, qu'elle comprime davantage, mais ceux-ci attendent la prochaine accalmie pour rebondir plus féroces que jamais.

Après leur réveil, les hommes montent sur le pont, et, parmi eux, Hermann, la mine renfrognée quand je lui apprends avec quelles rafales je me suis trouvé en butte. Je passe la barre au capitaine Warren et me dispose à descendre, lorsque, en route, je m'arrête pour rajuster le tuyau du poêle de la cuisine, qui s'est déplacé. Je vais nu-pieds et mes orteils sont suffisamment exercés pour s'accrocher un peu partout ; mais à peine ai-je fait deux pas que la lisse disparaît soudain sous une lame verte et me voilà par terre sur le pont ruisselant. Hermann me demande, en plaisantant, pourquoi j'ai choisi cet endroit pour m'asseoir. Au prochain coup de roulis, il tombe à côté de moi, sans le faire exprès, lui non plus. Le *Snark* donne de la bande, la lisse plonge continuellement dans l'eau ; Hermann et moi, étreignant la précieuse cheminée de tôle, sommes balayés dans les dalots. Après quoi, je reprends le chemin de ma cabine et pendant que, souriant d'aise, je change d'effets, le *Snark* file à l'Est.

Je le répète encore, la vie à bord est loin de nous

paraître monotone. Après avoir, tant bien que mal, fait route vers l'Est jusqu'au 126e degré de longitude Ouest, nous quittâmes les « variables » et nous dirigeâmes au Sud à travers les calmes équatoriaux, où régnait un temps serein. Tirant parti de la moindre brise, nous nous estimions heureux de parcourir vingt milles dans le même nombre d'heures. Et pourtant, ce jour-là, nous nous exposions à recevoir une douzaine de grains et à être menacés d'une autre douzaine. Et chacun d'eux risquait de mettre le *Snark* en miettes. Tantôt, ils nous frappaient par le centre, tantôt par le flanc : nous ne pouvions jamais prévoir d'où venait le coup. La rafale se levait, couvrant la moitié du ciel, tombait droit sur nous et se fendait en deux, puis passait de chaque côté du bateau sans nous causer le moindre mal. Une autre, à l'air inoffensif, qui semblait ne pas contenir plus d'un baril d'eau et une livre de vent, prenait brusquement des proportions cyclopéennes, se transformait en déluge et nous écrasait sous son souffle destructeur. Certaines d'entre elles filaient sournoisement par-derrière et revenaient nous pousser sur une distance d'un mille sous le vent. Deux autres, arrivant à toute vitesse, frôlaient les flancs du *Snark* et nous administraient une chiquenaude.

Une rafale finit par nous lasser au bout de quelques heures, mais les grains apportent toujours quelque chose d'imprévu. Le millième présente autant et peut-être plus d'intérêt que le premier dont on a suivi les effets. Seul, le novice ne les redoute pas. Ils inspirent une juste crainte à qui les connaît ; celui-ci sait, par expérience, combien il faut s'en méfier.

Dans les calmes équatoriaux, un événement désastreux se produisit à bord. Le 20 novembre nous nous aperçûmes qu'à la suite d'un accident, plus de la moitié de ce qui restait de notre provision d'eau douce s'était enfuie. Comme nous nous trouvions à ce moment-là à quarante-trois jours d'Hilo, notre réserve était pas mal entamée, et en perdre la moitié équivalait pour nous à une catastrophe. En nous rationnant strictement, le reliquat durerait neuf jours. Mais nous voguions dans les calmes plats : impossible de savoir où soufflaient les alizés du Sud-Est, ni l'endroit où nous pourrions les attraper.

Une fois par jour, nous distribuâmes le précieux liquide avec parcimonie. Chacun de nous en reçut un litre pour son usage personnel, et le cuisinier huit litres. Envisageons maintenant le côté psychologique de la situation. A peine venions-nous de découvrir l'accident que je fus affligé d'une soif dévorante, comme jamais je n'en éprouvai de ma vie. D'une seule gorgée, j'aurais volontiers absorbé ma méchante ration, et pour ne pas succomber à la tentation, il fallait un effort surhumain. Or, je n'étais pas le seul dans ce cas-là. La question de l'eau défrayait toutes les conversations ; on y pensait le jour, on en rêvait la nuit.

Nous consultâmes la carte pour y chercher les îles voisines où nous pourrions nous ravitailler ; mais il n'en existait point. Les Marquises, les plus proches, étaient situées de l'autre côté de la Ligne et des calmes plats. Nous voguions par 3 degrés de latitude Nord, alors que les Marquises se trouvaient par 9 degrés de latitude Sud — soit un écart de plus d'un millier de milles — et, de surcroît, à quelque 14 degrés à l'Ouest de notre longitude. Gaie perspective pour une poignée d'êtres humains suffoquant, en plein mer, sous la chaleur des calmes tropicaux !

Nous fixâmes des lignes de chaque côté du *Snark* entre les haubans du grand-mât et les haubans d'artimon. A celles-ci nous attachâmes la tente après l'avoir hissée à l'arrière au moyen d'un pantoire, afin que la pluie captée de cette manière pût couler à l'avant où elle serait recueillie. Çà et là, des grains passaient autour de nous. Toute la journée, nous les guettions de bâbord à tribord, et de l'avant à l'arrière. Mais aucun ne s'approchait suffisamment de nous. Cependant, au cours de l'après-midi, un énorme grain se dirigea de notre côté, déversant dans la mer des milliers de litres d'eau. Après avoir vérifié la solidité de la tente, nous attendîmes les événements.

Warren, Martin et Hermann formaient un véritable tableau vivant. Accrochés tous trois aux cordages et se balançant suivant les mouvements du roulis, ils tenaient les yeux rivés devant eux. Chaque attitude de leur corps trahissait la tension de leur esprit, l'inquiétude et l'émotion. Au moment où le grain, se partageant en deux, passa au-dessus de leur tête et à l'arrière du bateau, sans qu'il en tombât une goutte sur la tente, je crus voir ces hommes s'affaisser sur eux-mêmes, découragés.

Cependant, cette nuit-là, la pluie fit son apparition. Martin, qui depuis longtemps avait bu sa ration, porta les lèvres au bord de la tente et lampa une longue gorgée d'eau. Le précieux liquide descendit ensuite du ciel par baquets, et au bout de deux heures nous en possédions plus de quatre cents litres dans nos réservoirs. Fait étrange ! pendant tout le reste du voyage jusqu'aux Marquises, pas une goutte de pluie ne tomba à bord. Si ce grain bienfaisant n'était passé à côté de nous, nous aurions dû employer notre surplus d'essence pour distiller de l'eau salée.

Il fallut aussi songer à la pêche, mais ce problème fut vite résolu, les poissons venant pour ainsi dire se faire prendre sous nos yeux. Un hameçon d'acier de trois pouces au bout d'une forte ligne, avec un chiffon blanc comme appât, nous suffirent amplement pour attraper des bonites pesant entre dix et vingt livres. Les bonites, accoutumées à se nourrir de poissons volants, ne mordent pas d'habitude à l'hameçon. Leur première apparition me laisse un souvenir inoubliable. Ce sont les plus endiablés des hôtes de la mer, mais elles pratiquent sans vergogne le cannibalisme. Au moment où l'une d'elles est prise à l'hameçon, ses camarades l'attaquent férocement. Très souvent il nous est arrivé d'en hisser qui étaient entamées de morsures larges comme des tasses à thé.

Un banc de plusieurs milliers de bonites nous accompagna nuit et jour pendant plus de trois semaines. Grâce au *Snark* ce fut, pour ces poissons, une véritable manne : sur un demi-mille de large et quinze cents milles de long, ils se livrèrent à un massacre effarant. De chaque côté du *Snark,* les bonites bondissaient sur les poissons volants jusque sur notre avant. Sans trêve aucune, elles poursuivaient à l'arrière celles de leurs victimes qui parvenaient à rejoindre le *Snark,* et à tout moment on voyait s'agiter leurs formes étincelantes sous la crête des vagues. Une fois rassasiées, elles accouraient par centaines à l'ombre du *Snark* ou de sa voilure et glissaient indolemment sous l'eau pour prendre le frais.

Pauvres poissons volants ! Pourchassés et dévorés vivants par les bonites et les dorades, ils croient chercher refuge en l'air, mais aussitôt des oiseaux de mer, fonçant sur eux, les repoussent dans l'eau. Le ciel ne leur offre pas davantage la moindre sécurité. N'allez pas croire qu'ils se livrent à ce sport par pur plaisir : c'est, pour eux, une question de vie ou de mort. Mille fois par jour, nous levons les yeux pour suivre la tragédie. Juste au-dessous d'un oiseau décrivant cercles et zigzags, nous apercevons le dos d'une dorade qui sillonne la surface, en une course effrénée. Devant son nez, une flèche argentée traverse l'air — être palpitant, délicat mécanisme de vol, doué de multiples sensations, et débordant de vie. L'oiseau se précipite sur lui et manque son coup. Le poisson volant monte au ciel à la manière d'un cerf-volant, atteint une certaine hauteur, fait demi-tour sur lui-même et se laisse porter sur les ailes du vent. La dorade indique sa présence par un léger tourbillon d'écume ; elle suit sa proie et écarquille de gros yeux pleins de convoitise vers le déjeuner qui, rapide comme l'éclair, passe au-dessus d'elle. Elle ne saurait, bien sûr, le rejoindre en ce moment, mais l'expérience lui a maintes fois démontré que si le poisson n'est pas gobé au vol par son ennemi empenné, il reviendra fatalement dans l'onde amère. Elle attend donc patiemment son repas.

Ecœurés par cette tuerie sordide et sanguinaire, nous prenions en pitié le malheureux poisson, mais lorsqu'un de ses frères venait, la nuit, buter contre la grand-voile et tombait inanimé sur le pont, nous nous précipitions pour le ramasser, avec autant de voracité que dorades et bonites. Car sachez que le poisson volant constitue un mets délicieux. Je me demande souvent pourquoi une chair aussi savoureuse ne se transforme pas en tissus fins dans l'organisme des êtres qui en font leur pâture. Peut-être la rapidité que déploient les dorades et les bonites pour attraper leurs proies rend-elle leur viande si coriace ? Mais les poissons volants s'enfuient à une plus grande vitesse encore !...

De temps à autre, nous capturons des requins avec de gros hameçons, munis d'émerillons et fixés à l'extrémité d'une ligne en fort filin. Avec eux, on ramène des poissons-pilotes, des rémoras et toutes sortes de monstres. Leurs yeux de tigres, leurs douze rangées de dents tranchantes comme des lames de rasoir leur donnent bien l'aspect de mangeurs d'hommes. Toutefois je reconnais volontiers, d'accord en cela avec mes compagnons du *Snark,* que nous avons souvent mangé du poisson dont le goût n'était pas aussi succulent que du requin cuit à l'étouffée et servi avec de la sauce tomate. Dans les calmes plats, il nous arrivait parfois de prendre un poisson que notre cuisinier chinois appelait *haké.* Une fois, à l'aide d'un hameçon à cuiller tournant à cent mètres à l'arrière du bateau, nous hissâmes un poisson à l'aspect de serpent, d'une longueur d'au moins dix mètres et large seulement de sept centimètres, et pourvu de quatre dents. Ce fut pour nous un vrai régal.

Une tortue de mer pesant cent bonnes livres vint enrichir notre garde-manger. On nous la servit sous forme de tranches rôties, de soupes, de ragoûts, et, enfin, dans un plat de riz assaisonné de curry dont nous mangeâmes presque à nous rendre malades. Quand nous l'aperçûmes, elle somnolait paisiblement à la surface, au milieu d'un immense banc de dorades. C'était, sans conteste, une tortue de haute mer, car la côte la plus proche se trouvait à un millier de milles. Nous virâmes de bord et revînmes sur elle : Hermann lui enfonça son harpon dans le cou. De nombreuses rémoras s'accrochaient à sa carapace et de dessous ses pattes sortaient d'énormes crabes. Cette prise nous ayant comblés de joie, nous décidâmes d'un commun accord que nous n'hésiterions pas à répéter le virement de bord du *Snark* pour capturer la prochaine tortue.

Mais la dorade est la reine de tous les poissons de haute mer. Jamais elle ne présente la même nuance. Créature éthérée du plus pâle azur, elle déploie, lorsqu'elle nage, un miracle de couleurs ; tantôt elle apparaît en vert — vert émeraude, vert foncé, vert phosphorescent — ; tantôt en bleu — bleu foncé, bleu électrique, toute la gamme des bleus y passe. Regardez-la au bout d'un hameçon : elle est jaune, jaune comme de l'or. Hissez-la sur le pont, l'arc-en-ciel tout entier se révélera à vos yeux, en des variations inimaginables de bleus, de verts et de jaunes, puis brusquement votre dorade vous apparaîtra d'un blanc spectral parsemé de points bleus étincelants, et l'instant d'après tachetée comme une truite. Le blanc disparaît ensuite pour céder la place à toutes les autres couleurs, et finalement ce poisson-caméléon prend un reflet de nacre rose.

Je ne saurais trop recommander ce sport passionnant : la pêche à la dorade. Il faut se munir d'une ligne fine, avec moulinet et perche. Un hameçon n° 7 O'Shaughnessy, amorcé d'un poisson volant tout entier, fera admirablement l'affaire. Telle la bonite, la dorade se repaît exclusivement de poissons volants et, rapide comme l'éclair, elle se précipite sur l'appât. Vous êtes averti que cela mord quand le moulinet grince et que la ligne s'agite à angle droit avec le bateau. Sans vous donner le temps de songer à la longueur de votre ligne, le poisson monte en l'air en une succession de bonds, pour se débarrasser de l'hameçon. Que votre ligne soit bien tendue ! sans quoi la dorade sautera à six ou sept mètres et essaiera de fuir. A ce moment, on commence à s'inquiéter. On souhaiterait tenir en main une plus grande longueur de fil, mais en manœuvrant adroitement, on parvient à sauver la ligne. Au bout d'une heure, le poisson peut être ramené à la gaffe. J'ai moi-même hissé sur le *Snark* une dorade mesurant près d'un mètre trente-cinq.

Hermann employait des moyens plus sommaires. Une simple ligne et un morceau de viande de requin, voilà tout son attirail. Sa ligne était forte, mais plus d'une fois elle se cassa, emportée par le poisson. Un jour, une dorade s'enfuit avec un appât de l'invention d'Hermann, auquel étaient fixés quatre hameçons O'Shaughnessy. Une heure plus tard, le fuyard était repêché et en le vidant nous retrouvâmes les quatre crochets d'acier.

Les dorades demeurèrent plus d'un mois en notre compagnie. Elles nous quittèrent au Nord de l'Equateur et pas une ne se montra pendant tout le reste de la traversée.

Les jours s'écoulaient de la sorte. Nous avions tant à faire que nous ne sentions pas la fuite du temps. Eussions-nous eu moins de besogne, les heures nous auraient encore semblé courtes, avec les grandioses spectacles que nous offraient la mer et les nuages — des aurores qui évoquaient l'incendie de villes impériales, sous des arcs-en-ciel atteignant presque au zénith ; des levers de soleil qui déversaient dans l'eau pourpre des fleuves de clarté rose coulant d'un astre dont les rayons illuminaient un ciel du bleu le plus pur. Plus tard, sous la chaleur de l'après-midi, l'océan s'étendait comme un immense voile de satin azuré dans les plis duquel le soleil concentrait toute sa lumière.

Chaque fois que le *Snark* fendait une lame, l'écume rejetée par les flancs du navire faisait surgir une procession de fantômes bleu turquoise et d'un blanc laiteux que le moindre souffle de brise agitait loin derrière nous. La nuit, notre sillage devenait phosphorescent lorsque le *Snark* traversait une colonie de méduses. A l'arrière, nous observions la course incessante de minuscules comètes aux queues longues et nébuleuses, à l'endroit où passaient les bonites dans la masse visqueuse des méduses. De temps à autre, émergeant de l'obscurité de chaque côté de nous, d'énormes lueurs apparaissaient d'abord à fleur d'eau et étincelaient tout d'un coup comme des projecteurs électriques ; ces autres poissons phosphorescents venaient se heurter contre les insouciantes bonites qui, à toute allure, gagnaient notre beaupré pour se livrer à leur chasse favorite.

Continuant notre route vers l'Est, nous traversâmes tant bien que mal les calmes plats et rencontrâmes une brise fraîche du Sud quart Sud-Ouest. Pris ainsi de biais, nous devions passer devant les îles Marquises à une grande distance à l'Ouest. Mais le lendemain, mardi 26 novembre, au beau milieu d'un grain très violent, le vent tourna brusquement au Sud-Ouest. Enfin, nous tenions l'alizé ! Finis les grains ! Nous eûmes dès lors un temps magnifique, avec un vent favorable et un loch qui tournoyait nuit et jour, nos écoutes bien choquées, le *spinnaker* et la grand-voile gonflés, chacun d'un bord. L'alizé refusa progressivement jusqu'au Nord-Est, et nous nous dirigeâmes à bonne allure vers le Sud-Ouest.

Dix jours plus tard, le matin du 6 décembre, à 5 heures, nous aperçûmes la terre « à l'endroit précis où elle devait se trouver », droit devant nous. Nous passâmes sous le vent d'Oua-Houka, côtoyâmes la rive méridionale de Noukou-Hiva et la même nuit, en pleines bourrasques et dans une obscurité complète, nous parvînmes dans le mouillage de l'étroite baie de Taï-o-haé. L'ancre accompagna de ses grincements le cri des oies sauvages sur les falaises, et l'air que nous respirions était chargé du parfum des fleurs. Nous arrivions au terme de notre traversée. Soixante jours sans voir de terre, sur une mer déserte à l'horizon de laquelle n'apparaissent jamais les voiles gonflées d'un bateau !

CHAPITRE X

TYPEE

A l'Est, l'île de l'Oua-Houka était voilée par une rafale de pluie, qui bientôt enveloppa le *Snark*. Mais notre petite embarcation, son *spinnaker* gonflé sous l'alizé du Sud-Est, ne ralentissait pas pour autant. Le cap Martin, point extrême sud de l'île de Noukou-Hiva, se trouvait par le travers, et sa vaste baie — la baie du Contrôleur — apparut tout entière à notre vue quand nous passâmes devant sa vaste entrée, où le *Sail Rock* (1), ressemblant à s'y méprendre à la voile à livarde d'un bateau de pêche au saumon (construit sur la Columbia River), résistait vaillamment aux attaques furieuses de la houle du Sud-Est.

« Qu'aperçois-tu là-bas ? demandai-je à Hermann, qui tenait la barre.

— Un bateau de pêche, monsieur », répondit-il après avoir scruté l'horizon.

Pourtant, sur la carte, l'endroit est bel et bien marqué : Sail Rock. Notre intérêt se porta ensuite sur la topographie de la baie. Nos regards cherchèrent avidement les trois anses et s'arrêtèrent sur

(1) Rocher de la voile.

celle du milieu où, dans les dernières lueurs du crépuscule, nous distinguâmes les pentes confuses d'une vallée. Combien de fois nous sommes-nous penchés sur la carte pour étudier cette anse spacieuse où aboutissait la vallée de *Typee. Taïpi* est l'orthographe exacte, selon la carte, mais je préfère *Typee,* et je l'écrirai toujours ainsi. Dans mon enfance, j'ai lu un livre d'Herman Melville (1) : *Typee,* qui m'a fait rêver de longues heures. Ce n'étaient pas des songes, cependant. A cette époque, j'avais déjà résolu qu'une fois grand et fort j'entreprendrais moi aussi ce voyage à Typee, quoi qu'il arrivât. Car la vision radieuse du monde pénétrait déjà dans mon minuscule cerveau — cette vision qui devait, plus tard, me conduire en maints pays, et dont la beauté n'a pas diminué à mes yeux.

Les années avaient passé, mais je n'oubliais pas Typee. De retour à San Francisco après une croisière de sept mois dans le Pacifique du Nord, j'avais décrété le moment venu de partir. Le brick *Galilée* se préparait à cingler vers les Marquises, mais, hélas ! son équipage était au complet. Matelot expérimenté et assez jeune pour en éprouver un mâle orgueil, je demandai cependant au capitaine de m'embarquer en qualité de mousse, car je désirais à tout prix visiter Typee. Bien entendu, le *Galilée* quitterait sans moi les Marquises : à l'instar de Toby, le personnage d'Herman Melville, je voulais trouver un autre Faïaway et un nouveau

(1) Ecrivain américain, né à New York en 1819, mort en 1891. Auteur de plusieurs œuvres considérées comme classiques. Théo Varlet a traduit admirablement *Typee* sous le titre : *Un Eden cannibale,* et *Moby Dick.*

Kory-kory pour m'accompagner dans mes pérégrinations. Sans doute le patron du bateau lut-il, dans nos yeux, la ferme intention de déserter ? ou peut-être la place de mousse n'était-elle plus vacante ? Toujours est-il que je ne l'obtins point.

Vint ensuite la course effrénée des ans, remplis de mirifiques projets, de nombreux succès et échecs, et me voici maintenant fouillant du regard les contours vaporeux de la vallée de Typee.

Le grain diminua de violence et le *Snark* fendit le rideau de brume. Nous eûmes à peine le temps d'entrevoir devant nous le rocher de la Sentinelle, autour duquel se brisaient les vagues. A son tour, il fut effacé par la pluie et l'obscurité. Nous nous dirigeâmes droit vers lui, espérant entendre le vacarme des flots, et nous en écarter à temps. Pour nous orienter, nous ne possédions que la position relevée au compas, et si nous passions à côté du rocher de la Sentinelle, nous manquerions également le port de Taï-o-haé : il nous faudrait alors lofer et prendre la cape pour la nuit. Perspective peu brillante pour des voyageurs las d'une traversée de soixante jours dans les vastes solitudes du Pacifique, avides de revoir la terre, de manger des fruits et brûlant d'envie d'admirer la douce vallée de Typee.

Tout à coup, au milieu de rugissements épouvantables, la masse du rocher de la Sentinelle surgit en face de nous, à travers la pluie. Nous modifiâmes notre route, et, grand-voile et *spinnaker* gonflés, nous passâmes devant le rocher, à l'abri duquel nous tombâmes dans un calme absolu. Puis un coup de vent s'engouffra dans la voilure et nous poussa hors de la baie de Taï-o-haé. Avançant très lentement, nous sondions, en cherchant des yeux, le fanal rouge fixé sur le fort en ruine qui nous indiquerait notre position pour le mouillage. La brise, légère et trompeuse, soufflait tantôt à l'Ouest, tantôt du Nord et de l'Ouest, et de tous côtés nous parvenait le vacarme de grosses lames invisibles. D'énormes falaises nous arrivaient les bêlements des chèvres sauvages et, au-dessus de nos têtes, les premières étoiles apparaissaient confusément dans le ciel tourmenté. Au bout de deux heures, ayant parcouru un mille dans la baie, nous jetâmes l'ancre par onze brasses de fond. Enfin, nous étions arrivés à Taï-o-haé.

Le lendemain matin, nous nous éveillâmes dans un paysage féerique. Le *Snark* se reposait dans un paisible port, au pied d'un vaste amphithéâtre dont les pentes vertigineuses, couvertes de vigne, semblaient monter directement de la mer. Là-haut, à l'Ouest, nous distinguâmes, visible à un certain endroit, la ligne fine d'un sentier.

« Le sentier par où Toby s'est échappé de Typee ! » criâmes-nous en chœur.

Bientôt, nous descendions à terre et louions des chevaux, mais nous dûmes différer d'un jour notre visite. Après deux mois passés en mer, continuellement pieds nus, sans espace suffisant pour se livrer à l'exercice, on ne saurait, en effet, se réhabituer tout de suite aux souliers de cuir et à la marche. En outre, la terre devait cesser, à nos yeux, son infernal roulis avant que nous fussions à même d'escalader comme des chèvres, sur nos chevaux, les pistes vertigineuses de l'île. Pour nous dégourdir les membres, nous enfourchâmes donc nos bêtes et nous nous enfonçâmes à travers la jungle épaisse. Peu après, nous nous arrêtions devant une vénérable idole en bois, couverte de mousse, auprès de laquelle s'étaient donné rendez-vous un trafiquant allemand et un capitaine de bateau norvégien qui discutaient sur son poids et hésitaient à la scier en deux, de crainte d'en déprécier la valeur. Ils la lardaient — ô sacrilège ! — de coups de couteaux pour en éprouver la dureté ou mesurer l'épaisseur de son manteau de mousse : on eût dit également qu'ils lui commandaient de se lever et de marcher afin de leur épargner la peine de la transporter eux-mêmes. Soudain une vingtaine de Canaques balancèrent la statue sur une espèce de châssis en planches et la trimbalèrent jusqu'au bateau où, solidement amarrée sous les écoutilles, elle doit en ce moment voyager dans le Pacifique du Sud vers le cap Horn à destination de l'Europe, dernier asile des bonnes vieilles idoles, excepté quelques-unes qui se trouvent en Amérique, et d'une, en particulier, qui grimace un sourire à côté de moi pendant que j'écris ces lignes. Sauf naufrage, ce vieux masque continuera à ricaner quelque part chez moi, et de nous deux il gagnera la partie, car c'est lui qui rira le dernier.

Nous assistâmes, en attendant mieux, à un festin où un nommé Taiara Tamarii, fils d'un matelot hawaïen et déserteur d'une baleinière, commémorait la mort de sa mère marquisienne. En cet honneur, il avait rôti quatorze porcs et invité le village tout entier aux agapes. A notre arrivée, nous fûmes salués par une jeune indigène assise sur un gros rocher. D'une voix chantante, elle proclama que notre présence rehaussait l'éclat de la fête, et répéta d'ailleurs le compliment à chacun des nouveaux venus.

A peine étions-nous assis qu'elle changea de ton, au grand étonnement de tous les convives. Elle poussait à présent des cris vifs et perçants. Des voix d'hommes lui répondirent d'une certaine distance et leurs clameurs se muèrent en un chant barbare, fleurant le sang et la guerre. Ensuite, nous aperçûmes, à travers une échappée de feuillage, une procession de sauvages, complètement nus, à l'exception d'un pagne de couleurs chatoyantes qui leur ceignait les reins. Ils avançaient à pas lents et émettaient des hurlements de triomphe et d'exaltation. Ils tenaient sur les épaules des branches d'arbre auxquelles pendaient de mystérieux fardeaux d'un poids considérable et dissimulés à la vue par des feuilles vertes.

C'étaient tout simplement des cochons, d'innocents cochons rôtis à la broche, mais les porteurs les baladaient dans le camp à l'instar de leurs ancêtres quand, autrefois, ils promenaient le « cochon long » avant de le servir à table. Or, le « cochon long » n'est pas un vulgaire cochon, comme on serait tenté de le croire, mais un euphémisme polynésien pour désigner la chair humaine. A tout moment, la procession — le fils du roi en tête — faisait halte pour permettre aux porteurs de manifester leur joie tonitruante. Voilà comment Melville assista, il y a deux générations, à l'exhibition des cadavres de guerriers Happar, enveloppés dans des feuilles de palmier, qu'on transportait au *Ti,* endroit situé dans l'enceinte des bois sacrés. Une autre fois, toujours au *Ti,* il avisa un « récipient de bois curieusement sculpté » et son regard tomba sur « les membres épars d'un squelette humain aux ossements encore humides et revêtus, çà et là, de derniers morceaux de chair ».

Le cannibalisme est souvent considéré comme une histoire de brigands par les gens ultra-civilisés, lesquels répugnent à admettre que leurs ancêtres sauvages aient pu se livrer, dans le passé, à de semblables pratiques. Le capitaine Cook lui-même demeura sceptique jusqu'au jour où, dans un port de Nouvelle-Zélande, il vit arriver à bord de son bateau un indigène qui offrit de lui vendre une magnifique tête humaine séchée au soleil. Cook fit détacher quelques lambeaux de chair et les tendit au cannibale, qui en fit une seule bouchée. A tout le moins, Cook était un empiriste qui aimait à aller au fond des choses. Toujours est-il que son expérience fournit aux savants la preuve qu'ils recherchaient depuis longtemps. Mais il était loin de songer à l'existence d'un certain groupe d'îles situées à des milliers de milles de là où, dans la suite, se jugerait un étrange procès. Un vieux chef fut accusé de diffamation parce qu'il persistait à affirmer que son corps était le dépôt vivant du gros orteil du capitaine Cook. On prétend que le tribunal ne parvenant pas à démontrer le contraire, l'affaire se termina par un non-lieu.

Je n'espère pas avoir l'occasion, à cette époque dégénérée, de voir les indigènes manger du « cochon long », mais j'emporte avec moi une calebasse marquisienne, certifiée authentique, de forme oblongue et bizarrement sculptée, dans laquelle a été bu, voilà plus d'un siècle, le sang de deux patrons de bateaux. L'un d'eux avait vendu pour neuve, à un vieux chef marquisien, une baleinière décrépite qu'il venait de repeindre en blanc. Mais quelques jours après le départ du malhonnête capitaine, le navire se brisa en morceaux. Deux ou trois ans plus tard, le sort voulut que le capitaine fît naufrage sur cette même île. Le vieux sauvage ignorait tout des rabais et escomptes commerciaux, mais il possédait un instinct primitif d'équité et une conception non moins primitive de comptabilité naturelle ; pour solder le compte, il dévora l'homme qui l'avait volé.

A l'aube fraîche, nous partîmes pour Typee sur de féroces petits étalons qui piaffaient, hennissaient, se mordaient et se battaient entre eux sans le moindre souci des êtres fragiles qu'ils portaient sur leur dos, ni des galets glissants, des fragments de rochers et des gorges béantes. Notre piste conduisait à une vieille route traversant une jungle d'arbres appelés *haous*. De chaque côté, nous apercevions les vestiges d'une population qui, jadis, devait être très nombreuse. Partout où l'œil pouvait fouiller cette végétation épaisse, on découvrait des murs solidement bâtis, de deux mètres à deux mètres cinquante de haut, et de plusieurs mètres de largeur et d'épaisseur, vastes plates-formes qui servaient d'assises aux maisons. Mais les habitations et leurs occupants avaient depuis longtemps disparu, et des arbres géants, plongeant leurs racines dans ces fondations, dominaient la jungle qui s'étendait à leurs pieds. Ces fondations se nomment *pae-paes,* les *pi-pis* (prononcez *paï-païs*) de Melville, qui orthographiait ce nom phonétiquement.

Aux Marquisiens de notre génération, il manque l'énergie de hisser et de mettre en place des pierres si énormes. Rien, d'ailleurs, ne les encourage à bâtir. Les *pae-paes* abondent partout et il en reste des milliers en ruine. En montant la vallée nous en vîmes de magnifiques qui portaient, sur leur plus grande surface, de misérables huttes de paille dont les proportions eussent évoqué une estrade électorale perchée sur les vastes fondations de la pyramide de Chéops. La race marquisienne est en train de s'éteindre et, à en juger par la situation actuelle de Taï-o-haé, la seule chose qui retarde son anéantissement, c'est l'infusion de sang nouveau. Un pur Marquisien constitue une rareté. On ne voit pour ainsi dire que des métis de bizarres mélanges d'une douzaine de races. Dans ce pays, la vie languit et menace de disparaître. Malgré son climat chaud et uniforme, une vraie température de paradis terrestre, et son air embaumé, continuellement pur grâce à l'alizé du Sud-Est, la tuberculose sévit partout. De toutes les paillotes on entend la toux bruyante ou le grognement douloureux de poumons usés. D'autres maladies horribles y prospèrent également, mais les plus mortelles de toutes sont celles qui attaquent la poitrine, entre autres la phtisie galopante, laquelle, en deux mois, réduit le plus fort gaillard à l'état de squelette. Le dernier habitant a fini par disparaître des vallées, et le sol fertile s'est laissé envahir par la jungle. A l'époque de Melville, la vallée de Happea (qu'il écrit « Happar ») était peuplée d'une puissante tribu guerrière. A la génération suivante, on ne comptait plus que deux cents indigènes : aujourd'hui, on n'y rencontre pas une âme, et l'on n'y entend plus que le hurlement des bêtes sauvages.

Nous montâmes plus haut. Nos étalons, non

ferrés, accrochaient leurs pas sur le sentier délabré qui conduisait à travers les *pae-paes* abandonnés et la forêt insatiable. A la vue de pommes de montagne, ou *ohias,* dont nous avions fait la connaissance en Hawaï, nous envoyâmes un indigène en cueillir, puis il grimpa sur les cocotiers pour nous décrocher des noix. J'ai bu du jus de coco à la Jamaïque et à Hawaï, mais je n'avais jamais goûté d'aussi délicieuse boisson que celle-ci.

Parfois, nos chevaux nous conduisaient à l'ombre d'orangers et de citronniers sauvages — de grands arbres qui survivaient, dans ce désert, aux atomes humains qui les avaient autrefois cultivés. Nous parcourûmes une infinité de bosquets de cassis au pollen jaune, remplis de guêpes. Et quelles guêpes ! D'énormes insectes de la taille de jeunes serins, qui perçaient l'air en laissant traîner derrière eux un paquet de pattes longues d'au moins cinq centimètres. De temps à autre, un cheval se levait tout droit sur ses jambes de devant, envoyait une ruade vers le ciel, puis faisait un énorme bond en avant. Une de ces guêpes venait d'enfoncer son dard enflammé dans l'épiderme du malheureux coursier. Et tous les autres chevaux de caracoler sur le bord du précipice. Aïe ! Un poignard chauffé à blanc traverse ma joue ! Aïe ! Cette fois je suis touché dans le cou ! Impossible de reculer sur ce sentier précaire avec des bêtes aussi surexcitées. Je dépasse le cheval de Charmian lequel, piqué à ce moment précis, plante un de ses pieds dans le corps du mien et me frappe de l'autre. Remerciant ma bonne étoile que le sabot ne soit point ferré, je me dresse sur ma selle, atteint moi-même d'un nouveau coup de poignard.

D'un côté de la piste, le paysage monte tout droit et, de l'autre, il descend à pic. Le seul moyen de sortir consiste à suivre aveuglément le sentier. Comment cette file de chevaux parvient à se tenir sur les pieds, voilà un véritable miracle ! Et pourtant, ils s'élancent en avant, se bousculent, marchent au trot, puis au galop, trébuchent, se relèvent en gambadant, et lancent des coups de pied au ciel chaque fois qu'une guêpe les pique. A tout bout de champ, nous reprenons haleine pour compter nos blessures. Pourtant la promenade ne devient jamais monotone. Pour ma part, je sortais de chaque buisson avec la même joie que l'homme échappant à une mort soudaine. Croyez-moi, celui qui accomplit le voyage de Taï-o-haé à Typee ne connaît pas l'ennui le long du chemin.

Enfin nous nous élevâmes bien au-dessus des tourments que nous causaient les guêpes : mais ce fut plutôt une affaire d'altitude que de courage. Tout autour de nous, à perte de vue, se dressaient les contreforts ébréchés de chaînes de montagnes lançant leurs sommets dans les nuées. A nos pieds, le *Snark,* tel un jouet minuscule, se tenait sur l'eau calme de la baie de Taï-o-haé. Devant nous, nos regards plongeaient dans l'échancrure formée sur le rivage par la baie du Contrôleur. Quand nous eûmes descendu 350 mètres environ, Typee se révéla soudain à nos yeux : « M'eût-il été donné d'entrevoir, l'espace d'un éclair, les jardins du paradis terrestre, je ne crois pas que cette vue m'eût ravi davantage », s'exclamait Melville à l'instant où il aperçut cette vallée pour la première fois. Il vit un jardin ; nous, un désert. Où donc étaient les centaines de boqueteaux d'arbres à pain dont il parle ? Nous n'avons vu qu'une jungle sans fin, deux méchantes huttes de paille et quelques groupes de cocotiers. Où se trouvaient le *Ti*, de Méhévi, l'antre des célibataires, le palais où les femmes devenaient *taboues*, et où le chef régnait avec ses commandants flanqués d'une demi-douzaine d'anciens, inertes et poussiéreux, vestiges du vaillant passé ? Aucun bruit ne montait du torrent, où les vierges et leurs mères préparaient le *tapa* (1).

Nous ne vîmes pas davantage la case que le vieux Narheyo construisait inlassablement. En vain le cherchai-je, perché à quelque vingt mètres du sol, sur un cocotier, en train de fumer sa pipe matinale. Nous descendîmes ensuite une piste en zigzag sous une voûte de feuillage, où d'énormes papillons voletaient en silence. Nul sauvage tatoué, armé de gourdin et de javelot, ne gardait le sentier, et nous passâmes à gué le cours d'eau en toute liberté. Le tabou sacré et impitoyable ne régnait plus sur cette douce vallée. Et pourtant si, il existait encore — un nouveau tabou, il est vrai — car, à notre approche, quelques misérables femmes indigènes prononcèrent ce mot sacramentel. C'étaient des lépreuses, et l'homme qui nous en avertit souffrait lui-même d'une horrible éléphantiasis. Tous étaient atteints des poumons. La vallée de Typee était devenue l'asile de la mort, et la douzaine de survivants de la tribu poussaient à grand-peine les derniers soupirs de la race.

Certes, leurs ancêtres n'avaient pas eu à soutenir cette bataille, car jadis les Typéens étaient très

(1) Etoffe indigène tirée de l'écorce de différents arbres.

robustes, plus forts que les Happars, plus forts que les Taïohaens et que toutes les tribus de Noukou-hiva. Le mot typee (ou plutôt « taïpi ») signifiait à l'origine « mangeur de chair humaine ». Mais, puisque tous les Marquisiens pratiquaient l'anthropophagie, il s'ensuit que les hommes dénommés Typéens excellaient particulièrement dans cet art. Leur réputation de cruauté et de bravoure s'étendait non seulement à Noukou-hiva, mais dans toutes les îles Marquises, où le nom de Typéen était prononcé avec terreur. Nul ne put les conquérir, pas même la flotte française qui prit possession des Marquises. Autrefois, le capitaine Porter, de la frégate *Essex,* envahit la vallée avec des matelots aidés de deux mille guerriers de Happar et Taï-o-haé, mais ils rencontrèrent une telle résistance qu'il leur fallut battre en retraite et regagner en hâte leur flottille de bateaux et pirogues de guerre.

Les explorateurs, sans exception, reconnaissent que, de tous les insulaires des mers du Sud, les Marquisiens étaient les plus forts et les plus beaux. Melville a dit d'eux : « J'ai été souvent frappé par la vigueur et l'esthétique de leurs corps. La grâce de leurs formes surpasse tout ce que j'ai vu jusqu'ici. Je n'ai pu découvrir une seule difformité dans toute la foule d'indigènes qui assistaient aux réjouissances. Chacun d'eux semblait exempt de ces imperfections qui parfois détruisent l'harmonie d'un corps humain. Mais leur supériorité physique ne consistait pas seulement en une absence de ces maux : tous eussent pu servir de modèle à un sculpteur. »

Mendaña, qui a découvert les îles Marquises, a décrit toute la beauté des indigènes. Figueroa, le chroniqueur de son voyage, a écrit : « Leur teint est presque blanc ; ils ont une bonne taille et de jolies formes. » Le capitaine Cook appelait les Marquisiens les plus magnifiques habitants des mers du Sud. Les hommes, ajoute-t-il, « doués presque toujours d'une haute stature, ne mesurent pas moins de six pieds de haut ».

A présent, toute cette force et cette beauté ont disparu et la vallée de Typee sert de refuge à quelques douzaines de pauvres diables affligés de lèpre, d'éléphantiasis et de tuberculose. Melville estimait la population à 2 000 âmes, sans compter la petite vallée voisine appelée Ho-o-ou-mi. La corruption a fauché la vie en ce merveilleux jardin, au climat si délicieux et si salubre ! Non seulement les Typéens étaient beaux comme des dieux, mais la pureté de leurs mœurs était exemplaire. L'air respiré par eux ne contenait ni bacilles, ni germes morbides qui contaminent le nôtre. Dès que les blancs eurent emporté sur leurs bateaux ces divers miasmes, les pauvres Typéens se ratatinèrent et bientôt furent terrassés par le mal.

Quand on approfondit la situation, on en arrive presque à conclure que la race blanche ne prospère que sur la pourriture et le vice. La sélection naturelle en fournit l'explication ; les blancs descendent de milliers de générations qui ont triomphé des guerres microbiennes. Quand l'un d'eux, à sa naissance, apporte une constitution favorable au développement de ces minuscules adversaires, il ne tarde pas à être enlevé par eux. Seuls ont survécu les individus capables de résistance. Ceux d'entre nous qui vivent en ce moment sont donc les immunisés, les aptes — les mieux constitués pour affronter un monde hostile de micro-organismes. Les pauvres Marquisiens n'ont pas subi une telle sélection. Accessibles au mal, eux qui mangeaient leurs ennemis étaient à leur tour dévorés par des ennemis invisibles et contre lesquels un combat au javelot devenait impossible. D'autre part, s'il y avait eu, au début, quelques centaines de milliers de Marquisiens, il en serait resté un nombre suffisant pour jeter les bases d'une nouvelle race — si toutefois on peut appeler régénération le fait de se plonger dans un bain de poison organique.

Nous dessellâmes nos chevaux pour déjeuner, mais nous dûmes les séparer, car ils se battaient entre eux. Sur le dos de mon étalon manquaient quelques morceaux de chair que lui avait arrachés un de ses camarades. Après avoir vainement essayé de chasser les mouches à sang, nous mangeâmes des bananes avec de la viande de conserve, le tout arrosé de généreuses gorgées de lait de coco.

Autour de nous, on ne voyait pas grand-chose. La jungle avait reconquis son domaine et noyé de verdure les travaux illusoires des hommes. Çà et là, nous trébuchions sur des *paï-païs,* mais nous n'y découvrions ni inscriptions, ni hiéroglyphes, ni aucune lumière du passé ; ce n'étaient plus que des pierres muettes, taillées par des mains anonymes tombées depuis longtemps en poussière. De gros arbres sortaient de ces stèles ; jaloux, semblait-il, de l'effort humain, ils fendaient et éparpillaient les pierres pour les rejeter dans leur primitif chaos.

Abandonnant la jungle, nous cherchâmes la rivière avec l'espoir de nous évader des mouches des sables. Hélas ! Pour nager, il faut se dévêtir.

Or, ces sanguinaires insectes le savent fort bien et se tiennent en embuscade par nuées sur la berge. Les indigènes les appellent *nau-naus,* qu'on prononce comme *now-now* (1), nom admirablement approprié, car ces mouches constituent un présent persistant. Lorsqu'elles festoient sur votre épiderme, le passé et l'avenir n'existent plus. Omar Khayyam (2) eût été incapable, psychologiquement, d'écrire ses *Rubaiyat* dans la vallée de Typee.

Je commis l'erreur stratégique de me déshabiller sur un coin escarpé de la rive : de là, il m'était facile de plonger mais, une fois dans l'eau, impossible de remonter. La baignade terminée, je dus parcourir une centaine de mètres sur la berge avant de rejoindre mes vêtements. Au premier pas, dix mille *nau-naus* au moins m'assaillirent. Au second pas, je marchais dans un nuage. Au troisième le soleil s'obscurcit pour moi dans le ciel. Après quoi, je ne saurais dire ce qui s'est passé. Quoi qu'il en soit, en arrivant près de mes effets j'étais devenu un fou furieux.

Voici une autre méprise qui me cause une atroce douleur. Il n'existe qu'un moyen de se mesurer avec les *nau-naus.* Sous aucun prétexte, ne les écrasez pas sur vous ! Elles sont si perverses qu'à la seconde où vous les annihilez, elles déversent leur dernier atome de poison dans votre corps. Prenez-les plutôt délicatement, entre le pouce et l'index, et persuadez-les de retirer leur trompe de votre chair frémissante. L'opération ressemble assez à un

(1) C'est-à-dire : maintenant-maintenant, jeu de mots de Jack London.

(2) Fameux poète persan dont la philosophie se ramenait à ceci : jouir de l'instant présent.

arrachage de dents mais, en l'occurrence, les dents poussaient plus vite que je ne pouvais les extraire. En sorte que je réduisis ces exécrables mouches en bouillie, et je m'emplis de venin. Ce combat mémorable se passa voilà une semaine ; aujourd'hui, je ressemble à un malheureux convalescent de la petite vérole qu'on laisserait manquer de soins.

Ho-o-ou-mi est une vallée séparée de Typee par une chaîne de petites montagnes. Nous nous y dirigeâmes quand nous eûmes calmé un peu la fougue de nos chevaux. Après une course de quinze cents mètres, celui de Warren se prit à faire de la haute école, pendant cinq bonnes minutes, sur la partie la plus dangereuse de la piste et nous plongea dans la plus folle inquiétude.

A l'entrée de la vallée, nous contemplâmes la baie par laquelle s'enfuit Melville, et l'endroit où attendait la chaloupe, prête à partir : là, Karakoï, le Canaque tabou, debout dans l'eau, tenta de lui acheter sa liberté ; là Melville donna sûrement à Faïaway ses baisers d'adieu avant de sauter dans le bateau. Là aussi, Méhévi et Mao-mao, et les autres sauvages se précipitèrent à la nage pour arrêter l'embarcation : on sait qu'ils eurent les poignets lacérés par les coutelas des matelots dès qu'ils empoignèrent le plat-bord. Mao-mao, lui, reçut en pleine gorge un coup de gaffe que lui assena Melville.

Nous continuâmes notre promenade jusqu'à Ho-o-ou-mi. Herman Melville était gardé de si près qu'il ne soupçonna sans doute jamais l'existence de cette magnifique vallée, bien qu'il dût rencontrer fréquemment ses habitants, car ils appartenaient à

Typee. Chemin faisant, nous passâmes parmi les mêmes *pae-paes* abandonnés, et, au voisinage de la mer, nous trouvâmes une profusion de noix de coco, d'arbres à pain et de buissons de *taro* (1), et au moins une douzaine de paillotes. Dans l'une d'elles, nous décidâmes de passer la nuit et aussitôt nous préparâmes un festin. Un jeune cochon fut mis promptement à mort; tandis qu'il rôtissait entre des pierres brûlantes et que les poulets cuisaient à l'étuvée dans du lait de coco, je persuadai à l'un de nos cuisiniers de grimper au sommet d'un cocotier extraordinaire, mesurant pour le moins une quarantaine de mètres de hauteur. L'indigène sauta sur l'arbre, le saisit des deux mains, se plia en deux afin que ses pieds pussent reposer à plat contre le tronc, et arriva d'une seule traite jusqu'en haut, d'où il nous jeta les noix de coco. Certes, tous les naturels ne possédaient pas la force physique ni les poumons de celui-ci pour accomplir pareille prouesse, car la plupart, je le répète, toussaient à fendre l'âme.

Le festin fut servi sur un large *pae-pae,* dont la partie postérieure était occupée par la hutte où nous devions passer la nuit. On commença par du poisson cru et du *poï-poï,* au goût plus amer et plus âpre que le *poï* d'Hawaï, composé, comme on le sait, de racines de *taro.* Le *poï-poï* des Marquises se confectionne avec le fruit mûr de l'arbre à pain. Après avoir enlevé le noyau, on écrase le fruit dans une calebasse, avec un pilon de pierre, jusqu'à ce

(1) Plante tropicale estimée pour ses racines tubéreuses et féculentes. Ces racines, cuites de différentes manières, forment une pâte fermentée appelée *poï*, mets national d'Hawaï.

qu'on obtienne une pâte dure et collante. Soigneusement enveloppée de feuillage, on peut l'enfouir dans le sol où elle se conservera pendant des années. Cependant, avant de la présenter à table, d'autres préparatifs sont nécessaires. On place le paquet entre les pierres chaudes, tout comme le cochon, et on le cuit à point. Après quoi, la pâte est mélangée avec de l'eau froide, puis passée : il en sort une substance suffisamment épaisse pour qu'on puisse la saisir entre le pouce et l'index. Le palais s'habitue vite à cet aliment agréable et des plus sains. Parlez-moi du fruit de l'arbre à pain, mûr et bien bouilli ou rôti ! Avec le *taro,* c'est un légume digne de figurer sur la table d'un roi.

Le festin terminé, nous contemplâmes le lever de la lune sur la vallée de Typee. L'air était légèrement imprégné de l'haleine des fleurs. Nuit magique, d'un silence absolu, sans un souffle de vent. Pour ne pas en gâter le charme, on n'osait à peine respirer. Affaibli et lointain nous parvenait le grondement du ressac sur la grève. A défaut de lits, nous nous endormîmes à l'endroit le plus moelleux où nous pûmes nous étendre. A peu de distance, une femme assoupie haletait, poussait des gémissements et, de toutes parts dans l'obscurité, montait vers nous la toux incessante des insulaires moribonds.

CHAPITRE XI

L'HOMME-NATURE

Je le rencontrai pour la première fois dans Market Street à San Francisco, par un après-midi humide et pluvieux. Il marchait à longues enjambées, vêtu seulement d'un pantalon lui arrivant aux genoux, d'une chemise aux proportions réduites, et ses semelles pataugeaient bruyamment sur le pavé boueux. Jamais je n'avais vu un aussi curieux spécimen d'homme. Hâlé de partout, il arborait ce teint velouté que prend un blond lorsque sa peau ne pèle pas. Sa longue tignasse fauve, resplendissante, avait des reflets d'or. « Un autre prophète, pensais-je, venu pour lancer aux citadins un message qui sauvera le monde ! »

Quelques semaines plus tard, je me trouvais avec des amis dans un bungalow situé sur les montagnes de Piedmont qui dominent la baie de San Francisco. « Nous le possédons ! Nous le possédons ! aboyaient-ils. Nous l'avons cueilli sur un arbre, mais il commence à s'acclimater : bientôt il mangera sa nourriture dans notre main. Venez voir le phénomène ! »

Je les accompagnai au sommet d'un pic vertigineux et là, dans une méchante cabane érigée au sein d'un bosquet d'eucalyptus, je reconnus mon prophète à peau basanée. Il arriva tout droit sur nous, comme un tourbillon, en faisant la roue. Il ne nous serra pas la main, se contentant de nous saluer par des tours d'acrobatie. Il exécuta encore plusieurs cabrioles, tordit son corps comme un serpent et, s'étant suffisamment déhanché, il se plia en deux, puis, les jambes raides et les genoux rapprochés, il battit du tambour sur le sol avec la paume de ses mains. Il tournoya ensuite, fit d'autres pirouettes et dansa tel un singe pris de boisson. Toute la joie de sa vie ardente rayonnait sur son visage, et de tout son être s'exhalait l'hymne au bonheur.

Il le chanta toute la soirée en y apportant des variantes avec l'étonnante diversité de ses bouffonneries. Au fou ! Au fou ! J'ai rencontré un fou dans la forêt ! songeai-je. Entre ses clowneries, il lança un appel destiné à sauver le monde entier. Il n'exigeait que deux conditions : d'abord, l'humanité dolente devait se dépouiller de ses vêtements et courir, en toute liberté, dans les montagnes et les vallées ; ensuite, il recommandait l'orthographe phonétique. En un clin d'œil je vis tous les grands problèmes sociaux résolus par les citadins qui, par essaims, grimperaient, tout nus, sur les crêtes montagneuses, poursuivis à coups de fusil et à coups de fourche par les innombrables paysans précédés de leurs chiens.

Les années s'écoulèrent. Un matin ensoleillé, le *Snark* piqua du nez dans une étroite passe, entre des récifs battus par les flots, et entra lentement dans le port de Papeete. Vers nous se dirigeait un bateau arborant un pavillon jaune et qui amenait avec lui le médecin du port. Très loin dans son sillage suivait une minuscule pirogue de course dont l'aspect nous intrigua. Sur cette embarcation flottait un drapeau rouge. Je l'observai longuement avec ma longue vue, craignant qu'il ne signalât un danger : quelque récent naufrage ou une balise flottant à la dérive. A ce moment le médecin monta à bord. Quand il eut constaté l'état de notre santé et se fut assuré que nous ne cachions pas des rats vivants dans le *Snark,* je lui demandai à brûle-pourpoint la signification de ce drapeau.

« Oh ! c'est Darling ! » répondit-il.

Alors Darling, Ernest Darling, hissant son pavillon rouge, annonciateur de la fraternité humaine, nous héla.

« Hé, là-bas ! Jack ! Hé, Charmian ! »

Quand, à force de rames, l'homme se fut suffisamment rapproché de nous, je reconnus en lui le prophète basané des montagnes de Piedmont. Ce dieu du soleil au pagne écarlate enjamba la lisse et déposa devant nous les présents d'Arcadie dont il avait les mains pleines : un flacon de miel, un panier tissé de feuillages et rempli de fruits d'or, mangues, bananes, ananas, citrons et oranges, produits inestimables de la terre et du soleil.

Voilà comment, sous le ciel austral, je rencontrai une fois de plus Darling, l'Homme-Nature.

Tahiti est un des plus merveilleux sites du monde, gâté, malheureusement, par une engeance d'imposteurs et de voleurs. On y compte, certes, un nombre respectable d'honnêtes gens, mais en raison de la flétrissure jetée sur la beauté de ce pays par la vermine humaine qui l'infeste, je préfère m'arrêter ici et vous parler plutôt de l'Homme-Nature. Lui, au moins, est rafraîchissant et sain. L'esprit qui se dégage de son âme demeure inoffensif, sauf, peut-être, aux yeux d'un capitalisme vorace et pillard.

« Que représente donc ce drapeau rouge ? lui demandai-je.

— Le socialisme, bien sûr.

— Oui, oui, je sais. Mais que signifie-t-il entre vos mains ?

— Eh bien, que j'ai découvert la vraie formule du bonheur.

— Et vous cherchez à la répandre à Tahiti ?

— Oui », me répondit-il simplement.

Après avoir jeté l'ancre, nous descendîmes dans une petite chaloupe et nous nous dirigeâmes vers la terre. L'Homme-Nature nous accompagnait. Ça y est, pensai-je, me voilà condamné à subir la société de ce raseur nuit et jour jusqu'à notre départ.

De ma vie je ne m'étais aussi grossièrement trompé sur les apparences. Je louai une maison, je m'y installai pour travailler, mais pas une fois l'Homme-Nature ne força ma porte. Il attendait mon invitation. Pendant ce temps, il dévalisait la bibliothèque du *Snark,* captivé par la quantité de volumes scientifiques et scandalisé, je l'appris plus tard, à la vue du nombre désordonné de romans : l'Homme-Nature ne gaspille pas son temps à lire des ouvrages d'imagination.

Après une semaine, pris de remords, je le conviai à dîner dans un des hôtels de la ville. Contre son habitude, il arriva l'air compassé et mal à l'aise dans une veste de coton. Lorsque je l'eus prié de l'enlever, son visage rayonna de joie et de gratitude. Il me révéla, de la taille aux épaules, sa peau dorée comme le soleil et recouverte seulement d'un morceau de filet de pêche au fil rude et aux larges mailles. Un pagne écarlate complétait son costume. Je liai réellement connaissance avec lui ce soir-là, et, à la fin de mon long séjour à Tahiti, nous étions devenus une paire d'amis.

« Alors, vous écrivez des livres ? me demanda-t-il un jour que, las et en transpiration, j'achevais ma tâche matinale. Eh bien, moi aussi, j'en écris ! »

Zut ! pensai-je. Le voilà qui va m'assommer avec ses efforts littéraires. Mon âme se révolta. Je n'étais, certes, pas venu jusque dans les mers du Sud pour servir d'agence littéraire !

« Voici le livre que j'écris ! expliqua-t-il en se donnant un coup de poing qui résonna dans sa poitrine. Le gorille de la jungle africaine se frappe ainsi sur la poitrine et le bruit se répercute à huit cents mètres de distance.

— Vous possédez un excellent coffre, dis-je, saisi d'admiration. Un gorille en crèverait lui-même d'envie. »

Quelque temps plus tard, j'appris les détails du livre magnifique dont Ernest Darling se piquait d'être l'auteur. Douze années auparavant, on le croyait aux portes de la mort. Il pesait seulement quarante kilos et avait à peine la force de parler. Les médecins et son père, praticien lui-même, abandonnant tout espoir de le sauver, le firent examiner par de savants professeurs qui le condamnèrent également. L'excès d'études (Darling, tout en exerçant sa profession d'instituteur, suivait des cours à l'Université et préparait sa licence) et deux attaques successives de pneumonie étaient cause de ce désastre. Tous les jours il s'affaiblissait davantage. Il ne tirait aucun profit des aliments pourtant substantiels qu'on lui donnait : ni les cachets, ni les poudres ne lui facilitaient sa digestion. Au physique comme au moral, il était devenu une vraie épave. Il ne pouvait plus supporter les médicaments, la société des hommes l'exaspérait ainsi que les soins dont on le comblait sans cesse. Il finit par se persuader que, mourir pour mourir, mieux valait terminer sa vie en plein air, loin des tracas et de l'obsédante présence des civilisés. Peu à peu s'insinua en lui l'idée que peut-être recouvrerait-il la santé en se libérant des nourritures par trop acides, des potions et des gens qui, avec les meilleures intentions du monde, le rendaient fou furieux.

En sorte qu'Ernest Darling, ne possédant plus qu'un souffle de vie, véritable squelette ambulant, tourna le dos aux hommes et à leurs habitations, quitta la ville de Portland et, se traînant tant bien que mal, alla se réfugier dans la forêt, à huit kilomètres de là. Bien entendu, on le traita de toqué. Seul un fou était capable de tromper ainsi la mort.

Cependant, Ernest Darling découvrit dans la brousse ce qu'il cherchait depuis longtemps : la tranquillité. Personne ne l'obligeait à manger des biftecks et des côtelettes de porc. Nul médecin ne lacérait ses nerfs épuisés en lui tâtant le pouls, ni ne tourmentait son malheureux estomac avec des cachets et des poudres. Il ressentit un immense soulagement. Il se baignait aux rayons du soleil, merveilleux élixir tonique, qu'il finit par réclamer par tous ses pores. Il se dépouilla de ses vêtements, continua cette cure solaire et, pour la première fois depuis de longs mois de souffrances, se sentit beaucoup mieux.

Pendant sa convalescence, il observa la vie autour de lui. Partout des oiseaux voletaient et gazouillaient, des écureuils folâtraient et jacassaient à longueur de journées. Il envia leur santé et leur bonne humeur, leur existence exempte de soucis. Inévitablement, il devait arriver à comparer son cas avec le leur : il se demanda pourquoi ces bestioles étaient si vigoureuses, alors que lui, pauvre débris humain, végétait de façon lamentable. Sa conclusion ne traîna pas : ces animaux suivaient les lois naturelles, et lui ne les respectait pas. S'il tenait à vivre, il lui fallait retourner à la Nature !

Tout seul, dans cette brousse, il découvrit le remède efficace et l'appliqua séance tenante. Se débarrassant de ses vêtements, il se mit à sauter et à gambader partout ; il courut à quatre pattes, grimpa aux arbres ; bref, il pratiqua tous les sports en plein air, en se rôtissant continuellement la peau au soleil. Il imita les animaux. Il se construisit un nid de feuilles et d'herbes sèches, le recouvrit d'écorces pour le protéger des premières pluies d'automne. « Voici un superbe exercice, me confia-t-il, en se frappant violemment les bras contre ses flancs. Je l'ai appris en regardant les coqs chanter. » Une autre fois, je remarquai sa façon bruyante de sucer le jus de coco à même la noix. Il me répondit qu'il avait observé les vaches à la rivière : pour boire ainsi, pensa-t-il, elles doivent s'en mieux porter. Il essaya cette manière, s'en trouva fort bien, lui aussi, et n'en voulut plus démordre.

Les écureuils vivaient de fruits et de noisettes. Darling s'en composa un régime, coupé seulement de pain : il sentit ses forces s'accroître et son poids augmenter. Pendant trois mois, il mena cette existence primitive, puis les pluies torrentielles le ramenèrent vers les habitations humaines. Il était encore trop débile pour supporter impunément toute la saison froide dans les forêts de l'Oregon.

Le résultat était déjà concluant, mais il lui fallut regagner le foyer paternel, aux pièces confinées, où ses poumons réclamèrent l'air pur à cor et à cri. Une deuxième attaque de pneumonie se déclara et ses forces diminuèrent plus qu'auparavant. Son cerveau s'affaiblit. Il restait allongé comme un cadavre, trop fatigué pour parler, trop énervé pour écouter la conversation d'autrui. Le seul acte de volonté dont il fût capable était de se boucher résolument les oreilles. On manda de grands médecins spécialistes de maladies mentales : ils diagnostiquèrent la folie et lui donnèrent seulement un mois à vivre.

Un de ces fameux « experts » l'envoya en traitement dans un sanatorium du Mont-Tabor. Quand les médecins de cet établissement eurent reconnu que le malade était inoffensif, on le laissa agir à sa guise. Délivré du régime spécial, Darling continua de se nourrir de fruits et de noisettes, d'huile d'olive, de beurre végétal et de bananes. A mesure qu'il recouvrait la santé, il prit la ferme résolution de vivre désormais à sa fantaisie. S'il obéissait comme tout le monde aux conventions sociales, songea-t-il, il ne ferait pas long feu : or, il n'avait nullement envie de quitter ce monde. La crainte de la mort fut un des facteurs qui contribuèrent le plus au salut de l'Homme-Nature. Pour vaincre, il lui fallait une nourriture naturelle, le grand air et les bienfaisants rayons du soleil.

L'hiver en Oregon n'offrant aucun attrait à celui qui désire retourner à la Nature, Darling se mit en quête d'un climat plus favorable. Il enfourcha sa bécane et partit pour les terres du Sud. L'Université de Stanford le garda pendant une année. Il y continua ses études, suivit les conférences dans un accoutrement aussi sommaire que le permettaient les règlements, appliquant ainsi, autant que possible, les principes qu'il ramenait du pays des écureuils. Il aimait surtout à gravir les montagnes derrière l'Université, et là, dépouillé de tout vêtement, il s'allongeait sur l'herbe, un livre à la main, et s'imprégnait de soleil en même temps que de science.

Mais les hivers rigoureux sévissent également dans la Californie du Centre, et l'Homme-Nature, toujours à la recherche d'un climat idéal, s'en fut ailleurs. Il tâta de Los Angeles et de la Californie du Sud. Arrêté plusieurs fois, il fut traduit devant des médecins aliénistes, car, vous comprenez ? son mode de vivre ne cadrait nullement avec celui de ses semblables. Il essaya Hawaï. Les autorités de ce pays n'ayant pu le déclarer fou lui donnèrent le choix : la déportation ou un an d'emprisonnement. Or, la prison équivalait à la mort pour l'Homme-Nature qui prospère seulement sous les rayons du soleil divin. D'autre part, on ne saurait blâmer les juges hawaïens : Darling était un citoyen indésirable, cela ne fait aucun doute ; on se met soi-même au ban de la société dès qu'on ose afficher des opinions contraires à celles de la majorité. Par sa philosophie de la vie simple, Darling scandalisa à tel point la police hawaïenne que celle-ci ne pouvait que le condamner.

Chassé d'Hawaï, Ernest Darling repartit en quête d'un ciel clément sous lequel on tolérait au moins sa présence. Il le trouva à Tahiti, l'éden des édens.

Voilà comment, suivant ses dires, il a écrit les plus belles pages de son livre. Il ne porte qu'un pagne et une chemise sans manches fabriquée avec du filet à poisson. Tout nu, il pèse soixante-quinze kilos. Il jouit maintenant d'une santé parfaite. Sa vue, menacée naguère, est redevenue excellente. Ses poumons, délabrés par trois pneumonies successives, n'ont jamais été aussi robustes.

Je n'oublierai jamais comment il écrasa un moustique lors de notre première rencontre. L'irritant insecte s'était accroché au milieu de son dos, entre les épaules. Sans interrompre une seconde le flot de sa conversation, il avait lancé son poing en l'air, courbé le bras derrière lui et atteint l'endroit exact. Le choc fit résonner sa carcasse comme un coup de grosse caisse. Le bruit me rappela — pas moins ! — celui que font les chevaux quand ils ruent contre leurs bat-flanc.

« Le gorille, dans la jungle africaine, se frappe la poitrine au point que le bruit s'entend à huit cents mètres », dit-il soudain.

Et là-dessus il se mit à battre du tambour sur sa poitrine à vous en faire dresser les cheveux sur la tête.

Un jour, il remarqua des gants de boxe pendus au mur et ses yeux brillèrent de convoitise.

« Vous boxez ? lui demandai-je.

— Je donnais des leçons de boxe à Stanford », répondit-il.

Là-dessus, nous nous déshabillâmes puis nous enfilâmes les gants. Bang ! Un long bras de gorille se détendit brusquement et la main gantée s'appliqua sur mon nez. Bing ! D'un direct contre la tête, il faillit me renverser. Pendant une semaine j'en gardai une bosse. J'esquivai un direct du gauche et lui envoyai un crochet à l'estomac. Ce fut un coup terrible, appuyé de tout le poids de mon corps, qui avait heurté le sien au moment où il plongeait en avant. Je m'attendais à le voir s'écrouler par terre. Mais non : au lieu de cela il releva la tête, radieux, et me félicita de mon adresse. La seconde d'après je me mettais en garde, essayant de parer une avalanche de crochets et d'uppercuts. Ensuite, je guettai le moment propice et atteignis mon adversaire au plexus solaire. J'avais enfin trouvé le bon endroit : l'Homme-Nature laissa tomber les bras et, pantelant, s'assit brusquement sur le sol.

« Ça ira mieux dans un instant, me dit-il. Attendez. »

Au bout de trente secondes il était sur pied et me rendait la pareille. Haletant, je laissai, moi aussi, tomber les bras et m'étalai aussi rapidement que lui tout à l'heure.

Tout cela démontre que cet homme ne ressemblait plus du tout au pauvre diable pesant, voilà huit ans, quarante kilos, et qui, abandonné par les médecins et les aliénistes, gisait à demi mort dans une chambre à Portland, Oregon. Le livre écrit par Ernest Darling était somme toute un bon livre, et la reliure excellente.

Pendant des années, l'île Hawaï s'est plainte de

ne point recevoir d'émigrants désirables. Elle a dépensé beaucoup de temps et d'argent pour en attirer, et sans résultats appréciables. Et cependant Hawaï a déporté l'Homme-Nature et refusé de lui accorder la moindre facilité de se rétablir. Afin de la punir de son orgueil, je saisis cette occasion pour lui montrer ce qu'elle a perdu en expulsant l'Homme-Nature.

Dès son débarquement à Tahiti, Darling se mit en quête d'un lopin de terre gratuit pour y cultiver ses fruits favoris. Mais on ne trouvait pour ainsi dire pas de terrains bon marché et l'Homme-Nature ne roulait pas sur l'or. Pendant des semaines, il gravit les collines escarpées, puis erra plus haut sur les montagnes et finit par découvrir, entre un groupe de petits cañons, trois hectares environ de jungle et de brousse qui, apparemment, n'appartenaient à personne. Les fonctionnaires du gouvernement l'avisèrent que, s'il voulait défricher cette terre et la cultiver pendant trente ans, il en deviendrait propriétaire.

Il s'attela aussitôt à la besogne. Et quelle besogne ! Jamais on avait songé à fertiliser un terrain à une hauteur si prodigieuse. De cette jungle, la vue de Papeete et de la mer était magnifique, mais la perspective peu encourageante. Darling passa des semaines entières à construire un chemin pour rendre la plantation accessible. Les sangliers et les rats infestaient ces parages, dévoraient ses plantes dès qu'elles sortaient de terre. Il tua les sangliers à coups de fusil, et prit les rats avec des trappes. En deux semaines il en avait capturé quinze cents. Il lui fallait transporter tout sur son dos : ce travail de mulet, il l'accomplissait la nuit.

Petit à petit, il vint à bout de ces difficultés. Il érigea une hutte en herbes sèches. Sur ce sol volcanique si fertile où il eut à se débattre avec la jungle et les animaux sauvages, croissaient alors cinq cents cocotiers, autant de papaïas, trois cents manguiers, de nombreux arbres à pain et maints légumes. Il élabora ensuite un ingénieux système d'irrigation. Il détourna l'écoulement des eaux des collines dans les cañons, capta les eaux de cañon en cañon au moyen de fossés creusés parallèlement à des altitudes différentes. Ces gorges étroites devinrent de véritables jardins botaniques. Sur les flancs arides des collines où jadis le soleil brûlant avait desséché la jungle, on voyait maintenant s'épanouir quantité d'arbres, d'arbustes et de fleurs. Non seulement l'Homme-Nature pourvoyait à ses propres besoins, mais, devenu agriculteur prospère, il vendait à présent ses produits aux citadins de Papeete.

On découvrit alors que cette terre, déclarée libre par le gouvernement, appartenait réellement à quelqu'un, d'après des actes notariés, des plans, etc., déposés dans les archives cadastrales de la ville. Ainsi, tout ce formidable travail risquait d'être perdu pour Darling. Cette friche était absolument sans valeur quand il s'y installa et le propriétaire — un riche propriétaire foncier — ignorait jusqu'à quel point l'Homme-Nature l'avait rendue fertile. On convint d'un prix équitable, et enfin l'acte de vente fut officiellement signé en faveur de Darling.

Une épreuve plus terrible encore était réservée au pauvre diable. Tout accès au marché lui fut désormais interdit. La route tracée par lui fut barrée par une triple rangée de fils de fer, à la suite d'une de ces chinoiseries administratives si fréquentes dans notre absurde système social. Dans les coulisses manœuvraient certainement les puissances conservatrices qui avaient traîné l'Homme-Nature devant les médecins aliénistes de San Francisco et l'avaient expulsé d'Hawaï. Des gens confits dans leur orgueil ne sauraient évidemment admettre chez un de leurs semblables des goûts diamétralement opposés aux leurs. De toute évidence, les fonctionnaires ont dû faire cause commune avec les forces rétrogrades, car à ce jour la route construite par l'Homme-Nature demeure condamnée ; on n'a pas du tout remédié à cet état de choses, et une mauvaise volonté flagrante semble se manifester de toutes parts.

Quant à l'Homme-Nature, il continue à chanter et à danser comme si de rien n'était. Il ne passe point ses nuits à se morfondre sur le préjudice dont il est victime : il laisse les tracas à ses tyrans, n'ayant pas de loisirs à consacrer à l'amertume. Il se croit créé et mis au monde pour jouir du bonheur et il se donne tout entier à cet idéal.

Le chemin menant à sa plantation reste donc obstrué. Impossible d'en construire un autre. L'administration l'a réduit à passer par une piste à sangliers qui monte, tout escarpée, au sommet de la montagne. J'escaladai la sente avec Darling et il nous fallut nous aider des pieds et des mains pour arriver en haut. Cette piste sauvage ne pourrait se transformer en route qu'avec l'intervention d'un mécanicien, d'une machine à vapeur et d'un câble d'acier. Mais Ernest Darling n'en a cure. Plein d'indulgence, il rend le bien pour le mal. Osera-t-on prétendre qu'il n'est pas plus heureux que les auteurs de son infortune ?

« Foin de leur sale route ! me dit-il, tandis que nous nous asseyions, hors d'haleine, sur le bord d'un rocher. Je compte me procurer bientôt une machine volante ; alors rira bien qui rira le dernier. De fait, je suis en train d'aménager un atterrissage pour avions, de sorte qu'à votre prochain voyage à Tahiti vous pourrez descendre tout droit devant ma porte. »

Certes, l'Homme-Nature conçoit d'étranges idées, outre celle du gorille se frappant la poitrine dans la jungle africaine. Ainsi Ernest Darling me parla de lévitation, et comme je souriais :

« Parfaitement, monsieur, la lévitation n'est pas un rêve, me dit-il. Imaginez donc cette merveille : s'élever du sol par un simple effort de volonté. Songez donc ! Les astronomes nous rabâchent que notre système solaire se meurt ; qu'à moins d'imprévu, il se refroidira au point de rendre toute vie impossible. Très bien. Ce jour-là, tous les hommes connaissant l'art de la lévitation quitteront cette planète moribonde pour d'autres mondes plus hospitaliers. Comment arriver à la lévitation ? Par des jeûnes progressifs. Aussi vrai que je vous le dis, j'en ai fait moi-même l'expérience et je vous affirme que mon corps perdait, en fin de compte, beaucoup de sa densité. »

Cet homme est véritablement toqué, pensai-je...

« Naturellement, ce ne sont là que des hypothèses à moi. Que voulez-vous ? J'aime à méditer sur le magnifique avenir de l'homme ! La lévitation est sans doute irréalisable, mais il me plaît de la croire possible. »

Un soir, en le voyant bâiller, je lui demandai combien d'heures de sommeil il s'accordait.

« Sept heures. Mais d'ici à dix ans je ne dormirai que six heures et, dans vingt ans, cinq heures seulement. Tous les dix ans, je rognerai une heure de sommeil par nuit.

— En sorte qu'arrivé à l'âge de cent ans, vous ne dormirez plus du tout.

— Vous y êtes ! Parfaitement. Quand je serai centenaire, je n'aurai plus besoin de sommeil. En outre, je vivrai d'air pur. Il existe, vous le savez, des plantes qui se nourrissent de vent.

— Mais a-t-on déjà accompli ce tour de force ? »

Il hocha la tête.

« Peut-être. En tout cas, je n'en ai jamais entendu parler. Encore une de mes théories, de se sustenter avec du vent. Ce serait pourtant magnifique, n'est-ce pas ? Cependant, la chose me semble difficilement réalisable... Voire impossible. Oh ! je ne manque pas de sens pratique. Jamais je ne perds de vue le présent : quand je plane dans l'avenir, je laisse toujours traîner un bout de fil afin de reconnaître mon chemin. »

Je crains que l'Homme-Nature ne soit qu'un joyeux farceur. En tout cas, il a su adopter la vie simple. Ses frais de blanchissage ne doivent pas le ruiner. Il vit des fruits de sa plantation, et il estime le prix de sa propre main-d'œuvre à cinq *cents* par jour. Sa route barrée l'oblige à habiter en ville, où il se plonge jusqu'au cou dans la propagande socialiste, et ses dépenses quotidiennes, y compris le loyer, s'élèvent à vingt-cinq *cents*. Afin de boucler son budget, il dirige une école du soir pour Chinois.

L'Homme-Nature n'est point sectaire. S'il n'a que de la viande à se mettre sous la dent, il s'en contentera sans rechigner : pareille éventualité se produit quand, par exemple, il séjourne en prison ou voyage à bord d'un bateau, où le menu ne comporte ni fruits, ni noisettes.

« Où que vous jetiez votre ancre, vous obtiendrez des résultats, si toutefois vous avez l'âme bien trempée. Vous le voyez, j'ai toujours cherché la santé physique et morale, car pour moi les deux vont de pair. Seule la foi m'a sauvé. Aucun obstacle ne m'a jamais retenu : à mon lit de mort, déjouant les médecins et leur science, je me suis décidé à partir vers la brousse. Mes forces revenues, je commençai à prêcher par l'exemple. J'encourageai hommes et femmes à vivre selon la nature, mais ils demeurèrent sourds à mon appel. Sur le vapeur qui m'amenait à Tahiti, un quartier-maître m'exposa les doctrines du socialisme. Il me démontra qu'un règlement économique équitable était nécessaire avant que l'humanité pût se conformer aux lois naturelles. Une fois de plus, j'ai changé de tactique : je consacre actuellement mes efforts à l'établissement d'une république coopérative. Une fois ce rêve réalisé, il deviendra dès lors facile aux hommes de retourner à la nature.

« Cette nuit, j'ai fait un songe admirable, continua-t-il, pensif, le visage rayonnant. D'un paquebot venant de Californie je voyais débarquer vingt-cinq disciples, hommes et femmes. Peu après je les faisais grimper la piste à sangliers qui conduit à ma plantation. »

Ernest Darling, adorateur du soleil et Homme-Nature !

Parfois, j'envie malgré moi ton existence insouciante. En ce moment même, je te revois en train de monter les marches de ma véranda en te livrant à d'inimaginables cabrioles ; puis tu m'apparais les cheveux ruisselants après ton plongeon dans l'eau salée, les yeux étincelants et le corps doré par le soleil ; j'entends résonner ta cage thoracique et ce démoniaque battement de tambour accompagnant ta chanson : « Quand le gorille se frappe la poitrine dans la jungle africaine, l'écho se répercute à huit cents mètres de distance ! »

Et nos yeux conserveront toujours ta dernière vision, le jour de notre départ, lorsque le *Snark*, piquant du nez une fois de plus, gagna le large parmi les récifs. J'adresse mes adieux aux amis demeurés sur le rivage, mais mon affectueux souvenir va surtout vers toi, dieu bronzé, au pagne écarlate, debout dans ta minuscule pirogue.

CHAPITRE XII

LE HAUT SIÈGE D'ABONDANCE

A l'arrivée d'un étranger, chacun s'évertue à gagner son amitié. On le conduit chez soi, et là, tout le monde lui témoigne une grande bienveillance ; on le place ensuite sur un siège surélevé et on lui offre, en abondance, des mets de choix.

(Recherches polynésiennes.)

Le *Snark* mouillait à Raiatea, au large du village d'Uturoa. Arrivés la veille, une fois la nuit tombée, nous remîmes au lendemain matin notre visite à terre. Au lever du jour, je remarquai une petite pirogue à balancier, pourvue d'une bizarre voile à livarde qui semblait effleurer la surface du lagon. En forme de cercueil, cette embarcation était tout juste creusée dans un tronc d'arbre et mesurait 4 m 50 de long sur 30 centimètres de large et à peine 0 m 60 de profondeur. Pointue aux deux extrémités, elle n'offrait aucune ligne spéciale et, sans son balancier qui seul assurait l'équilibre, elle eût chaviré d'elle-même en un dixième de seconde.

Comme je viens de le dire, la voile était impayable. Je n'exagère pas : après avoir vu ce phénomène, je me frotte encore les yeux pour savoir si je rêve. La hauteur de sa ralingue d'envergure et la longueur de son gui étaient, en elles-mêmes, suffisamment déconcertantes ; mais le constructeur, pour corser le tableau, avait donné à sa partie supérieure une surface si formidable qu'une livarde ordinaire n'aurait pu résister à une brise moyenne. Un espar fixé à la pirogue surplombait l'eau à l'arrière et à son extrémité avait été fixée une bastaque ; la bordure de la voile était maintenue par l'écoute et l'extrémité de la livarde par la bastaque.

Ce n'était pas là une simple barque, ni même une pirogue, mais un véritable voilier que le matelot faisait manœuvrer par son propre poids et surtout à force de sang-froid. Je suivis des yeux l'embarcation qui tirait en se dirigeant vers le village son seul occupant perché sur le balancier, serrant le vent et lofant à la risée.

« Bon sang ! m'écriai-je. Il ne sera pas dit que je quitterai Raiatea sans avoir fait une excursion dans cette pirogue ! »

Quelques minutes après, Warren m'appelait par l'escalier :

« Eh, Jack ! Voici la fameuse pirogue ! »

Je remontai prestement sur le pont, présentai mes salutations au propriétaire du bateau, un Polynésien grand et mince, à la face ingénue et aux yeux pétillant d'intelligence. Pour tout vêtement, il portait un pagne écarlate et un chapeau de paille. Dans ses mains, il tenait des présents : un poisson, une botte de légumes verts et quelques ignames énormes. J'acceptai le tout avec des sourires —

monnaie courante encore en usage en certains coins isolés de Polynésie — et je répétai plusieurs fois : « Maou-rou-ou-rou » (« merci » en tahitien), puis je fis comprendre à l'homme, au moyen de signes, mon désir de monter dans sa pirogue.

Son visage s'éclaira de joie et il prononça ce simple mot : *Tahaa,* puis, se détournant, il désigna du doigt les pics vertigineux et drapés de nuages d'une île située à trois milles de là : l'île de Tahaa. Le vent était favorable pour y aller, mais au retour il faudrait louvoyer. Or, je ne tenais nullement à visiter *Tahaa.* J'avais des lettres à remettre à Raiatea, des fonctionnaires à voir et Charmian, en bas, s'apprêtait à descendre à terre. Par d'autres gestes insistants j'expliquai à l'homme que je désirais seulement faire un tour sur le lagon. Une déception se peignit soudain sur ses traits ; cependant, il accepta ma proposition avec un sourire.

« Hé ! Charmian ! Monte vite ! Nous allons faire une balade en pirogue à voile ! criai-je à ma femme, toujours dans sa cabine. Mais aie soin d'enfiler ton costume de bain, car nous serons certainement trempés ! »

Nous vivions dans un véritable rêve. La pirogue glissait sur l'eau, laissant derrière elle un sillage d'argent. Grimpant sur le balancier, je fournissais le poids nécessaire à la maintenir en équilibre et Tehei (prononcez Taïhaïe) employait sa force et son adresse. Lui aussi, dans les coups de vent, montait à mi-chemin du balancier et manœuvrait des deux mains une grande pagaie tandis que de son pied il retenait l'écoute de grand-voile.

« *Ready about* (1) », s'écria-t-il.

Je déplaçai lentement mon poids vers la pirogue afin de garder l'équilibre du bateau pendant que la voile perdrait le vent.

« *Hard a-lee!* (2) » hurla-t-il en faisant lofer l'embarcation.

Je me glissai du côté opposé, au-dessus de l'eau, sur un espar fixé en travers de la pirogue, et, ayant ainsi changé d'amures, nous poursuivîmes notre route.

« *All right* (3). »

Ces trois expressions formaient tout le vocabulaire anglais de Tehei. J'en conclus qu'à un moment donné le bonhomme avait fait partie d'un équipage canaque commandé par un capitaine américain. Entre deux risées, je lui parlai par gestes et à plusieurs reprises je prononçai, d'un air interrogateur, le mot *sailor* (4). Puis je m'essayai en français : « marin » ne lui disait rien, pas plus du reste que « matelot ». Ma prononciation française devait être atroce, ou bien l'homme ne connaissait pas un traître mot de cette langue. Ces deux suppositions s'avéraient exactes. De guerre lasse, j'articulai le nom des îles voisines. D'un signe de tête, il m'indiqua qu'il n'y était jamais allé. Son travail mental était presque visible et je me réjouissais d'observer l'animation de ses traits. Finalement, je nommai Tahiti. Il branla vigoureusement le chef. Oui, il connaissait Tahiti et il ajouta le nom d'autres îles, telles que Tikihau, Rangiroa et Faka-

(1) Parez à virer !
(2) La barre dessous, toute !
(3) Ça y est !
(4) Marin.

rava, me signifiant ainsi qu'il avait poussé jusqu'aux Paumotou — sans doute comme matelot à bord d'une quelconque goélette marchande.

Notre courte sortie terminée, il monta à bord et me demanda quelle était la destination du *Snark;* quand j'eus cité Samoa, les îles Fidji, la Nouvelle-Guinée, la France, l'Angleterre et la Californie du Sud et donné leur sitution géographique respective, il répéta plusieurs fois de suite : « Samoa » et souligna, par de nouveaux gestes, son envie de venir avec nous. Jugez de ma difficulté à lui expliquer qu'il n'y avait pas de place pour lui sur le *Snark!* Ces deux mots français : « Petit bateau » tranchèrent enfin la question, mais une profonde déconvenue assombrit le visage du Polynésien et il me renouvela son invitation de nous accompagner jusqu'à Tahaa.

Charmian et moi nous interrogeâmes du regard. Tout au plaisir de notre excursion, nous oubliâmes nos lettres pour Raiatea, le fonctionnaire que nous nous promettions de voir et, après avoir fourré rapidement des chaussures, une chemise, un pantalon et un bouquin dans une caisse à biscuits enveloppée ensuite d'une couverture de caoutchouc, nous enjambâmes la lisse et descendîmes dans la pirogue.

« Vers quelle heure comptez-vous revenir ? » demanda Warren.

A ce moment le vent gonflait la voile. Tehei et moi fûmes projetés contre les tangons du balancier.

« Mon vieux, je n'en sais rien moi-même. Vous verrez bien. »

Nous nous éloignâmes. La force de la brise avait augmenté. Le franc-bord de l'embarcation ne mesurant que cinq ou six centimètres, les vaguelettes embarquaient continuellement, et force nous fut d'écoper. Cette fonction étant surtout dévolue à la *vahine* — nom de la femme à Tahiti — elle devait fatalement échoir à Charmian, la seule *vahine* à bord. D'ailleurs, Tehei et moi ne pouvions guère nous en charger : perchés sur le balancier, nous avions fort à faire pour maintenir la pirogue le fond en bas. Munie d'une écope en bois très primitive, Charmian se mit courageusement à l'ouvrage et bien souvent elle put se reposer en nous regardant travailler.

Raiatea et Tahaa sont uniques en ce sens qu'elles se trouvent au centre du même cercle de récifs. Sur ces deux îles volcaniques, aux pics et aux minarets qui montent vers le ciel, la ligne d'horizon apparaît déchiquetée. Raiatea présente une circonférence de 50 kilomètres, et Tahaa, de 25 kilomètres : d'après ces dimensions on peut se faire une idée de l'immense barrière rocheuse qui entoure les deux îles. Entre celles-ci et les récifs s'étale un magnifique lagon mesurant 1 500 m et par endroits jusqu'à 3 000 mètres de largeur. Les énormes vagues du Pacifique, formant parfois une ligne ininterrompue sur une longueur d'un mille, se précipitent contre les récifs, passent par-dessus et retombent avec un fracas formidable, cependant que la légère structure de corail résiste au choc et protège le rivage. Au-delà du lagon, les forces destructives, capables d'anéantir le plus puissant navire, sont déchaînées ; à l'intérieur, sur une surface calme et tranquille, une pirogue comme la nôtre vogue impunément avec son franc-bord de cinq centimètres !

Nous glissions littéralement sur l'eau. Et quelle

eau ! Aussi pure que du cristal de roche et éclaboussée d'une richesse de couleurs les plus inattendues : le vert jade alternait avec le bleu turquoise, le bleu de paon avec l'émeraude. Notre pirogue traversait des étangs d'un rouge pourpre, puis d'autres d'une blancheur éblouissante : du fond, formé de sable corallien, surgissaient de monstrueux holothuries (1). Tantôt nous filions au-dessus de merveilleux lits de coraux où de folâtres poissons multicolores voletaient comme des papillons marins ; tantôt nous coupions la surface sombre d'une passe et faisions lever des colonies entières de poissons volants ; l'instant d'après nous contemplions, au-dessus de nous, des jardins de coraux vivants plus magnifiques les uns que les autres. Dans le ciel tropical des nuages floconneux, poussés par l'alizé, traversaient le zénith et allaient s'amasser à l'horizon.

Sans même nous en apercevoir, nous arrivâmes en vue de Tahaa. Grimaçant un aimable sourire, Tehei marqua son approbation sur l'habileté de la *vahine* à écoper. La pirogue toucha une rive peu profonde, à six mètres de la terre, et nous marchâmes sur un fond mou : d'énormes holothuries s'enroulaient et se tortillaient sous nos pieds, et nous foulions des pieuvres minuscules et molles. A proximité de la grève, parmi les cocotiers et les bananiers, se dressait, sur pilotis, la cabane de Tehei, construite en bambou et couverte de chaume. Nous en vîmes sortir sa *vahine,* petit brin

(1) Gastéropodes sans coquilles appelés couramment, aux Etats-Unis, des concombres de mer. En Chine, on en consomme d'énormes quantités sous le nom malais de « trépang ».

de femme aux yeux bienveillants et aux traits en partie mongols et indiens. Tehei l'appelait *Bihaoura*.

Elle prit Charmian par la main et la conduisit à l'intérieur ; Tehei et moi suivîmes leurs pas. Une fois dans la cabane, notre hôte nous fit comprendre, par des gestes péremptoires, que tous ses biens étaient à nous. Aucun hidalgo ne se montra aussi magnanime et aussi sincère que lui dans sa façon de donner. Nous ne tardâmes pas à réfréner notre enthousiasme, car à chacune de nos exclamations on nous obligeait à accepter l'objet admiré. Suivant la coutume, les deux *vahines* se mirent à parler chiffons : Tehei et moi, nous discutâmes sur les engins de pêche, la chasse au sanglier, et l'appareil qui sert à capturer, dans des pirogues doubles, les bonites avec des lignes de quatre mètres de long.

Charmian s'étant extasiée sur un panier à ouvrage, le plus beau spécimen de vannerie polynésienne qu'il lui fût donné de voir, il lui appartint aussitôt. A peine avais-je exprimé mon plaisir à la vue d'un hameçon à bonites sculpté dans de la nacre, que je dus en prendre possession. Charmian fut séduite par une tresse de fil de caret de fantaisie, d'une longueur de dix mètres et suffisante pour confectionner un chapeau de n'importe quel modèle : la bobine de caret lui tomba pour ainsi dire dans les mains. Comme je détournais le regard vers un pilon à *poï* qui datait de l'âge de pierre, on me força à le prendre. Charmian commit l'imprudence de contempler — peut-être trop longtemps — un mortier à *poï* en forme de pirogue, à quatre pieds et taillé dans un seul morceau de bois : il devint séance tenante sa propriété. Mes yeux s'étant portés deux fois sur une calebasse en noix de coco, il me fallut l'emporter. Après un court conciliabule, Charmian et moi décidâmes de refouler désormais notre admiration afin de ne pas ruiner nos hôtes, et nous nous creusâmes le cerveau pour choisir, à leur intention, quelques cadeaux présentables parmi les objets que nous emportions dans le *Snark*.

Pendant qu'on préparait le déjeuner, nous nous assîmes dans la fraîche véranda, sur les meilleures nattes de Bihama, et on nous présenta les habitants du village. Ils avancèrent lentement, par groupes de deux ou trois, nous serrèrent la main en prononçant un mot de salutation en tahitien : *Ioarana*. Les hommes, de solides gaillards, portaient presque tous un pagne ; et les femmes l'*ahu* national, sorte de blouse tombant en lignes gracieuses des épaules sur le sol. Hélas ! certaines étaient affligées d'éléphantiasis. J'en vis une, magnifique de stature et majestueuse comme une reine, qui avait un bras au moins quatre fois plus gros que l'autre. A côté d'elle se tenait un homme de six pieds de haut, fortement musclé, au corps beau comme celui d'un jeune dieu : malheureusement ses pieds et ses mollets étaient si enflés qu'ils se rejoignaient, donnant l'aspect de jambes d'éléphant, informes et monstrueuses.

En réalité, personne ne semble connaître exactement l'origine de cette infirmité particulière aux mers du Sud. D'aucuns l'attribuent à l'absorption d'eau corrompue ; certains, à la morsure des moustiques ; d'autres enfin à la prédisposition naturelle des individus. C'est pourquoi je recommanderai à celui qui redoute les microbes de fuir ces parages.

Fatalement il devra boire de l'eau ; les moustiques ne se priveront pas de le piquer, de sorte que toutes précautions demeureront vaines. S'il court pieds nus sur la grève pour se baigner, il foulera l'endroit même où un malade atteint d'éléphantiasis vient de poser le pied quelques minutes auparavant ; s'il se claquemure dans sa chambre, attention ! tous les aliments sur sa table — viande, poisson, volaille ou légumes — peuvent être contaminés. Au marché public de Papeete, deux lépreux tiennent des étals au su et au vu de tout le monde. Dieu sait par quelles mains passe quotidiennement la nourriture avant d'arriver jusqu'à nous ! Mieux vaut donc visiter les mers du Sud avec une parfaite insouciance et une foi aveugle en votre bonne étoile. Si vous voyez une femme atteinte d'éléphantiasis extraire le lait de la noix de coco en malaxant la chair de celle-ci avec ses doigts, n'y attachez pas d'importance. Souvenez-vous que l'éléphantiasis et la lèpre ne se transmettent point par contact.

Nous regardâmes une indigène aux membres gonflés, tordus, qui exprimait notre lait de coco, puis nous allâmes à la case servant de cuisine, où Tehei et Bihaoura faisaient cuire notre repas, qui nous fut servi dans la maison sur une caisse d'emballage. Nos hôtes attendirent que nous fussions installés, puis s'assirent par terre à côté de nous. L'abondance ne cessa de régner à notre table.

D'abord, nous vîmes apparaître un magnifique poisson cru, pêché dans la mer quelques heures auparavant et baignant dans du jus de citron dilué d'eau. Suivirent des poulets rôtis ; nous bûmes du lait de coco d'une saveur délicieuse. Puis on nous présenta des bananes dont le goût rappelait celui des fraises et qui fondaient dans la bouche, et du *poï* qui vous faisait reprocher à vos ancêtres yankees d'avoir inventé le pudding. Nous mangeâmes du *yam* et du *taro* bouillis, du *féis* rôti : ces derniers plats n'étaient rien autre que d'énormes bananes rouges féculentes et juteuses préparées de façon spéciale. Au moment où nous nous émerveillions sur la richesse du menu, on nous apporta un cochon de lait entier emmailloté de feuillage vert, — mets le plus en honneur dans l'art culinaire polynésien et tahitien. Après quoi vint un café noir exquis, un café cultivé sur le flanc des montagnes de Tahaa.

Fasciné par l'attirail de Tehei, je projetai une partie de pêche avec notre hôte pour le jour suivant. Charmian et moi décidâmes par conséquent de passer la nuit.

Tehei ramena de nouveau la conversation sur Samoa ; je dus faire allusion aux dimensions beaucoup trop restreintes de mon « petit bateau » ; son visage s'assombrit un instant, puis, résigné, il se mit à sourire. Bora-Bora, notre prochaine escale, n'était guère éloigné de nous, puisque des cotres accomplissaient la traversée aller et retour entre ce port et Raiatea. Je priai donc Tehei de nous accompagner sur le *Snark* jusqu'à Bora-Bora où sa femme possédait, me dit-il, une deuxième maison. J'invitai Bihaoura également : en revanche, il fallut leur permettre de séjourner avec eux là-bas. Nous étions au lundi. Le lendemain, mardi, nous partirions pour la pêche et reviendrions à Tahaa. Le mercredi nous voguerions au large de Tahaa et, à un certain point, un mille environ du rivage, nous prendrions l'homme et la femme dans le *Snark* et poursuivrions notre route jusqu'à Bora-Bora.

Toutes ces dispositions furent discutées en détail ; cependant Tehei ne connaissait que trois expressions anglaises, Charmian et moi au plus une dizaine de mots polynésiens, et à nous quatre une autre douzaine de termes français. Comme on peut l'imaginer, une telle conversation polyglotte ne laissa pas d'être laborieuse, mais Charmian dessina au crayon un cadran de montre sur un bloc-notes et, à l'aide de nombreux gestes, nous finîmes tout de même par nous comprendre.

Dès que nous manifestâmes l'envie de nous reposer, nos visiteurs indigènes, ainsi que Tehei et Bihaoura, avec force *Iaoranas,* prirent congé. La maison se composait d'une grande pièce, qu'on nous offrit, nos hôtes s'en allant dormir ailleurs. Je tiens à affirmer ici que de toutes les réceptions dont j'ai été l'objet de la part de gens de toutes races et de tous pays, jamais personne ne m'a accueilli avec tant d'urbanité que ce couple à peau brune de Tahaa. Je ne parle pas de leurs présents, de leur générosité naturelle, de leur chère abondante, mais de l'exquise politesse, des égards et du tact qu'ils nous témoignèrent et surtout de leur sincère sympathie, née d'une entière compréhension de nous-mêmes. Faisant abstraction de leurs coutumes traditionnelles, ces gens charmants s'évertuèrent à étudier nos désirs pour nous être agréables, et jamais leur perspicacité ne fut en défaut. Il me serait impossible d'énumérer les actes de prévenance dont ils nous comblèrent durant notre bref séjour parmi eux. Le trait le plus délicieux de leur hospitalité, c'est que leur courtoisie ne procédait d'aucune éducation, d'aucun idéal social compliqué : elle jaillissait spontanément de leurs cœurs.

Le lendemain, Tehei, Charmian et moi partîmes pour la pêche dans la pirogue en forme de cercueil, mais cette fois nous n'emportions pas l'énorme toile. Il ne fallait pas songer à naviguer à la voile et à pêcher dans cette minuscule embarcation. Tehei lança ses hameçons et ses sondes à plusieurs milles du rivage, parmi les récifs, dans une passe profonde de vingt brasses. Il avait mis, comme appâts, des morceaux de chair découpés à vif sur une pieuvre qui se tortillait au fond du bateau. Il posa sept lignes à intervalles réguliers, chacune d'elles attachée à l'extrémité d'un petit bambou flottant à la surface. Lorsqu'un poisson mordait, le bambou s'agitait ; nous nous précipitions d'une ligne à l'autre, à coups de pagaie, en poussant des cris et des exclamations, et nous hissions des profondeurs de magnifiques trophées de deux à trois pieds de long.

Un grain de mauvaise apparence se leva soudain à l'Est, obscurcissant complètement le ciel. Nous nous trouvions à trois milles de la rive. Nous nous décidâmes à rentrer au moment où les premières rafales blanchissaient la mer. La pluie se mit à tomber, une pluie comme on en voit seulement sous les Tropiques, et l'immense réservoir céleste sembla se vider sur la terre en un aveuglant déluge. Charmian portait un costume de bain, moi un pyjama et Tehei simplement un pagne. Bihaoura nous attendait sur la grève. Elle conduisit Charmian à la maison à peu près de la même manière qu'une maman ramène sa méchante petite fille surprise en train de faire des pâtés dans la boue.

Après avoir changé d'effets nous fumâmes, confortablement installés au sec, pendant qu'on préparait le *kaï-kaï,* mot polynésien signifiant « nourriture » ou « manger ». On dit *kaï* dans les Marquises, à Raratonga, Manahiki, Ninue, Fakaafo, Tonga, en Nouvelle-Zélande et à Vaté. A Tahiti, manger se traduit par *émou,* à Hawaï et à Samoa par *aï,* à Bau, par *kané,* à Nongone par *kéké* et en Nouvelle-Calédonie par *ki.* En tout cas, ce mot fut joyeusement accueilli par nos oreilles après notre longue pêche en pirogue sous la pluie. Une fois de plus nous prîmes place devant une table abondamment servie et regrettâmes de ne point posséder l'estomac de la girafe et du chameau.

Au moment où nous nous disposions à retourner sur le *Snark,* le ciel s'obscurcit de nouveau et un autre grain s'abattit sur la mer. Peu de pluie, mais un vent violent qui, pendant des heures, hurla dans les palmiers, ébranlant sur ses bases la frêle habitation de bambou. Au large, on entendait le vacarme terrifiant des vagues qui se fracassaient contre les récifs ; bien qu'abrité à l'intérieur de ceux-ci, le lagon était blanc de colère et Tehei, avec son expérience consommée de matelot, eût été incapable de tenir tête, dans sa mince pirogue, à pareille tourmente.

Au coucher du soleil le grain était passé, mais la mer demeurait trop houleuse pour qu'on pût s'y aventurer avec le bateau. Tehei nous trouva un indigène qui consentit à nous emmener dans son cotre jusqu'à Raiatea pour la somme exorbitante de deux dollars chiliens, soit quatre-vingt-dix *cents* de notre monnaie. La moitié des gens du village apportèrent des présents que Tehei et Bihaoura nous remirent avant le départ : poulets vivants, poissons crus marinés et emmaillotés dans des feuilles de palmier, énormes régimes de bananes dorées, paniers de feuillage pleins jusqu'au bord d'oranges et de citrons, de poires alligators (poires fondantes, dénommées aussi *avocats*), d'immenses corbeilles d'ignames, des grappes de taro et de noix de coco et, enfin, des branches et des troncs d'arbres — bois de chauffage pour le *Snark*.

En nous rendant au cotre, nous rencontrâmes le seul homme blanc de Tahaa, George Lufkin — originaire de la Nouvelle-Angleterre. Agé de 86 ans, il en avait passé environ soixante, nous dit-il, dans les îles de la Société, sauf quelques absences, notamment à l'époque de la ruée vers l'or à l'Eldorado, en 1849, et un bref séjour qu'il fit dans un ranch de Californie, près de Tulare, où il s'occupa de culture. Les médecins lui ayant donné seulement trois mois à vivre, il était retourné à ses mers du Sud, et y vivait encore à cet âge avancé, alors que ses prophètes de mauvais augure dormaient tous au fond de leur tombeau. Il souffrait du *fie-fie,* mot qui signifie éléphantiasis en patois tahitien. Cette maladie s'était accrochée à lui voilà quelque vingt-cinq ans et ne le quitterait plus qu'à sa mort. Nous lui demandâmes s'il avait de la famille. A côté de lui était assise une sémillante damoiselle de 60 ans, sa fille. « Elle seule me reste, murmura-t-il dans un soupir, et elle n'a pas d'enfants vivants. »

Le « cotre », petite barque gréée en sloop, semblait énorme à côté de la pirogue de Tehei. Mais il prit à nos yeux des dimensions lilliputiennes lorsque, arrivant près du lagon, nous fûmes surpris une fois de plus par un grain très violent. Alors le *Snark* nous parut solide et stable comme la terre ferme. Tehei et Bihaoura, qui étaient venus nous reconduire, se montrèrent tous deux excellents marins. Avec notre cotre bien lesté, nous pûmes tenir tête à la tempête, toutes voiles dehors. L'obscurité tombait, le lagon était rempli de bancs de coraux, mais nous continuions d'avancer. Au plus fort de la tempête, il nous fallut virer de bord afin d'éviter un banc de coraux sur lequel il n'y avait pas plus d'un pied d'eau. Au moment où le cotre, son virement de bord presque achevé, se trouvait sans erre, il fut couché brusquement par une rafale. Les écoutes furent filées et le bateau se redressa. Mais trois fois encore il fut couché par des rafales, et il fallut filer trois fois les écoutes avant que le cotre pût prendre de l'erre aux nouvelles amures.

Lorsque nous virâmes de bord à nouveau, la nuit était tombée. Nous étions alors au vent du *Snark* et le vent continuait à mugir. Le foc fut halé bas, et la grand-voile amenée en partie : on n'en conserva qu'un petit morceau grand comme une serviette. Par malheur, nous manquâmes le *Snark,* qui faisait tête contre le coup de vent sur ses deux ancres, et notre cotre alla s'échouer sur un banc de coraux. A l'aide du canot, une longue amarre fut envoyée à bord du *Snark,* et après une heure de pénible travail, le cotre fut déséchoué et amarré, en toute sécurité, sur l'arrière de notre yacht.

Le jour de notre départ pour Bora-Bora, il faisait un vent léger ; nous traversâmes le lagon à toute allure pour gagner l'endroit où Tehei et Bihaoura devaient nous rejoindre. Comme nous nous dirigions vers la terre en louvoyant parmi les bancs de coraux, nous scrutâmes en vain le rivage pour y découvrir nos amis.

« Nous ne pouvons attendre, dis-je. Cette brise ne nous portera certainement pas cette nuit jusqu'à Bora-Bora, et je ne tiens pas à gaspiller mon essence. »

Dans les mers du Sud la question de l'essence devient, en effet, angoissante : on ne sait jamais quand on pourra refaire son plein.

A ce moment précis nous aperçûmes, à travers les arbres, Tehei qui descendait vers l'eau. Dépouillé de sa chemise, il l'agitait violemment, mais il venait seul. Sans doute Bihaoura n'était pas encore prête. Une fois à bord, Tehei nous fit signe de longer la rive et de nous arrêter en face de sa maison. Il prit lui-même la barre et conduisit le *Snark* à travers les coraux, évitant habilement chaque récif jusqu'à ce que le dernier fût paré. Des cris de bienvenue nous saluèrent de la grève et Bihaoura, aidée de plusieurs villageois, amena le long de notre bateau deux pirogues chargées de vivres : des ignames, du taro, des feis, des fruits d'arbre à pain, des cocos, des oranges, des citrons, des ananas, des pastèques, des poires alligators, des grenades, des poissons, des poules vivantes qui se mirent à caqueter et à pondre des œufs sur notre pont et un goret qui poussait sans arrêt des cris infernaux, craignant sans doute une mort imminente.

Sous la clarté lunaire, nous pénétrâmes dans la périlleuse passe des récifs de Bora-Bora et mouillâmes au large du village de Vaïtapé. Bihaoura, avec l'impatience d'une bonne ménagère, brûlait d'arriver chez elle pour nous préparer un autre plantureux repas. Tandis que la chaloupe l'emmenait avec son mari vers la petite jetée, des bruits de chansons et d'instruments de musique nous parvinrent aux oreilles.

Partout, dans les îles de la Société, on nous avait prévenus que les habitants de Bora-Bora débordaient de gaieté. Pris de curiosité, Charmian et moi descendîmes à terre. Sur la place du village, non loin de tombes oubliées sur la grève, des jeunes gens et jeunes filles dansaient, couverts de fleurs dont certaines, piquées dans leur chevelure, lançaient dans la nuit des lueurs phosphorescentes. Un peu plus loin, le long de la grève, se dressait une immense paillote, de forme ovale, longue d'au moins vingt mètres, où les anciens du village chantaient des *himines*. Eux aussi portaient des guirlandes de fleurs et se donnaient du bon temps : ils nous accueillirent dans la bergerie comme des agneaux égarés en pleine nuit.

Le lendemain matin, de bonne heure, Tehei montait à bord, avec un chapelet de poissons qu'il venait de prendre et une invitation à dîner pour le soir même. En nous rendant chez lui, nous eûmes la fantaisie d'entrer dans la grande paillote : les mêmes vieillards étaient en train de chanter et, çà et là, au milieu d'eux, se trouvaient des jeunes filles et des jeunes gens que nous n'avions pas vus la nuit précédente. De toute évidence, on préparait un festin. Du sol s'élevait une montagne de fruits et de légumes, flanquée d'innombrables poulets ficelés avec de l'écorce de cocotier. Lorsqu'on eut chanté plusieurs *himines*, un des vieux se leva et fit une prière en s'adressant à nous. Nous n'en comprîmes pas un traître mot, mais nous devinâmes qu'elle avait certain rapport avec cette montagne de provende.

« Vont-ils nous offrir tout cela ? murmura Charmian.

— Impossible, lui répliquai-je, en baissant également la voix. Pourquoi nous le donneraient-ils ? En outre, il n'y a pas de place pour loger cette cargaison sur le *Snark*. Nous ne pourrions en manger la dixième partie. Le reste se gâterait. Sans doute nous invitent-ils aux agapes, mais certainement pas à prendre possession de ce généreux butin. »

Toujours est-il qu'une fois de plus nous nous trouvâmes perchés sur le « haut siège d'abondance ». L'orateur, par des gestes péremptoires, nous offrit chaque article, puis l'ensemble. Le moment devenait embarrassant. Vous souriez ? je voudrais voir la tête que vous feriez si, par exemple, un ami vous amenait un éléphant blanc dans votre modeste chambre à coucher ! Or, notre *Snark* ne contenait pas plus de place qu'une chambre à coucher ordinaire, et il était déjà chargé jusqu'au plat-bord. Cette nouvelle munificence l'eût fait couler immédiatement.

Rougissants, nous balbutiâmes deux mots de remerciement dans le dialecte du pays, avec assez de sincérité pour convaincre les indigènes. En même temps, nous commîmes la maladresse de refuser tous ces présents, faute impardonnable contre l'étiquette, et qui déçut visiblement les chanteurs d'*himines*. Ce soir-là, aidés par Tehei, nous arrivâmes à un compromis en acceptant un poulet, un régime de bananes, un autre taro, et ainsi de suite jusqu'au bout de la liste.

Mais il me fut impossible d'échapper à la corne d'abondance. Il m'arriva d'acheter une douzaine de poulets à un naturel ; le lendemain il me livrait treize poulets dans une pirogue pleine de fruits.

Un commerçant français nous fit cadeau de grenades et nous prêta son meilleur cheval. Le gendarme nous offrit le sien, auquel il tenait comme à la prunelle de ses yeux. Tout le monde nous envoya des fleurs. Le *Snark* devint une boutique de fruitier décorée par une fleuriste. Nous passions continuellement sous des guirlandes de fleurs.

Lorsque les vieillards vinrent à bord nous chanter leurs *himines,* les jeunes filles nous envoyèrent des baisers et les hommes d'équipage, du capitaine au mousse, tombèrent amoureux des vierges de Bora-Bora. Tehei organisa en notre honneur une partie de pêche : nous nous y rendîmes dans une double pirogue, manœuvrée à la pagaie par une douzaine d'amazones bien musclées. Par bonheur, on ne prit aucun poisson, autrement le *Snark* eût coulé sur place.

Les jours s'écoulaient, mais l'abondance ne diminuait pas. Le jour du départ, les pirogues, l'une après l'autre, défilèrent devant nous. Tehei apporta des concombres et un jeune arbre nommé *papaia,* chargé de superbes fruits ; puis une minuscule double pirogue munie d'un attirail de pêche au complet ; en outre, des fruits et des légumes avec la même profusion qu'à Tahaa. Bihaoura remit à Charmian des oreillers en soie et coton, des éventails et des nattes de fantaisie. Toute la population nous présenta des fruits, des fleurs et des poulets. Bihaoura ajouta un cochon de lait vivant. Des indigènes que je voyais pour la première fois se penchèrent par-dessus la lisse et me tendirent des cannes à pêche, des lignes et des hameçons taillés dans de la nacre.

Lorsque le *Snark* sortit parmi les récifs, il traînait un cotre en remorque. Cette embarcation devait ramener Bihaoura, sans Tehei. Cédant à ses supplications, j'avais fini par le prendre à bord, et il faisait désormais partie de l'équipage. Au moment où le cotre, détaché, se dirigeait à l'Est, et que l'étrave du *Snark* se tournait vers l'Ouest, Tehei s'agenouilla près du *cockpit* et récita une prière en silence, les joues inondées de larmes.

Une semaine plus tard, Martin se mit à développer nos pellicules et à tirer des épreuves, puis il montra à Tehei quelques-unes des photographies. A la vue de l'image de sa Bihaoura bien-aimée, ce fils de Polynésie, à la peau basanée, éclata en sanglots.

Nous étions comblés de présents au point que nous pouvions à peine assurer la manœuvre du *Snark*. Il y avait des fruits partout, sous nos pieds et au-dessus de nos têtes. Le canot de sauvetage et la chaloupe en regorgeaient. Les tentes gémissaient sous leur poids. Mais quand nous arrivâmes en plein alizé, le déchargement commença. A chaque coup de roulis, le *Snark* projetait par-dessus bord des brassées de bananes, de noix de coco ou un panier de citrons. Une avalanche dorée de citrons fut balayée par les vagues sous les dalots. Les énormes paniers d'ignames crevèrent, les ananas et grenades roulèrent en tous sens. Les poulets, libérés de leurs entraves, couraient à présent partout : les uns étaient perchés sur les tentes, les autres se trémoussaient en criant sur le beaupré et tentaient le périlleux tour de force de se tenir en équilibre sur le tangon du *spinnaker.* C'étaient des poulets sauvages, accoutumés au vol. Lorsqu'on essaya de les prendre, ils s'envolèrent au-dessus de la mer, tournèrent en cercle et revinrent sur le *Snark.* Parfois on ne les revoyait plus. Profitant de la confusion qui régnait à bord, le petit cochon de lait se détacha et glissa par-dessus bord.

« A l'arrivée d'un étranger, chacun s'évertue à gagner son amitié. On le conduit chez soi, et là, tout le monde lui témoigne une grande bienveillance ; on le place ensuite sur un siège surélevé et on lui offre, en abondance, des mets de choix. »

CHAPITRE XIII

LA PÊCHE AUX CAILLOUX DE BORA-BORA

A cinq heures du matin, les conques marines se firent entendre. Tout le long de la côte s'élevèrent des bruits effrayants, pareils à l'antique voix de la guerre, qui réveillaient les pêcheurs et leur annonçaient que l'heure du départ était venue. Tout le monde se leva de bon matin sur le *Snark*, car on ne pouvait dormir dans ce tintamarre étourdissant. Nous allions aussi participer à la pêche aux cailloux, mais nos préparatifs étaient sommaires.

Taoutaï-taora est le nom donné à ce genre de sport. *Taoutaï* signifie : « instrument de pêche » et *taora* veut dire « lancé ». La pêche aux cailloux est une battue de poissons semblable, en principe, à une battue de lièvres ou de bestiaux, avec une différence cependant : en ce dernier cas, chasseurs et chassés opèrent sur le même plan horizontal, alors qu'ici l'homme, demeuré à la surface, rabat sa proie dans l'eau, quelle qu'en soit la profondeur.

Voici comment on procède : cette pêche se pratique toujours dans un lagon, à l'intérieur des récifs. Partant du rivage de l'île, les pirogues se rangent sur une ligne allant jusqu'aux récifs, à intervalles de trente à cinquante mètres l'une de l'autre. A l'avant de chaque pirogue se tient un homme armé d'un caillou pesant plusieurs livres et attaché à un court filin. Le pêcheur se borne à frapper l'eau violemment de son caillou, le relève et le laisse retomber plusieurs fois de suite. A l'arrière, un rameur fait avancer l'embarcation.

Cette file de pirogues va à la rencontre d'une autre rangée semblable qui se trouve à un ou deux milles de distance. Du côté des récifs, les deux extrémités se rejoignent de façon à former rapidement un cercle dont une partie est constituée par le rivage de l'île. Ce cercle se resserre petit à petit vers la rive où les femmes, debout dans l'eau, opposent une barrière de jambes aux élans frénétiques des poissons. Lorsque le cercle atteint sa dimension minimum, une pirogue s'élance du rivage et déroule par-dessus bord un long écran de feuilles de cocotier dont elle double le cercle, renforçant ainsi la palissade de jambes.

« Magnifique ! » s'exclama le gendarme qui se trouvait à côté de nous, après nous avoir expliqué, avec force gestes, que des milliers de poissons de toutes tailles, depuis des vairons jusqu'à des requins, seraient capturés et ramenés tout frétillants sur le sable même de la grève.

Cette pêche donne des résultats surprenants, encore que sa nature participe plutôt d'un sport en plein air que d'une tâche prosaïque dont le but final consiste à se procurer de la nourriture. Elle a lieu environ une fois par mois, selon une coutume qui se perd dans les brumes du passé. Mais on ne peut s'empêcher de songer au sauvage qui, le premier, conçut l'idée de ramener aussi facilement des quantités prodigieuses de poissons sans employer d'hameçons, de filets, ni de harpons. Il était, à coup sûr, révolutionnaire dans ses principes. Ses camarades conservateurs durent, à l'époque, le prendre pour un anarchiste. Il eut à surmonter des difficultés certes plus grandes que celles du moderne inventeur, lequel se borne à convaincre deux ou trois capitalistes. Cet antique précurseur dut gagner à sa cause la tribu tout entière, sans quoi il lui eût été impossible de mettre son système à l'essai. J'entends d'ici les clameurs qui retentirent, la nuit, dans cette île primitive ; il traite ses frères de rétrogrades ; ceux-ci refusent de se plier aux caprices d'un idiot, d'un fou et d'un menteur, et la discussion bruyante continue. Les cheveux du malheureux blanchissent, sa voix devient rauque à force de crier, mais il finit par réunir un nombre suffisant de partisans : l'expérience réussit, la vérité triomphe enfin aux yeux de tous ! Et je jurerais bien qu'on n'eût trouvé personne qui n'eût prévu depuis longtemps les résultats de cette merveilleuse invention !

Nos bons amis Tehei et Bihaoura, qui donnaient cette partie de pêche en notre honneur, nous avaient promis de venir nous chercher. Nous attendions dans nos cabines, quand, du pont, on nous annonça leur arrivée. D'un bond nous grimpâmes l'escalier et restâmes ébahis à la vue de l'embarcation polynésienne qui allait nous emmener. Imaginez une longue pirogue double, les deux pirogues retenues ensemble par des morceaux de bois, avec un certain intervalle entre elles, le tout décoré de fleurs et d'herbes dorées. Une douzaine d'amazones couvertes de fleurs maniaient les rames, et à l'arrière de chaque pirogue se tenait un imposant timonier. Tout le monde portait des guirlandes de couleur or et incarnat et, autour des reins, un *pareu* écarlate. Partout des fleurs, des fleurs, une orgie de fleurs. Tehei et Bihaoura dansaient sur une plate-forme posée à l'avant des pirogues. Toutes les voix, déchaînées, entonnèrent un hymne de bienvenue.

Les pirogues firent trois fois le tour du *Snark* avant de venir se ranger le long de notre bateau ; alors on nous prit à bord, Charmian et moi. Nous filâmes à la pagaie, vent debout, vers les lieux de pêche, à cinq milles de là.

« Tout le monde est joyeux à Bora-Bora », dit-on partout dans les îles de la Société, et certes cette réputation n'a rien d'exagéré. Des indigènes entonnaient des chants où il était question de requins, de pêche, de pirogue, et tout le monde reprenait en chœur, au rythme des pagaies.

Une fois, un cri formidable s'éleva : « *Mao !* » Aussitôt les rameurs se démenèrent comme des forcenés. Mao signifie, en effet, requin, et lorsque surgissent ces tigres de haute mer, les natifs regagnent en toute hâte le rivage, par crainte de voir leurs embarcations chavirées et d'être eux-mêmes dévorés. Heureusement, aucun requin n'était en vue : ce cri servait à stimuler les hommes, comme si, derrière eux, un de ces monstres les pourchassait.

« Hoé ! Hoé ! »

Cette nouvelle exclamation fit soulever l'écume sur notre passage.

Sur la plate-forme, à l'avant, Tehei et Bihaoura continuaient leurs danses, accompagnés de chansons, de chœurs et de claquements de mains.

D'autres fois, la mesure était marquée par des battements rythmiques de pagaies contre les flancs des pirogues. A un moment donné, une jeune fille, lâchant sa pagaie, sauta sur la plate-forme et exécuta une *hula :* tout en dansant, elle se balançait, se penchait vers nous, et appliquait sur nos joues le baiser de bienvenue.

Certains chants religieux, ou *himines,* étaient de toute beauté ; les basses profondes des hommes se fondant avec les altos et les fins sopranos des femmes formaient une combinaison de sons semblables à ceux des orgues. De fait, pour plaisanter, on appelle l'himine « l'orgue canaque ». D'autres chants ou ballades, très barbares, remontaient à l'époque pré-chrétienne.

Ces joyeux Polynésiens nous conduisirent ainsi à la pêche. Un gendarme, qui remplit les fonctions de gouverneur français de Bora-Bora, nous accompagna avec sa famille dans sa propre pirogue double, manœuvrée par ses prisonniers ; non seulement ce brave pandore administre l'île, mais il en est encore le geôlier. Dans ce gai pays, quand il prend à quelqu'un la fantaisie d'aller à la pêche, tous les habitants se joignent à lui. Une vingtaine de pirogues à balancier nous suivaient. A une courbe du rivage apparut soudain une énorme pirogue à voile, filant majestueusement vent arrière. Comme elle s'approchait, trois jeunes gens, perchés de façon précaire sur le balancier, nous saluèrent d'un formidable roulement de tambour.

A un demi-mille plus loin, nous arrivâmes au lieu de rassemblement. La chaloupe-automobile de Warren et Martin éveilla surtout la curiosité des indigènes, intrigués par ce mode de locomotion qu'ils ne s'expliquaient pas. On tira les pirogues sur le sable et tout le monde descendit à terre pour boire du jus de coco, chanter et danser. A notre foule vinrent s'ajouter de nombreux indigènes arrivant à pied des hameaux voisins. Des jeunes filles couronnées de fleurs longeaient la grève par groupes de deux et, la main dans la main, formaient un spectacle des plus gracieux.

« D'ordinaire, on fait une bonne pêche, nous dit Allicot, un trafiquant métis. C'est un sport amusant au possible. A la fin, l'eau grouille littéralement de poissons. Vous savez sans doute qu'on vous les offrira tous ?

— Tous ? grognai-je, car déjà le *Snark* menaçait d'enfoncer sous le poids de présents amenés à pleines pirogues : fruits, légumes, cochons et poulets.

— Oui, et jusqu'au dernier. La battue terminée, vous devrez, en qualité d'invité d'honneur, donner le premier coup de harpon, suivant la coutume. A ce signal, tous les gens ramasseront le poisson avec leurs mains et le jetteront sur le sable. Il y en aura une montagne. Ensuite un des chefs, dans un pompeux discours, vous offrira tout le tas, que vous n'êtes nullement tenu d'accepter en entier. A ce moment, vous vous lèverez et indiquerez le poisson qui vous plaira, en leur abandonnant le reste. Tous proclameront alors votre grande générosité.

— Qu'arriverait-il si je gardais le tout ?

— Cela ne s'est jamais vu. L'étiquette exige que l'on rende ensuite les objets acceptés. »

Le prêtre indigène récita une prière pour le

succès de la pêche et toutes les têtes se découvrirent. Après quoi le chef des pêcheurs fit l'appel des pirogues et assigna sa place à chacune d'elles. Alors on monta dans les embarcations, et en avant ! Cependant aucune femme — excepté Bihaoura et Charmian — ne nous accompagnait. Jadis cette faveur leur eût été interdite, même à elles. Derrière nous, les autres femmes avancèrent dans l'eau, formant une palissade de leurs jambes.

L'énorme pirogue double demeura sur la grève et nous partîmes dans la chaloupe. La moitié des pirogues avancèrent sous le vent et nous, avec l'autre moitié, allâmes nous ranger dans la direction contraire, à une distance d'un mille et demi, jusqu'à ce que l'extrémité de notre ligne touchât la barrière de récifs. A mi-chemin entre les deux rangs de pirogues, le chef de la battue, un superbe vieillard, debout dans sa pirogue, tenait un drapeau à la main. Il dirigeait le mouvement des barques et leur formation en ligne en soufflant dans une conque. Quand tout le monde fut rangé, le vieux chef agita son drapeau à droite. Aussitôt les pêcheurs de droite frappèrent l'eau de leurs cailloux et on entendit un seul flac ! Tandis qu'ils ramenaient les engins jusqu'à eux, l'équipe de gauche lâcha les cailloux qui, à leur tour, battirent l'eau. A chaque signal du drapeau, un formidable remous ébranlait le lagon : en même temps les lignes de pirogues avançaient et répétaient l'une après l'autre leur manœuvre.

A l'avant de la chaloupe, Tehei, les yeux fixés sur le vieillard, lançait son caillou en mesure avec les autres. Une fois il s'échappa de la corde et, au même instant, Tehei plongea dans l'eau pour l'aller chercher. J'ignore s'il toucha le fond ; en tout cas, je vis Tehei reparaître quelques secondes après, caillou en main. Ce même incident se renouvela, à plusieurs reprises, à bord des pirogues les plus proches de nous, mais chaque fois l'homme suivait la pierre et la rattrapait aussitôt.

Nos lignes accéléraient leur mouvement tournant du côté des récifs, alors qu'à l'autre extrémité elles avançaient à peine. Sous l'œil attentif du chef, elles finirent par se rejoindre, décrivant ainsi un cercle qui se resserra petit à petit. Les malheureux poissons s'enfuyaient, effrayés, vers le rivage, harcelés par les coups qui, impitoyablement, frappaient l'eau. Suivant le même principe, on rabat les éléphants dans la jungle : des atomes humains, accroupis entre les herbes ou derrière les arbres, poursuivent les mastodontes en produisant des bruits étranges. La palissade de jambes était déjà formée et nous apercevions la tête des femmes sur une longue rangée qui parsemait de points la surface placide du lagon. Disposées par ordre de tailles, les femmes s'aventuraient le plus loin possible et, sauf celles qui se trouvaient près du bord, toutes avaient de l'eau jusqu'au cou.

Le cercle continua de se contracter jusqu'au moment où les pirogues se touchèrent presque. Puis il y eut quelques minutes d'arrêt. Une pirogue se détacha du rivage et fila à toute vitesse, en suivant la ligne courbe. A l'arrière, un homme jeta par-dessus bord un long écran fabriqué en feuilles de cocotier. Les pirogues devenues inutiles, les occupants vinrent renforcer la barrière de leurs jambes : car l'écran ne ressemblait en rien à un filet et les poissons pouvaient facilement passer à travers.

D'où la nécessité d'agiter l'écran avec les jambes, de frapper l'eau avec les mains et de pousser des hurlements. Un vrai pandémonium se déchaîna comme la trappe se refermait.

Mais pas un poisson n'apparaissait à la surface ou n'allait se jeter contre les jambes dissimulées sous l'eau. Enfin, le chef des pêcheurs entra au milieu du cercle et chercha de tous côtés, minutieusement. Rien. Pas une sardine, ni un vairon, pas le moindre têtard. Sans doute la prière de tout à l'heure ne valait rien, ou alors, éventualité plus probable — ainsi que me l'expliqua un vieux grison —, le vent soufflant du mauvais côté, le poisson se trouvait à un autre endroit du lagon. Quoi qu'il en fût, on ne captura rien.

« Cela se produit une fois sur cinq », dit Allicot, en manière de consolation.

Voilà bien notre veine ! Et dire que nous étions venus à Bora-Bora exprès pour voir la pêche aux cailloux ! Si nous n'avions pas choisi ce jour-là, les choses se fussent peut-être passées différemment. Non que je sois pessimiste ou que je m'insurge contre le plan de l'Univers : j'exprime seulement la pensée de tout pêcheur à la fin d'une longue journée d'efforts infructueux.

CHAPITRE XIV

LE NAVIGATEUR AMATEUR

Il y a capitaines et capitaines, certains même bigrement fameux, je vous l'accorde ; toutefois, je n'en dirai pas autant des trois phénomènes qui, à tour de rôle, prirent le commandement du *Snark*. Selon moi, le mauvais capitaine d'un petit bateau exige plus de surveillance que deux bébés en nourrice. De toute évidence, les meilleures situations sont réservées aux hommes réellement compétents, et on ne saurait s'attendre à ce que le commandant d'un bâtiment de mille à quinze cents tonneaux lâchât son navire pour diriger une coque de noix comme le *Snark,* avec ses dix méchants tonneaux.

Nous avons dû ramasser nos capitaines un peu partout dans les ports. Malheureusement, ces « navigateurs », la plupart affligés d'une incapacité congénitale, s'adonnent ordinairement aux boissons fortes et chôment plus souvent qu'ils ne travaillent.

Le *Snark* a donc eu trois capitaines et, par la grâce de Dieu ! nous nous en tiendrons là. Le premier était sénile au point de ne pouvoir prendre, pour le menuisier, les mesures exactes d'une mâchoire de gui, ni commander à un matelot de lancer quelques seaux d'eau de mer sur le pont. Pendant douze jours consécutifs de mouillage sous un soleil tropical, le pont resta complètement sec : il me fallut payer cent trente-cinq dollars pour le recalfater. Le second capitaine, grincheux de nature, n'était pas bon à prendre avec des pincettes. « Papa ne décolère pas », disait son fils métis en parlant de lui. Quant au troisième, c'était un fieffé coquin. Menteur par surcroît, il s'éloignait autant de la vérité élémentaire que de sa route le jour où il faillit échouer le *Snark* sur les îles Ringgold (1).

Ce fut à Suva, dans les îles Fidji, que je renvoyai ce troisième et dernier capitaine et repris mon rôle de navigateur amateur. J'y avais tâté une fois déjà au large de San Francisco, mon premier capitaine ayant porté sur la carte une route tellement ahurissante que je dus chercher de moi-même ce qui clochait. Je découvris assez facilement son erreur, car nous avions encore devant nous une distance de deux milliers de milles à parcourir. Je ne connaissais pas un traître mot de la navigation, mais après plusieurs heures passées à déchiffrer la carte et une demi-heure de pratique à la manipulation du sextant, je parvins à trouver la latitude du *Snark* par l'observation d'une hauteur méridienne, et sa longitude par la méthode simplifiée connue sous le nom de « hauteurs correspondantes ». Ce n'est pas une méthode très précise, mais le capitaine — seul être à bord qui dût me mettre en garde — s'en servait lui-même avec une aveugle confiance.

(1) Groupe d'îles dans les îles Fidji.

Favorisé par les circonstances, j'amenai le *Snark* jusqu'à Hawaï. La déclinaison du soleil était Nord et cet astre atteignait presque le zénith. Je n'avais pas entendu parler du calcul d'angle horaire qui permet de déterminer la longitude, ou plutôt si ! mon premier capitaine avait vaguement prononcé ce mot, mais il se tint coi après deux ou trois essais.

Aux îles Fidji, j'eus l'occasion de régler mon chronomètre sur deux autres instruments du même genre. Deux semaines auparavant, à Pago-Pago, Samoa, j'avais prié mon capitaine d'en faire autant avec les chronomètres du croiseur américain l'*Annapolis*. Il m'assura avoir suivi mon ordre, ajoutant même que l'écart relevé par lui représentait seulement une fraction de seconde. Mais il mentait comme un arracheur de dents. Sans vergogne et affectant une certaine satisfaction, il poussa l'audace jusqu'à me féliciter sur la précision de mon chronomètre.

Quinze jours plus tard, à Suva, il m'arriva de comparer mon fameux chronomètre avec celui d'un vapeur australien, l'*Atua,* pour découvrir que le mien avançait de trente et une secondes, soit, converti en arc, une distance de sept milles et quart. Autrement dit, comme je me dirigeais vers l'Ouest pendant la nuit et que la position du *Snark,* d'après l'estime basée sur ma longitude observée de l'après-midi, se trouvait à sept milles au large de la côte, j'allais en ce moment précis me fracasser sur les récifs.

Ensuite, je voulus me régler sur le capitaine Wooley, capitaine du port, qui donne l'heure exacte à Suva, en tirant, trois fois par semaine, un coup de canon à midi. Mon chronomètre avançait de 59 secondes. Filant toujours vers l'Ouest, je m'écraserais infailliblement contre les récifs alors que je croyais en être éloigné de 15 milles. Je rectifiai en partie en soustrayant 31 secondes de l'état absolu de mon chronomètre, et mis le cap sur Tanna, dans les Nouvelles-Hébrides, non sans avoir juré, lorsque le *Snark* approcherait de la terre par nuit sombre, de ne point perdre de vue l'autre erreur de sept milles qui m'avait été relevée par le chrono du captain Wooley. Tanna est situé à quelque six cents milles à l'Ouest-Sud-Ouest des îles Fidji, et je me figurais emmagasiner dans ma tête suffisamment de connaissances nautiques pour couvrir cette distance.

Tout de même, j'arrivai à mes fins, non sans difficultés, comme vous l'allez voir. Je maintiens que la navigation est une science relativement facile, mais je ne disposais pas du temps nécessaire pour m'y consacrer sérieusement sur le *Snark*. Outre ma tâche quotidienne d'écrivain destinée à couvrir les dépenses de notre croisière, de multiples occupations m'étaient dévolues à bord. D'autre part, on apprend mieux la théorie de la navigation chez soi, dans une maison où la latitude et la longitude demeurent invariables, que sur un bateau filant jour et nuit. Mais, heureusement pour moi, je continuai à lire et je m'aperçus que le compas, cet ami fidèle du marin, ne pointait pas son aiguille vers le Nord. Tantôt elle s'arrêtait à l'Est du Nord, tantôt à l'Ouest du Nord, et parfois même elle tournait la queue au Nord et la pointe au Sud. La déclinaison, à cet endroit particulier du globe où se trouvait le *Snark*, marquait 9°40′ Est. J'aurais dû, par conséquent, en tenir compte avant de donner la route à l'homme de barre. Je continuai ma lecture.

« On obtient la route magnétique en corrigeant la route vraie de la déclinaison. »

Donc, raisonnai-je, si le compas marque 9°40′ à l'Est du Nord, et si je veux voguer au Nord, il me faudra diriger le bateau au 9°40′ à l'Ouest du Nord indiqué par le compas, et qui n'était pas du tout le Nord. En ajoutant 9°40′ à gauche de ma route Ouest quart Sud-Ouest, je parvins à établir ma route magnétique et je fus prêt, une fois de plus, à filer vers le large.

Hélas ! trois fois hélas ! La route magnétique ne correspondait pas à la route au compas. Tapi en embuscade, un méchant petit diable m'attendait pour me donner un croc-en-jambe et m'envoyer fracasser contre les récifs de Vatu Seile. Il avait pour nom la déviation. Je lus encore.

« La route au compas est celle à laquelle gouverne l'homme de barre ; on l'obtient en corrigeant la route magnétique de la déviation. »

Or, la déviation est causée par le fer entrant dans la composition d'un bateau. Cette déviation purement locale, je la relevai sur la table de déviations de mon compas et l'appliquai ensuite à la route magnétique. Le résultat me fournit la route au compas. Pas tout à fait cependant. Mon compas étalon se trouvait au milieu du bateau, sur le capot d'entrée, et mon compas de route dans le *cockpit,* près de la barre. Quand le compas de route indiquait Ouest-Sud-Ouest demi-Ouest (route au compas), le compas étalon indiquait l'Ouest demi-Nord, ce qui n'était sûrement pas la route au compas. Je fis évoluer le *Snark* jusqu'au moment où le compas étalon indiqua Ouest-Sud-Ouest demi-Ouest, ce qui donna, au compas de route, Sud-Ouest demi-Ouest.

Les opérations qui précèdent constituent la méthode simple de corriger sa route. Si l'on ne s'y conforme pas rigoureusement, on s'exposera à entendre, une belle nuit, crier : « Brisants, devant ! », à prendre un bain de mer complet et à gagner en toute hâte la rive à la nage, à travers un troupeau de requins mangeurs d'hommes.

De même que ce farceur de compas se moque du marin en pointant son aiguille dans tous les sens sauf au Nord, de même cet indicateur du ciel, le soleil, persiste à changer de place quand on s'y attend le moins. Cette insouciance du soleil est une source continuelle d'ennuis — j'en ai fait trop souvent l'expérience. Pour identifier l'endroit occupé par vous à la surface de la terre, vous devez savoir, à ce moment précis, où brille le soleil dans le ciel. En d'autres termes, l'astre du jour, considéré comme le chronomètre des hommes, se soucie du temps comme d'une guigne.

Une fois ce phénomène découvert, je tombai dans une profonde mélancolie et me pris à douter du cosmos lui-même. Des lois immuables, telles que la gravitation de l'énergie, oscillaient sur leurs bases. J'étais prêt à les voir se contredire à tout instant sans m'en étonner le moins du monde. Puisque le compas mentait et que le soleil manquait à ses engagements, pourquoi la matière ne perdrait-elle pas son attraction et son énergie ? Le mouvement perpétuel devenait dès lors possible, et j'étais dans une telle disposition d'esprit que j'eusse acheté, chat en poche, un moteur Keeley au premier agent astucieux qui me l'eût offert à bord du *Snark*. Et quand j'appris que la terre tournait, en réalité, 366 fois sur son axe alors que le soleil se levait seulement 365 fois dans le même temps, je me demandai sérieusement si je rêvais.

Le soleil est, en effet, si irrégulier dans sa course qu'on ne saurait se fier à lui pour savoir l'heure exacte. Tantôt il avance sur l'horaire prévu, tantôt il retarde et, comme pour se rattraper et atteindre à temps un certain point du ciel, il ne connaît plus de limites. Incapable de ralentir, il dépasse alors le but fixé. Quatre jours par an seulement le soleil est ponctuel au rendez-vous! Les 361 autres jours il erre au petit bonheur dans le firmament. Plus parfait que le soleil, l'homme fabrique des horloges qui marquent le temps exact ; de même, il calcule l'avance ou le retard du soleil sur sa course, et la différence entre la position de l'astre et celle qu'il devrait occuper, s'il avait la moindre pudeur, se nomme l'équation de temps. Le navigateur désirant se repérer sur mer consulte son chronomètre pour déterminer la position du soleil suivant l'heure de l'observatoire de Greenwich, puis il applique à ses chiffres l'équation du temps et découvre ainsi l'endroit précis où le soleil est censé se trouver.

Le *Snark* quitta les Fidji le samedi 6 juin. Le lendemain, dimanche, sur l'immense océan, sans aucune terre en vue, je cherchai de nouveau ma position au moyen d'un calcul d'angle horaire pour la longitude et d'une observation méridienne pour la latitude. La hauteur du soleil était d'environ 21° lorsque je fis mon observation du matin. D'après les *Ephémérides nautiques,* le soleil, ce même jour,

7 juin, retardait de 1 minute 26 secondes et regagnait son retard à raison de 14 minutes 67 secondes par heure. Le chronomètre indiquait qu'au moment précis où je prenais la hauteur du soleil, il était 8 h 25 à Greenwich. D'après quoi un simple problème d'écolier me permettrait de corriger l'équation du temps. Malheureusement, je n'étais pas cet écolier. De toute évidence, le soleil retardait de 1′26″ à Greenwich, au milieu du jour. S'il eût été 11 heures, le soleil aurait retardé de 1′26″, plus 14′67″. En supposant qu'il fût seulement 10 heures, il fallait ajouter deux fois 14′67″. Et s'il était 8 h 25 du matin, j'ajouterais trois fois et demie 14′67″. Mon raisonnement était limpide : si, au lieu de marquer 8 h 25, le chronomètre eût indiqué 8 h 25 du soir, j'aurais dû non pas ajouter, mais soustraire huit fois et demie 14′67″ ; car si, à midi, le soleil était en retard de 1′26″ et qu'il rattrapât son retard à raison de 14′67″ par heure, à 8 h 25 du soir il se trouverait, à cette heure-là, plus près de l'endroit où il doit être.

Jusqu'ici, pas d'anicroche. Mais le chronomètre marquait-il 8 h 25 du matin ou du soir ? Je consultai l'horloge du *Snark :* j'y lus 8 h 9. Nous étions certainement au matin, puisque je venais de terminer mon petit déjeuner. Puisqu'il était 8 heures du matin à bord du *Snark,* de même il devait être à Greenwich 8 heures de ce soir même ou d'hier soir !

Arrivé à ce point de mon raisonnement, je m'effondrai dans un véritable chaos de réflexions. Voyons, me dis-je, nous sommes par une longitude Est, donc, en avance sur Greenwich. Si nous retardons sur Greenwich, il s'ensuit qu'aujourd'hui est hier ; si, au contraire, nous avançons, hier devient aujourd'hui, mais si hier est aujourd'hui, comment diantre s'appelle aujourd'hui ! Demain ? Absurde. Pourtant, je ne me trompe pas. Lorsque, ce matin, à 8 h 25, je pris la hauteur du soleil, les astronomes de Greenwich venaient de terminer leur repas du soir.

« En ce cas, corrige l'équation de temps à la date d'hier, me souffla la logique.

— Mais aujourd'hui reste aujourd'hui, insiste mon esprit positif. Je veux bien corriger le soleil pour aujourd'hui, mais pas pour hier.

— Cependant, aujourd'hui est hier, reprend la logique.

— Tout cela est parfait, poursuit mon esprit positif. Si je me trouvais à Greenwich, ce pourrait être hier. D'étranges événements se déroulent à Greenwich, aucun doute là-dessus. Mais, aussi vrai que me voici, je suis ici ce 7 juin, et que j'ai pris la hauteur du soleil ici, aujourd'hui même. Donc, je dois corriger le soleil ici, et maintenant.

— Erreur ! reprend la logique. Lecky prétend...

— Qu'importe l'opinion de Lecky ? interrompt mon esprit positif. Ecoute plutôt l'*Almanach nautique :* aujourd'hui, 7 juin, le soleil retarde de 1′26″ et regagne son retard à raison de 14′67″ par heure ; hier, 6 juin, le soleil retardait de 1′36″ et se rattrapait à 15′66″ par heure. Tu le vois bien, il est grotesque de songer à corriger le soleil aujourd'hui par l'horaire du soleil d'hier.

— Imbécile !

— Idiot ! »

Mes deux raisonnements tourbillonnent dans ma tête au point que je commence à ne plus avoir la notion du temps.

Puis je me rappelle un conseil prudent que m'avait donné le capitaine du port de Suva : « *Si votre longitude est l'Est, prenez dans l'*Almanach nautique *les indications du jour précédent.* »

Une nouvelle pensée me vint à l'esprit ; je corrigeai l'équation de temps pour dimanche et samedi, en faisant deux opérations distinctes. Quand j'en comparai les résultats, je notai une différence de quatre dixièmes de seconde. J'étais transfiguré ! Je venais de trouver l'issue de la crypte. Le *Snark* devenait trop petit pour contenir ma joie. Quatre dixièmes de seconde se traduisaient seulement par une différence d'un dixième de mille… à peine une encablure !

Tout se passa le mieux du monde durant dix minutes, lorsque le hasard plaça devant mes yeux les rimes suivantes, destinées aux navigateurs :

Avance sur Greenwich,
Longitude Est ;
Retard sur Greenwich,
Longitude Ouest.

Sapristi ! L'heure du *Snark* ne coïncidait pas avec celle de Greenwich ! Quand il était 8 h 25 à Greenwich, l'horloge du *Snark* ne marquait que 8 h 9. *Retard sur Greenwich, longitude Ouest.* Voilà ! Sans aucun doute, je voguais dans la longitude Ouest.

« Gros bêta ! s'écrie mon esprit positif. Il est ici 8 h 9 du matin et, à Greenwich, 8 h 25 du soir.

— Bravo ! répond la logique. Pour plus de précision, 8 h 25 est, en réalité, 20 h 25, c'est-à-dire en avance sur 8 h 9. Toute autre discussion serait oiseuse : tu te trouves bien dans la longitude Ouest. »

Mon esprit positif triomphe.

« Nous venons de Suva, dans les îles Fidji, n'est-ce pas ? demande-t-il. Et Suva est situé dans la longitude Est, la logique en convient. Et nous avons navigué vers l'Ouest (ce qui nous a emmenés plus avant dans la longitude Est), pas vrai ? Impossible de me contredire cette fois : nous sommes dans la longitude Est.

— Retard sur Greenwich, longitude Ouest, répète inlassablement la logique. Admets que 20 h 25 minutes sont en avance sur 8 h 9 minutes ? »

J'interromps ce bavardage :

« Parfait. Nous allons mettre à l'épreuve mon observation, et nous verrons de quoi il retourne. »

Résultat : ma longitude était 184° Ouest.

« Je t'avais bien prévenu ! » ricane la logique.

Je n'en reviens pas durant quelques minutes, puis je reprends :

« Mais il n'existe pas de 184e degré de longitude Ouest, ni de longitude Est, pas plus que d'autre. Tu devrais savoir que le plus grand méridien compte 180 degrés. »

Sur ce, ma tête chavire, mon regard prend une expression morne et froide comme l'hiver, et je me demande anxieusement si nous nous dirigeons vers les côtes de Chine ou le golfe de Darien.

Puis une voix fluette, que je ne connais pas, montant de quelque part en moi, me souffle :

« Le nombre total de degrés est de 360. Soustrais 184° longitude Ouest de 360°, reste 176° longitude Est.

— Simple supposition ! » objecte mon esprit positif.

La logique rétorque :

« Il n'existe aucune règle...

— Au diable la règle ! m'exclamé-je. N'ai-je pas des yeux pour voir ? 184° de longitude Ouest signifie que nous dépassons de 4 degrés la longitude Est, dans laquelle je me suis constamment tenu. Maintenant, je vais marquer ma position sur la carte et en faire la preuve par l'estime. »

Cependant, d'autres ennuis, d'autres doutes m'attendaient. En voici un exemple : dans les latitudes Sud, on prend la hauteur du soleil pour le calcul d'angle horaire de bonne heure le matin, lorsque la déclinaison est Nord. Je prenais les miennes à 8 heures. Or, il est nécessaire, entre autres, d'avoir une latitude exacte pour faire le calcul. Mais on obtient cette latitude à midi par la hauteur méridienne du soleil. En d'autres termes, pour pouvoir faire mon calcul d'angle horaire du matin, il me faut connaître ma latitude à ce moment-là. Bien entendu, si le *Snark* se dirige vers l'Est à six nœuds, pendant les quatre heures intermédiaires, sa latitude ne doit pas changer. D'autre part, si notre bateau file vers le Sud, sa latitude variera de 24 milles. En ce cas, une simple addition ou une soustraction convertira la latitude de midi en la latitude de 8 heures. Mais supposons que le *Snark* fasse route au Sud-Ouest ? Alors il faudra consulter la Table de Point.

Autre exemple : à 8 heures du matin, je pris la

hauteur du soleil. Au même instant je notai la distance enregistrée au loch. A midi, après avoir pris la hauteur méridienne du soleil, je consultai le loch et j'appris que depuis 8 heures le *Snark* avait couvert 24 milles au Sud 81 Ouest vrai. Je regardai la table I, dans la colonne des distances à la page correspondant à ma route, et m'arrêtai au chiffre 24, nombre de milles parcourus. En face, dans les deux autres colonnes, je lus que le *Snark* avait fait 3,5 milles au Sud et 23,7 milles dans l'Ouest. Je n'avais qu'à déduire 3,5 milles de ma latitude de midi. Avec tous ces éléments en main, je cherchai ma longitude.

Mais il s'agissait de ma longitude de huit heures. Jusqu'à midi, j'avais effectué une route de 23,7 milles à l'Ouest. Quelle était ma longitude à midi ? Suivant la règle, je revins à la table de point n° 2 dont j'étudiai tous les détails, et je trouvai une différence de 25 milles pour les quatre heures. J'en fus atterré ! Je recommençai une douzaine de fois l'opération, avec le même résultat. Je vous laisse conclure, cher lecteur. Imaginez-vous avoir navigué pendant 24 milles et fait 3,5 milles en latitude : comment auriez-vous pu parcourir à la fois 25 milles en longitude ? En supposant même que vous vous fussiez avancé de 24 milles vers l'Ouest sans changer de latitude, expliquez-moi de quelle manière il était possible de modifier de 25 milles votre longitude ? Au nom de la raison humaine, dites-moi comment vous vous y seriez pris pour couvrir un mille de plus en longitude que le total de milles franchis par vous ?

Je possédais cependant une table de point renommée : rien de moins que la Bowditch.

L'emploi en était simple (pour autant que peuvent l'être les règles de navigateurs). Après avoir étudié mon problème une heure durant sans commettre la moindre erreur, je me trouvai devant une impossibilité matérielle. Pour comble, personne autour de moi capable de me sortir d'embarras. Charmian et Martin s'y connaissaient à peu près autant que moi en matière de navigation. Pendant ce temps, le *Snark* filait à une allure folle vers les Nouvelles-Hébrides. Il était grand temps d'aviser.

Comment cette idée m'est-elle venue à l'esprit, je l'ignore. Appelez cela de l'inspiration, si vous voulez. Si la route vers le Sud est la latitude, me dis-je, pourquoi la route faite à l'Ouest n'est-elle point le changement en longitude ? Pour quelle raison me faut-il transformer la route à l'Ouest en longitude ? Alors la situation m'apparut lumineuse. Les méridiens de longitude sont séparés par 60 milles nautiques à l'équateur. Au pôle, ils convergent. Par exemple, si je remonte le méridien 180° jusqu'à ce que j'atteigne le pôle Nord et que, de son côté, un astronome de Greenwich suive le méridien de longitude n° 0 dans la même direction, arrivés au pôle nous pourrons nous serrer la main, encore qu'avant notre départ nous soyons séparés par des milliers de milles. Poursuivons notre raisonnement : si un degré quelconque de longitude mesure 60 milles de large à l'équateur, et se réduit à néant au pôle, à certains points entre le pôle et l'équateur, ce même degré doit mesurer 2 milles, 10 milles, etc. jusqu'à 60 milles.

De nouveau, tout se simplifiait à mes yeux. Le *Snark* se trouvait par 19° de latitude Sud. Le globe terrestre était moins large là qu'à l'équateur. Par conséquent, chaque mille vers l'Ouest, par 19° Sud, était supérieur à une minute de longitude, car si 60 milles gardent toujours leur valeur, 60 minutes équivalent à 60 milles seulement à l'équateur.

On sait que George Francis Train battit le record de Jules Verne dans son voyage autour du monde. Mais quiconque peut encore damer le pion à George Francis Train. Embarquez-vous dans un rapide steamer vers la latitude du cap Horn, et tournez toujours vers l'Est. A cette latitude, la surface du globe est peu large et aucune terre n'entrave la route du navigateur. Si votre bateau maintient la vitesse de seize nœuds, vous ferez le tour du monde en quarante jours à peine.

Le mercredi soir, 10 juin, je portai le point estimé à 8 heures du soir sur ma carte, en partant de mon point observé à midi. Je modifiai ensuite la route du *Snark* afin qu'il mît le cap sur Futuna, une des îles situées à l'extrémité des Nouvelles-Hébrides et qui emprunte l'aspect d'un cône volcanique de 650 mètres émergeant de l'abîme. Je manœuvrai de manière que le *Snark* pût passer à 10 milles au Nord. Puis je m'adressai à Wada, le cuisinier, qui prenait la barre tous les matins, de quatre à six heures.

« Wada San, fais attention demain matin, pendant ton quart, tu verras la terre par le bossoir du vent. »

Là-dessus je descendis me coucher. Le sort en était jeté. Je venais d'engager à fond ma réputation de navigateur. Supposez un instant qu'à la pointe du jour aucune terre n'apparût à l'horizon ? Où en serait alors ma navigation ? Dans quelle situation nous trouverions-nous ? Comment nous repérer ?

Où se diriger maintenant pour rencontrer une terre ? J'eus de sinistres visions. Le *Snark* errait pendant des mois et des mois dans les solitudes liquides, en quête d'une terre. Nos vivres commençaient à s'épuiser et nous nous entre-regardions les yeux hagards, envisageant froidement les horreurs du cannibalisme.

J'avoue que mon sommeil ne fut pas

« comme un ciel d'été
Tout vibrant sous les trilles de l'alouette. »

Je devrais dire plutôt que « je m'éveillais au silence des ténèbres » pour écouter le craquement des cloisons et le clapotis des vagues contre les flancs du *Snark,* qui filait régulièrement ses six nœuds. Plusieurs fois de suite je repassai mes calculs, m'efforçant d'y découvrir quelques erreurs : mon cerveau, en ébullition, en trouva des douzaines.

Mon sommeil fut interrompu par des cauchemars, peuplés de violents tremblements de terre. Dans une accalmie, un créancier, facture en main, me poursuivait toute la nuit en me réclamant son dû. Le bonhomme voulait se mesurer avec moi et Charmian me persuadait de ne pas le toucher. En fin de compte, il se fondit dans un autre rêve d'où Charmian disparut. Cette fois, j'y allai franchement, sur le trottoir et dans la rue, jusqu'à ce que l'autre implorât grâce. Alors je lui demandai : « Eh bien, qu'est-ce que cette facture ? » Ayant eu le dernier mot, j'étais disposé à payer. L'homme me regarda et se mit à grogner : « Mille excuses, je me suis trompé, la facture est pour votre voisin. »

Cette affaire réglée, je me replongeai dans le sommeil et m'éveillai gaiement en songeant à cet épisode. Il était trois heures du matin. Je montai sur le pont et je vis Henry, l'insulaire de Rapa, à la barre. Je consultai le loch : il indiquait 42 milles. Le *Snark* n'avait pas ralenti son allure de six nœuds. Pendant un long quart d'heure, je demeurai appuyé sur la lisse du *cockpit,* en proie à un doute morbide. Puis j'aperçus une terre qui émergeait de l'eau à l'endroit précis, d'après mes calculs, où elle devait se trouver par le bossoir du vent. A six heures, je distinguai nettement le magnifique cône volcanique de Futuna. A huit heures, lorsque nous passâmes à sa hauteur, je mesurai, avec le sextant, la distance qui nous en séparait, soit 9,3 milles. Mes chiffres indiquaient 10 milles !

Puis, au Sud, l'île d'Aneiteum sortit de l'Océan ; au Nord, l'île Aniwa, et droit devant nous l'île Tanna, sur laquelle on ne pouvait se méprendre, car la fumée de son volcan s'élevait très haut dans le ciel. Nous étions à 40 milles de Tanna. Au cours de l'après-midi, filant toujours nos six nœuds, nous approchâmes de Tanna, île montagneuse, couverte de brouillard, sans le moindre havre apparent sur sa ligne côtière. Par acquit de conscience, je cherchai Port Résolution dans l'intention d'y mouiller, mais je m'attendais à ce qu'il fût détruit. Des secousses volcaniques en avaient à ce point soulevé le fond durant quarante ans que, d'après les derniers rapports, le *Snark* n'aurait pu s'y abriter à l'endroit où jadis les plus gros bâtiments jetaient l'ancre. Et pourquoi une nouvelle convulsion, depuis la plus récente visite des géographes, n'aurait-elle pas obstrué complètement le port ?

Je serrai de près la côte ininterrompue, frangée de rochers à fleur d'eau contre lesquels venaient se fracasser les lames écumantes. Armé de mes jumelles, je fouillai l'horizon à des milles de distance. Aucun point où aborder. Je pris un relèvement de Futuna, un autre d'Aniwa, et les portai sur la carte. L'intersection des deux relèvements devait désigner, sans doute possible, la position du *Snark*. A l'aide de mes règles parallèles, je traçai une route de la position de notre bateau jusqu'à Port Résolution. Après avoir corrigé cette route de la variation et de la déviation, je remontai sur le pont et vis que cette route me conduisait tout droit vers la côte aperçue tout à l'heure, où se brisaient des vagues furieuses. A la stupéfaction de mon insulaire de Rapa, je maintins notre vitesse jusqu'à ce que nous arrivâmes à un huitième de mille des rochers.

« Ce n'est point là un havre », déclara-t-il, hochant la tête d'un air sinistre.

Ayant modifié ma route, je longeai la côte parallèlement à elle. A ce moment-là, Charmian se tenait à la barre, Martin au moteur, prêt à faire manœuvrer l'hélice. Soudain une étroite pente se montra à nos yeux. A travers mes jumelles, je voyais les vagues s'y briser sur toute la largeur. Henry, l'homme de Rapa, me fixa d'un regard inquiet, de même que Tehei, l'indigène de Tahaa.

« Aucun passage là, dit Henry. Si nous aller là, nous finir bientôt ! »

J'avoue que, pour ma part, je partageais ses craintes. Cependant, je continuai à suivre la côte, cherchant à voir s'il était possible de passer entre les vagues qui venaient se fracasser de chaque côté de l'entrée. Alors apparut un passage étroit où la mer était calme. Charmian mit la barre dessous et dirigea lentement le bateau vers l'entrée. Martin fit partir le moteur et tout le monde, y compris le cuisinier, sauta pour amener la voilure.

La maison d'un trafiquant se profila dans l'anse de la baie. Sur le rivage, à cent mètres de distance, un geyser lançait une colonne de vapeur. Tandis que nous contournions une pointe minuscule, le poste de la mission se détacha à bâbord :

« Trois brasses... deux brasses ! » cria Wada en laissant tomber la ligne de sonde.

Charmian mit de nouveau la barre dessous, Martin arrêta le moteur, le *Snark* vira de bord et nous entendîmes le bruit sourd de l'ancre, qu'on mouillait par trois brasses d'eau.

Sans nous donner le temps de reprendre haleine, un essaim de noirs de Tannèse, nus comme des vers, grimpaient à bord — créatures grimaçantes, à l'aspect simiesque, cheveux crépus et yeux troubles, et qui portaient, en guise de boucles d'oreilles, des épingles de nourrice et des pipes en terre.

Cette nuit-là, lorsque tout le monde fut endormi, je me glissai subrepticement sur le pont, contemplai pendant quelques instants la scène paisible qui se déroulait devant moi et — je n'éprouve aucune honte à vous le dire — je me replongeai plus que jamais dans l'étude de la navigation.

CHAPITRE XV

UNE CROISIÈRE DANS LES ILES SALOMON

« Pourquoi ne pas venir avec moi tout de suite ? » nous demanda le capitaine Jansen, à Penduffryn, sur l'île de Guadalcanar.

Charmian et moi nous consultâmes du regard pendant quelques secondes, puis nous échangeâmes simultanément un signe de tête — voilà comme nous prenons ordinairement nos décisions —, excellent moyen de trancher les difficultés si toutefois vous n'êtes pas d'humeur à verser plus tard des larmes sur vos échecs.

« Je vous recommande de vous munir de vos revolvers et d'un ou deux fusils, reprit le capitaine Jansen. A bord, j'en possède cinq, y compris un Mauser sans munitions. Voulez-vous risquer quelques balles ? »

Nous apportâmes nos fusils à bord et quelques poignées de balles Mauser ; Wada, le cuisinier du *Snark,* et Nakata, notre mousse, nous accompagnaient, mais sans grand enthousiasme. Cependant Nakata n'avait jamais manifesté jusqu'ici la moindre crainte en face du danger. Il faut dire qu'ils n'avaient pas à se louer particulièrement des îles Salomon. Tous deux avaient souffert d'ulcères dus à ce climat malsain — nous aussi, du reste (je soignais à cette époque deux plaies par un traitement au sublimé corrosif) —; mais les deux Japonais avaient plus que nous raison de se plaindre. Et ces plaies ne sont pas belles à voir. On peut les ranger dans la catégorie des ulcères excessivement actifs. Une piqûre de moustique, une coupure, la moindre abrasion servent de refuge au poison dont l'air semble imprégné. Aussitôt l'ulcère se met à ronger la chair en tous sens, consumant la peau et les muscles avec une rapidité foudroyante. L'ulcère, gros comme la pointe d'une épingle le premier jour, prend, dès le deuxième jour, les dimensions d'une pièce de dix *cents;* à la fin de la semaine, une pièce de cinq dollars ne suffirait pas à le recouvrir.

Les deux Japonais avaient été affligés de la fièvre des Salomon, pire encore que les ulcères. Ils durent s'aliter à plusieurs reprises. Pendant leur convalescence, on les voyait fréquemment assis ensemble sur la partie du *Snark* orientée vers le lointain Japon, et regarder fixement l'horizon.

Pour comble, on les emmenait maintenant sur le *Minota* pour une croisière de recrutement le long de la côte sauvage de Malaïta. Wada, le plus froussard des deux, intimement persuadé qu'il ne reverrait plus sa patrie, observait d'un œil sinistre les armes que nous montions à bord. Connaissant l'histoire du *Minota,* il savait à quoi s'en tenir. Six mois auparavant, ce bateau avait été capturé près de la côte de Malaïta, et son capitaine débité par morceaux à coups de tomahawks : suivant le sens barbare de la justice chez les habitants de ce doux pays, le bateau « devait » encore deux têtes. En outre, un journalier de la plantation de Penduffryn, indigène de Malaïta, venait de mourir de la dysenterie, et Wada n'ignorait pas que Penduffryn était redevable d'une tête de plus envers Malaïta. En amarrant nos bagages dans la petite cabine du capitaine, Wada avait enfin remarqué les coups de hache sur la porte par où les broussards, triomphants, s'étaient taillé un chemin. Dernière constatation : le poêle de la cuisine manquait de cheminée, celle-ci ayant été comprise dans le butin.

Le *Minota* était un yacht australien, construit en bois de teck et gréé en *ketch*. Long et mince, muni d'une *fin keel* (1), il était conçu pour la régate en rade abritée plutôt que pour le recrutement de noirs.

Quand Charmian et moi montâmes à bord, le *Minota* était bondé. Son double équipage, y compris les remplaçants, se composait de quinze hommes, et nous comptâmes au bas mot une vingtaine de « retours » qui, leur temps accompli aux plantations, regagnaient leurs villages dans la brousse. A en juger par leurs mines, c'étaient à coup sûr d'authentiques cannibales, chasseurs de têtes. Des chevilles d'os et de bois, de la grosseur d'un crayon, traversaient leurs narines de part en part. Nombre d'entre eux avaient perforé l'extrémité charnue de leur nez, d'où sortaient des pointes d'écaille et du fil de fer rigide sur lequel étaient enfilées des perles de verre. D'autres avaient percé de trous les deux côtés des narines, jusqu'à la naissance des lèvres. Sur les oreilles de

(1) Quille profonde, lestée à sa partie inférieure et affectant la forme d'un aileron.

tous ces hommes nous remarquâmes jusqu'à une douzaine d'orifices, certains assez larges pour y loger une bonde de trois pouces de diamètre ; d'autres, plus petits, dans lesquels ils portaient des pipes en terre et d'autres objets hétéroclites. Quantité de trous restaient béants, faute d'ornements pour les remplir. Aussi lorsque le lendemain, en approchant de Malaïta, nous essayâmes nos fusils, les indigènes se ruèrent au milieu de cris assourdissants pour ramasser les cartouches vides tombées sur le rivage.

Nous avions, au préalable, disposé des rambardes en barbelés. Plein à craquer et dépourvu de rouf, le *Minota* était trop accessible aux noirs, qui eussent pu facilement l'aborder en escaladant une lisse de six pouces de haut. Des montants de cuivre furent vissés dans la lisse et deux rangées de fils de fer tendues autour du bateau, de l'arrière à l'avant. Excellente protection contre les sauvages, certes, mais terriblement incommode pour les passagers quand le *Minota* s'avisait de bondir et de gîter par grosse mer. Lorsqu'on se tenait au milieu du pont glissant par crainte d'être projeté dans les barbelés et que le bateau s'inclinait à un angle de 45 degrés, vous imaginez d'ici les délices de ce voyage parmi les îles Salomon ! Une chute dans ces fils pointus laisse quelques égratignures, mais celles-ci se transforment bientôt en ulcères.

Nous allons voir que la meilleure prudence ne suffit pas toujours à éviter les accidents de ce genre. Un beau matin, nous longions la côte de Malaïta, grand largue. Le vent fraîchissait et la mer se levait. Un nègre tenait la barre. Le capitaine Jansen, M. Jacobsen, le second, Charmian et moi venions de nous asseoir sur le pont pour déjeuner, lorsque trois énormes vagues s'abattirent sur nous. Le timonier perdit la tête. Trois fois de suite le pont du *Minota* fut balayé de long en large. Le petit déjeuner s'envola par-dessus la lisse ; couteaux et fourchettes disparurent à travers les dalots ; un nègre à l'arrière fut projeté dans la mer et repêché aussitôt, et notre vaillant capitaine, enchevêtré dans le barbelé, gisait le corps moitié sur le pont et moitié en dehors. Après quoi, pendant tout le reste du voyage, les quelques couverts demeurés intacts nous servirent à tour de rôle, superbe exemple d'un communisme primitif.

Notre première escale fut Sou'ou, sur la côte occidentale de Malaïta. Les îles Salomon touchent aux confins du monde. Certes, il est ardu de se diriger, par une nuit noire, le long de passages hérissés de récifs et à travers des courants erratiques ; mais la difficulté s'accroît encore du fait que la terre n'est pas correctement indiquée sur la carte. Sou'ou en est un exemple frappant. D'après la carte de l'Amirauté, la côte de Malaïta décrit, à cet endroit-là, une ligne droite ininterrompue, où le *Minota* navigua dans vingt brasses d'eau ; mais au lieu de rencontrer la terre, comme nous nous y attendions, nous nous engageâmes dans unc profonde indentation aux rives couvertes de mangliers qui se fermaient sur nous ; nous parvînmes ainsi jusqu'à un étang qui brillait comme un miroir, et où nous laissâmes tomber l'ancre. Ce mouillage ne plut qu'à demi au capitaine Jansen. C'était la première fois qu'il visitait ces parages, et Sou'ou, de par sa déplorable réputation, ne lui inspirait nulle confiance. Aucun vent ne permettrait de se retirer en cas d'attaque, et les hommes d'équipage seraient massacrés jusqu'au dernier s'ils tentaient de haler le *Minota* à l'aide des baleinières.

« Supposons que le *Minota* aille s'échouer, que feriez-vous ? demandai-je au capitaine Jansen.

— Il ne s'échouera pas, répondit-il d'un ton sec.

— Mais imaginons cette éventualité ? » insistai-je.

Il réfléchit un moment et promena son regard sur le second, accrochant son revolver à sa ceinture et sur les matelots qui, fusils en main, montaient dans la baleinière.

« Nous sauterions dans cette baleinière et décamperions aussi vite que Dieu nous le permettrait », dit-il enfin.

Il nous expliqua longuement qu'aucun blanc ne pouvait se fier à son équipage indigène dans une impasse comme celle-ci ; que les broussards estimaient comme leur propre bien tous les bateaux naufragés ; qu'ils étaient munis de fusils Snider en abondance ; et, enfin, que la douzaine de « retours » se trouvant à bord n'hésiteraient pas à se joindre à leurs parents et amis pour participer au pillage du *Minota*.

En tout premier lieu, la baleinière ramena à terre les « retours » avec leurs caisses de marchandises. Ainsi, un danger était déjà écarté. Pendant cette opération, une pirogue, manœuvrée par trois sauvages nus, vint se ranger le long du *Minota*. Et quand je dis « nus », ne croyez pas que j'exagère. Ils ne portaient sur eux aucun vestige de vêtement, à moins qu'on ne considère comme vêtements des anneaux de nez, des chevilles d'oreilles et des bracelets de coquillages. L'homme qui commandait la pirogue était un vieux chef borgne qui, paraît-il, témoignait envers nous des dispositions bienveillantes. Mais il était si sale qu'on eût émoussé le tranchant d'une gratte (1) en essayant de le décrasser. Sa mission consistait à prévenir les capitaines de bateaux lorsqu'il y avait danger à laisser les hommes descendre à terre. Ce soir-là, le vieux type venait répéter ses recommandations.

En vain la baleinière fouilla-t-elle les coins et recoins de la baie en quête de recrues. La brousse fourmillait de noirs armés, tous disposés à discuter avec le recruteur, mais aucun ne voulait signer un contrat de travail de trois ans à la plantation moyennant un salaire annuel de six livres sterling. Cependant, ils semblaient assez désireux de voir nos hommes descendre au rivage. Le deuxième jour, ils allumèrent un grand feu sur la baie, — signal habituel des indigènes acceptant de s'enrôler. Nous envoyâmes la chaloupe, mais sans résultat. Personne ne s'engagea et aucun de nos matelots ne se dérangea. Peu après, nous aperçûmes un certain nombre de sauvages armés qui allaient et venaient sur la grève.

En dehors de ces individus isolés, personne n'aurait pu dire combien se tenaient en embuscade dans les buissons environnants. Impossible de rien distinguer dans cette jungle primitive. L'après-midi, le capitaine Jansen, Charmian et moi allâmes pêcher à la dynamite. Chacun des hommes de l'équipage emportait avec lui un fusil Lee-Enfield. Johnny, le recruteur indigène, qui se tenait au

(1) Une gratte est un instrument à trois bords tranchants et servant aux matelots pour nettoyer le pont, la coque, etc.

gouvernail, avait à portée de la main un Winchester. Nous suivîmes à la rame une partie du rivage apparemment désert, puis nous virâmes de bord, l'arrière contre la rive, de façon qu'en cas d'attaque le bateau fût prêt à fuir immédiatement. Pendant tout mon séjour à Malaïta, je n'ai jamais vu une embarcation aborder par son avant. D'ordinaire, les navires recruteurs emploient deux chaloupes : l'une, armée, pour débarquer ou embarquer les hommes sur la grève, et l'autre qui se tient à quelque trente mètres du rivage et « protège » la première chaloupe. Le *Minota,* de dimensions restreintes, pouvait se passer de chaloupe protectrice.

Au moment où nous allions toucher le rivage, un banc de poissons passait près de nous. Nous allumâmes aussitôt la mèche de notre fusée de dynamite et la lançâmes dans l'eau. L'explosion brisa la surface liquide et une nuée de poissons se répandit en l'air. A cette seconde précise la forêt s'anima. Une vingtaine de sauvages nus, armés d'arcs et de flèches, de lances et de Sniders, surgirent au bord de l'eau, et nos hommes les couchèrent en joue. Les deux camps adverses se trouvèrent ainsi face à face, ce qui permit à nos nègres de plonger pour recueillir les poissons étourdis sur le coup.

Nous passâmes trois jours inutiles à Sou'ou. Le *Minota* ne réussit point à engager des recrues, ni les broussards à capturer des têtes sur notre bateau. Le seul qui rapporta un souvenir de cette expédition fut Wada : une bonne dose de fièvre. Nous sortîmes à la remorque de la baleinière et nous longeâmes la côte jusqu'à Langa Langa, grand village de pêcheurs bâti, grâce à de prodigieux efforts, sur le banc de sable d'un lagon, transformé en une île artificielle où nous nous réfugiâmes contre les broussards sanguinaires.

Au bord du lagon on aperçoit Binou, l'endroit où, six mois auparavant, le *Minota* avait été assailli par les sauvages qui massacrèrent son capitaine. Comme nous entrions dans l'étroit passage, une pirogue s'approcha pour nous annoncer qu'un vaisseau de guerre venait de lever l'ancre le matin même, après avoir incendié trois villages, tué une trentaine de cochons et noyé un bébé. Il s'agissait du *Cambrian,* capitaine Lewes, que j'avais déjà rencontré en Corée, durant la guerre russo-japonaise. Depuis, nous avions effectué ensemble un véritable chassé-croisé sans jamais nous revoir. Le jour même où le *Snark* entrait dans le port de Suva, dans les îles Fidji, nous remarquâmes le *Cambrian* qui en sortait. A Vila, dans les Nouvelles-Hébrides, nous nous étions manqués de vingt-quatre heures. Nous nous étions croisés à la nuit, au large de l'île de Santo. L'arrivée du *Cambrian* à Tulagi avait coïncidé avec notre départ de Penduffryn, à une douzaine de milles de là. Et voici qu'à Langa Langa nous nous rations encore de quelques heures.

Le *Cambrian* était venu châtier les meurtriers du capitaine du *Minota.* Vers la fin de la journée, nous apprîmes les détails de l'histoire par un missionnaire, M. Abbot, qui était venu nous rendre visite dans sa baleinière. Les villages avaient bel et bien été brûlés et les cochons tués ; cependant, les indigènes s'en étaient tirés indemnes. On avait retrouvé le pavillon du *Minota* et quelques autres objets, mais aucun des coupables. La noyade du bébé provenait d'un simple incident. Le chef Johnny, de Binou, ayant refusé de guider dans la brousse les matelots de la compagnie de débarquement, ses hommes avaient opposé la même résistance. Indigné à juste titre, le capitaine Lewes avait dit au chef Johnny qu'il *méritait* de voir son propre village incendié. Son vocabulaire bêche-de-mer ne comprenant pas le mot « méritait », Johnny se figura que le chef blanc allait mettre sa menace à exécution. Les habitants s'enfuirent avec une telle précipitation qu'ils laissèrent tomber le gosse dans l'eau. Johnny arriva tout en sueur chez M. Abbot, déposa entre ses mains quatorze livres sterling et le pria de se rendre à bord du *Cambrian* pour amadouer, avec cette somme, le capitaine Lewes. Le village de Johnny fut épargné et le capitaine n'empocha pas les quatorze souverains, car je les vis en possession de l'indigène lorsqu'il monta à bord du *Minota.* En manière d'excuses, Johnny exhiba fièrement à mes yeux un énorme furoncle, mais le motif réel de son refus d'obéissance — très valable en soi encore qu'il n'en soufflât mot — était la crainte d'une vengeance de la part des broussards. Si lui, ou tout autre de ses hommes, eût servi de guide aux matelots, il aurait pu s'attendre à de sanglantes représailles dès que le *Cambrian* eût levé l'ancre.

Voici un autre exemple des mœurs qui règnent dans les îles Salomon. Johnny avait pour mission de nous rapporter la corne, la grand-voile et le foc d'une de nos baleinières, moyennant quelques tablettes de tabac. Pour le même salaire, un autre chef, nommé Billy, nous rapporta l'après-midi le mât et le gui. Or, ce gréement faisait partie d'une baleinière récupérée par le capitaine Jansen lors du précédent voyage du *Minota* et qui appartenait à la plantation de Méringe, sur l'île Isabelle. Onze manœuvres loués par contrat, natifs de Malaïta et broussards, avaient comploté de s'enfuir. Ignorant tout de la mer, ils avaient persuadé deux pêcheurs indigènes de San Cristobal de déserter avec eux. Or, voici ce qui arriva : lorsqu'ils eurent amené les fuyards sains et saufs jusqu'à Malaïta, les deux malheureux eurent la tête tranchée pour prix de leurs peines.

Je n'ai pas accompli pour rien ce long voyage aux îles Salomon. Enfin, il m'a été donné de voir l'orgueil de Charmian humilié, et toute sa majesté de femme traînée dans la boue. L'événement se produisit à Langa Langa, sur l'île artificielle que les maisons cachent à la vue. Entourés de centaines d'hommes, de femmes et d'enfants nus, nous nous promenions tranquillement à la manière de touristes. Nous portions nos revolvers en bandoulière, et les hommes d'équipage, armés jusqu'aux dents, ne lâchaient pas leurs rames dans la baleinière dont ils avaient, comme de coutume, tourné l'arrière vers la rive. Mais la leçon donnée par le bateau de guerre était trop récente pour que nous redoutions des ennuis de la part des noirs.

Après un moment, nous arrivâmes auprès d'un énorme tronc d'arbre qui servait de pont au-dessus d'une rivière peu profonde. Les sauvages nous barrèrent la route et nous empêchèrent de passer. Nous voulûmes en savoir la raison. Ils nous tinrent un petit discours et nous crûmes comprendre, dans leur charabia, qu'ils levaient l'interdiction, mais à peine avions-nous fait quelques pas qu'ils nous arrêtaient de nouveau. D'autres explications, plus précises, devinrent nécessaires. Le capitaine Jansen et moi, en tant qu'hommes, pouvions poursuivre notre chemin. Mais aucune *Mary* n'était autorisée à stationner près du pont, encore moins à le franchir. *Mary,* en langage bêche-de-mer, désigne une femme. Charmian étant une Mary, le pont lui demeurait *tambo,* autrement dit tabou. Comme ma poitrine se dilata d'orgueil ! Enfin, on rendait hommage à ma virilité ! Sans contredit, j'appartenais au sexe noble ! Il n'était pas défendu à Charmian de courir à nos trousses ; seulement, elle devait faire un détour en bateau, tandis que nous autres, *Hommes,* nous passerions le pont à pied.

On sait que dans les îles Salomon les attaques de fièvre se manifestent souvent à la suite d'un choc. Or une demi-heure après cet incident. Charmian était emmenée en toute hâte à bord du *Minota,* enveloppée dans des couvertures, et on lui administrait des doses de quinine. J'ignore de quelle commotion Wada et Nakata avaient été victimes : quoi qu'il en soit, ils furent également terrassés par la fièvre.

Durant son attaque, Charmian souffrit d'un ulcère perforant des Salomon. C'était le comble ! Tout le monde sur le *Snark* avait passé par là, sauf elle. En ce qui me concerne, j'avais cru perdre mon pied à hauteur de la cheville à la suite d'un ulcère particulièrement mauvais. Henry et Tehei, les matelots tahitiens, avaient été copieusement servis. Quant à Wanda, il comptait ses ulcères par vingtaines. Nakata, lui, avait été touché par de simples plaies de trois pouces de long. Martin était certain que la nécrose de son tibia provenait de cette étonnante colonie de microbes qu'il entretenait sur cette partie de son corps.

Jusque-là, Charmian y avait échappé. Cette longue impunité avait fini par engendrer chez elle une sorte de mépris pour tous les autres, et une telle présomption, qu'un jour, timidement, elle me fit cet aveu : selon elle, il s'agissait surtout de la pureté du sang. Toujours est-il que sa plaie atteignit la dimension d'un dollar en argent, mais, grâce à la « pureté de son sang », elle fut guérie après une semaine de soins continuels.

Charmian place une confiance aveugle dans le sublimé corrosif. Martin ne jure que par l'iodoforme. Henry emploie le jus de citron pur. Et moi j'estime que si le sublimé corrosif est lent à produire son effet, il convient d'appliquer des pansements de peroxyde d'hydrogène et de les renouveler fréquemment. Certains blancs, dans les îles Salomon, ne voient que l'acide borique, d'autres que le lysol. J'ai, moi aussi, la faiblesse de croire en une panacée : la Californie, et je défie quiconque de contracter à San Francisco un ulcère des Salomon.

Depuis Langa Langa nous descendîmes le lagon entre des marécages couverts de manguiers, à travers des passes guère plus larges que le *Minota*, et nous vîmes devant nous les villages des tribus de Kaola et d'Aouki, construits sur des récifs. A l'instar des fondateurs de Venise, ces pêcheurs étaient à l'origine des réfugiés du continent. Trop faibles pour subsister dans la brousse, ces survivants de massacres de villages s'enfuirent vers les bancs de sable du lagon, qu'ils transformèrent de leurs propres mains en îles. Contraints de chercher leur nourriture dans la mer, ils devinrent pêcheurs au bout de quelques générations. Ils observèrent les mœurs des poissons et des crustacés, inventèrent des hameçons, des lignes, des filets et des trappes à poissons. Leurs corps se plièrent à la manœuvre des pirogues. Ayant perdu l'habitude de marcher puisqu'ils passaient la plupart du temps sur mer, leurs bras s'épaissirent, leurs épaules se développèrent, tandis que leurs tailles se faisaient plus étroites et que leurs jambes atrophiées s'amincissaient comme des fuseaux. Ils prirent la haute main sur le commerce côtier, s'enrichirent, les échanges avec l'intérieur passant en grande partie par leur intermédiaire. Mais une hostilité perpétuelle existe entre les camps adverses. Ils font trêve seulement les jours de marché, c'est-à-dire deux fois par semaine, où les femmes se rencontrent pour pratiquer le troc. A une centaine de mètres de là, les broussards, dissimulés sous les buissons et armés jusqu'aux dents, se tiennent en embuscade, tandis que non loin de la côte les pêcheurs montent la garde dans leurs pirogues. Il est très rare que des batailles éclatent les jours de marché : les gens de la brousse aiment trop le poisson et l'estomac de leurs ennemis réclame impérieusement les légumes qu'ils ne peuvent cultiver sur leurs îlots surpeuplés.

Après avoir parcouru une quarantaine de kilomètres depuis Langa Langa, nous entrâmes vers la fin du jour dans la passe qui relie l'île de Bassakanna au continent. Le vent ayant tombé, il fallut remorquer le *Minota* avec les baleinières, et les hommes suèrent sang et eau pour nous faire avancer, car la marée nous était défavorable. Il pouvait être minuit quand, à mi-chemin dans la passe, nous croisâmes l'*Eugénie,* énorme goélette recruteuse, remorquée également par deux baleinières. Le patron, le capitaine Keller, un solide Allemand de vingt-deux ans, vint à bord nous faire une visite de courtoisie, et nous parlâmes des dernières nouvelles de Malaïta. Il avait eu la chance de cueillir vingt recrues au village de Fiou, et l'occasion d'assister à une de ces « courageuses » tueries si fréquentes dans ce pays. La jeune victime était ce qu'on appelle là-bas un broussard-pêcheur, c'est-à-dire un pêcheur à demi broussard vivant des produits de la mer sans habiter un îlot. Il travaillait tranquillement dans son jardin quand il vit apparaître trois broussards qui, tout d'abord, se montrèrent aimables avec lui. Au bout d'un certain temps, ils lui demandèrent de faire *kaïkaï,* en d'autres termes, de manger. Le jeune garçon s'empressa de préparer un feu pour faire bouillir du taro. Au moment où il se penchait sur sa marmite, l'un des invités lui tira une balle à bout portant dans la tête. Le malheureux s'écroula dans les flammes et les trois sauvages lui percèrent le ventre d'un coup de lance et retournèrent la pointe avec tant de férocité qu'elle se brisa dans la plaie.

« Ma parole ! s'exclama le capitaine Keller. Dieu veuille que ces brigands ne me tuent jamais avec un Snider ! Si vous aviez vu cela ! On aurait pu passer une voiture et son cheval dans la blessure du pauvre diable. »

On m'a raconté aussi l'assassinat perpétré récemment sur la personne d'un vieillard. Un chef venait de s'éteindre à la suite d'une maladie quelconque. Or, les broussards ne croient pas à une fin naturelle ; la seule mort qui compte pour eux devant être causée par une balle, un tomahawk ou un coup de lance. Si l'on succombe d'une autre façon, ils flairent là-dessous de la sorcellerie. Dans le cas actuel, la tribu du chef défunt rejeta toute la responsabilité sur une certaine famille, et comme il fallait absolument un coupable, le choix des juges s'arrêta sur ce vieux bonhomme qui vivait seul. Le « châtiment » offrait d'autant moins de risque que l'ancien était aveugle et ne possédait pas de Snider. Mais il eut vent de l'affaire et mit de côté une imposante provision de flèches. La nuit tombée, trois courageux guerriers, armés chacun d'un Snider, vinrent le surprendre. Toute la nuit, ces braves luttèrent contre lui. Dès qu'ils remuaient dans la brousse et faisaient le moindre bruit, le vieux décochait une flèche dans leur direction. Au matin, ses dernières munitions épuisées, les trois héros se traînèrent vers lui et lui brûlèrent la cervelle à bout portant.

Le matin nous trouva encore dans la passe, peinant pour en sortir. En désespoir de cause, nous virâmes de bord, regagnâmes la pleine mer, contournâmes sur Bassakanna, et mîmes le cap sur notre objectif, Malou. Là nous découvrîmes un excellent mouillage, mais il était situé entre le rivage et de dangereux récifs, et si on y pénétrait facilement on n'en sortait pas de même. L'alizé du Sud-Est nous obligea à louvoyer ; la pointe du banc de récifs s'étendait sur une grande longueur et un fort courant portait droit dessus.

Le missionnaire de Malou, M. Caulfeild, revenait dans sa baleinière d'une petite excursion sur la côte. C'était un homme svelte, délicat dans ses manières, plein d'enthousiasme pour son œuvre, aux idées équilibrées et pratiques... en somme, un vrai soldat du Christ au XXe siècle. Lorsqu'il rejoignit son poste à Malou, nous expliqua-t-il, il comptait y tenir seulement six mois : si, au bout de cette période, il était encore en vie, il continuerait son œuvre. Six années s'étaient écoulées et M. Caulfeild poursuivait son apostolat. Néanmoins, il n'avait pas tort lorsqu'il doutait de vivre plus de six mois dans ce pays. Des trois missionnaires qui l'avaient précédé, en moins de temps deux étaient morts de la fièvre, et le troisième, une vraie épave, avait dû rentrer au pays.

C'est ici, à Malou, que j'expiai toute la moquerie dont je m'étais rendu coupable envers Charmian et son ulcère des Salomon contracté par elle à Langa Langa. M. Caulfeild nous avait offert un poulet, que je pourchassais dans la brousse armé d'un fusil. Je cherchais à lui décoller la tête ; je réussis mon coup, mais ayant trébuché sur un tronc d'arbre, je m'écorchai le tibia. Résultat : trois ulcères des Salomon à la fois, soit un total de cinq ulcères qui ornaient mon individu. Quant au capitaine Jansen et à Nakata, ils récoltèrent le *gari-gari*. Traduit littéralement, ce vocable signifie « gratter-gratter ». Mais je vous prie de croire que nous n'avions pas besoin d'interprète : les contorsions et les gestes du capitaine et de Nakata nous parurent suffisamment explicites.

Non, le climat des îles Salomon n'est pas aussi sain qu'on pourrait le croire. J'écris cet article sur l'île Isabelle où nous avons échoué le *Snark* pour nettoyer le doublage de sa carène. Ce matin, j'ai surmonté mon dernier accès de fièvre, et ils se succèdent à un jour d'intervalle. Ceux de Charmian ne se produisent que tous les quinze jours. Wada est devenu une vraie loque humaine. Hier soir, il a manifesté tous les symptômes de la pneumonie. Henry, ce Tahitien géant, qui vient d'être touché, lui aussi, se traîne lamentablement sur le pont.

Lui et Tehei, à eux seuls, réunissent la série complète des ulcères des Salomon. Ils viennent de contracter une forme nouvelle de *gari-gari,* sorte d'empoisonnement végétal produisant les mêmes effets que le chêne ou le lierre vénéneux. Mais ils ne sont pas uniques en leur genre. Voilà quelques jours, Charmian, Martin et moi allâmes chasser le pigeon sur une petite île voisine : nous en rapportâmes des démangeaisons qui, depuis, nous donnent un avant-goût des tourments éternels. En outre, il arriva à Martin de se mettre le dessous des pieds en lambeaux comme il courait sur les coraux à la poursuite d'un requin — du moins, telle est sa version — mais à en juger par sa mine déconfite, j'incline plutôt à croire que le squale lui donna la chasse. Toujours est-il que les coupures de corail sont devenues autant d'ulcères. Moi-même, avant mon dernier accès de fièvre, je me suis arraché la peau des doigts en hissant une ligne de pêche. Trois nouveaux ulcères.

Et ce pauvre Nakata ! Depuis trois semaines il n'a pu s'asseoir qu'hier pour la première fois, et pas plus d'un quart d'heure ! Le sourire aux lèvres il nous dit qu'il compte être guéri de son *gari-gari* d'ici un mois. De se gratter avec trop d'ardeur, il a préparé le terrain pour d'innombrables ulcères ! Pour comble de malchance, la fièvre vient de lui livrer sa septième attaque. Si j'étais roi, j'exilerais mes pires ennemis aux îles Salomon. Et puis, non, réflexion faite, je ne me sentirais pas le courage de leur infliger pareil châtiment.

Le transport de la main-d'œuvre indigène, sur un yacht petit et étroit, fait pour courir des régates dans un port, se complique de nombreuses difficultés. Les ponts fourmillent de recrues et de leurs familles ; la cabine principale, pleine à craquer, leur sert de dortoir et nous devons nous frayer un chemin, marcher sur cette humanité grouillante pour gagner l'entrée de notre cabine. Ces gens sont affligés de toutes sortes d'affections cutanées ; certains souffrent de l'impétigo, d'autres de la *boukoua,* maladie causée par un parasite végétal qui envahit l'épiderme, le dévore, et produit une démangeaison intolérable. Les malades se grattent à tel point que l'air s'emplit de pellicules. Puis il y a la *framboesia* (1) et de nombreux autres ulcères de la peau. Les nègres montent à bord avec des plaies si larges sous les pieds qu'ils sont obligés de marcher sur leurs orteils, ou des trous si profonds aux jambes qu'on pourrait y loger le poing. L'empoisonnement du sang est très fréquent, et le capitaine Jansen, armé d'un long couteau et d'une aiguille à voile, procède sans relâche aux opérations. Quel que soit l'état du patient, il ouvre et nettoie la plaie et y applique un emplâtre de biscuit de mer imbibé d'eau. Dès que nous nous trouvons en présence d'un cas particulièrement horrible, nous nous retirons dans un coin et inondons nos

(1) Maladie cutanée, contagieuse, particulière aux nègres. Elle est caractérisée par des tumeurs qui prennent l'aspect de framboises : d'où son nom.

ulcères de sublimé corrosif. N'empêche que nous vivons, mangeons et dormons sur le *Minota,* acceptant notre sort avec bonne humeur.

A Suava, autre île artificielle, j'eus de nouveau l'occasion de rire aux dépens de Charmian. Le grand chef vint nous honorer d'une visite. Avant de monter à bord, il avait dépêché un émissaire auprès du capitaine Jansen pour lui demander un morceau de calicot afin de cacher sa nudité royale, et il attendait patiemment dans sa pirogue, rangée le long du *Minota.* Sans exagération, la crasse sur sa poitrine atteignait un demi-pouce d'épaisseur, et les couches inférieures devaient remonter à dix ou vingt ans. Quelque temps après, son ambassadeur reparut à bord. Il nous expliqua en son patois bêche-de-mer que « le grand maître de Suava » condescendait volontiers à serrer la main du capitaine Jansen et la mienne, voire à nous réclamer un ou deux bâtonnets de tabac, mais que son âme bien née planait à de si hautes altitudes qu'il ne pouvait s'avilir au point de donner une poignée de main à une vulgaire femme.

Pauvre Charmian ! Depuis ses mésaventures à Malaïta, je ne la reconnais plus. Sa douceur et son humilité ajoutent un charme de plus à sa gracieuse personne. De retour à San Francisco, je ne serai nullement surpris de la voir marcher sur un trottoir, tête baissée, à un mètre derrière moi.

Rien de sensationnel ne se produisit à Suava. Bichu, le cuisinier indigène, déserta notre bateau. Le *Minota* chassa sur son ancre. Le vent souffla en rafales, accompagnées de pluie. Le second, M. Jacobsen, ainsi que Wada, furent terrassés par la fièvre. Nos ulcères des Salomon croissaient et se multipliaient. Les cancrelats, célébrant à la fois le Quatorze Juillet et la cérémonie du Couronnement, choisirent l'heure de minuit pour défiler en parade dans notre petite cabine. Ces maudits insectes mesuraient deux à trois pouces de long, et par centaines ils nous passèrent dessus. Quand nous cherchions à les poursuivre, ils quittaient le sol, s'élevaient en l'air et voletaient partout comme des oiseaux-mouches. Ils étaient beaucoup plus volumineux que les pensionnaires du *Snark,* mais ceux-ci, jeunes encore, n'ont pas eu le temps de grandir. Sur le *Snark,* nous sommes également infestés de mille-pattes énormes, longs de six pouces, que nous tuons parfois, le plus souvent dans la couchette de Charmian. Ces infâmes scolopendres m'ont cruellement mordu, par deux fois, pendant mon sommeil. Mais le pauvre Martin fut plus mal partagé encore : après avoir gardé le lit pendant trois semaines, le premier jour de sa convalescence, il s'assit sur un cancrelat.

Quelques jours plus tard, nous retournâmes à Malou, cueillîmes sept recrues et levâmes l'ancre. Nous essayâmes ensuite de pénétrer dans cette passe traîtresse. Le vent tourna de tous les côtés, et le courant qui se précipitait sur la pointe des récifs augmenta de violence. Au moment où nous allions franchir la passe et gagner la haute mer, le vent refusa de quatre quarts. Le *Minota* essaya de virer de bord, mais il manqua son évolution. Nous avions perdu deux de ses ancres à Tulagi et nous mouillâmes la seule qui nous restait. La chaîne fut largement filée afin d'augmenter la tenue. Sa quille heurtait le fond et son mât de flèche oscilla et trembla comme s'il allait s'abattre sur nous. Le

Minota fit tête brusquement sur sa chaîne au moment où une énorme vague le projetait violemment en direction de la rive. La chaîne se brisa. Nous ne possédions que cette ancre ! Le *Minota* fit une abattée et fila droit devant lui, parmi les brisants.

Un affolement général se déclencha à bord. Tous les nègres, pris de panique, se précipitèrent sur le pont et se jetèrent dans nos jambes. Au même instant les hommes d'équipage saisirent leurs fusils. Ils savaient ce que signifiait un échouage sur la côte de Malaïta : une main pour le bateau, et l'autre pour lutter contre les indigènes. Comment ils pouvaient se tenir, je n'en sais rien, mais ils devaient se tenir solidement, car le *Minota* roulait, se soulevait et talonnait sur le récif de corail. Trop sots pour prendre garde au mât de flèche, les broussards s'accrochèrent aux haubans. La baleinière, pourvue d'une remorque, essayait avec peine d'empêcher le *Minota* de se projeter plus avant dans les récifs. Le capitaine Jansen et le second — celui-ci pâle et affaibli par la fièvre — venaient de remonter du lest des soutes, une ancre hors d'usage, et s'occupaient à la munir d'un nouveau jas. Là-dessus, M. Caulfeild, accompagné de son personnel de la mission, arriva dans sa chaloupe pour nous prêter la main.

Avant l'incident, la mer était déserte autour de nous, mais à présent les pirogues, comme des nuées de vautours, surgissaient de partout à la fois. Fusil en joue, les matelots du *Minota* obligèrent les noirs, sous peine de mort, à ne pas approcher de plus de trente mètres. Sombres et sinistres, les pirogues surchargées se groupèrent à distance voulue, les sauvages maintenant leurs embarcations à l'aide des pagaies au bord dangereux du ressac qui venait se briser à cet endroit. Pendant ce temps, les broussards armés de piques, de flèches et de gourdins descendirent par troupeaux des montagnes et afluèrent sur la grève. Pour compliquer les choses, dix au moins de nos recrues appartenaient aux tribus qui attendaient avidement l'instant propice pour piller le tabac et les marchandises d'échange que nous transportions à bord.

Le *Minota* était solidement construit — point essentiel pour tout bateau qui talonne un récif. On se rendra compte de sa résistance du fait même qu'au bout des premières vingt-quatre heures, il perdit deux chaînes d'ancre et huit aussières. Nos hommes se hâtaient de plonger pour aller chercher les ancres au fond de l'eau et amarrer de nouveaux câbles dessus. Parfois le bateau brisait les chaînes renforcées d'aussières, mais, jusque-là, il demeurait indemne. De la rive on apporta trois troncs d'arbres qu'on plaça sous le *Minota,* afin de sauver sa quille et ses fonds, mais les troncs étaient vermoulus et fendus, et les cordes qui les retenaient se cassèrent en plusieurs endroits. Malgré toutes ces précautions, le bateau continuait de talonner et de tenir bon. Cependant, nous fûmes mieux favorisés que l'*Ivanhoé,* une énorme goélette recruteuse qui, plusieurs mois auparavant, s'était échouée sur la côte de Malaïta. Devant l'invasion des indigènes, le capitaine et ses hommes eurent juste le temps de s'échapper dans les chaloupes, et pêcheurs et broussards firent main basse sur tout ce qu'ils purent emporter.

Une succession de grains, un vent violent, une

pluie aveuglante s'abattirent sur le *Minota*. Une forte houle se levait. L'*Eugénie* mouillant à cinq milles de là, derrière une pointe de terre, ne pouvait connaître notre infortune. Suivant le conseil du capitaine Jansen, je griffonnai un billet au capitaine Keller, le priant de nous apporter des ancres et de venir à notre aide. Mais aucun noir ne voulait porter la lettre, même au prix d'une demi-caisse de tabac. Pour toute réponse, ils se mirent à ricaner dans leurs pirogues dont ils continuaient à maintenir l'avant contre les vagues. Une demi-caisse de tabac valait bien trois livres sterling. En deux heures, même par cette mer agitée, l'un des nègres pouvait délivrer cette lettre et recevoir en paiement une marchandise représentant six mois de salaire sur la plantation. Je parvins à descendre dans une pirogue et je pagayai jusqu'à l'endroit où M. Caulfeild était en train d'élonger une ancre avec sa baleinière. Je m'imaginais qu'il exercerait plus d'influence que moi sur les indigènes. Il les appela. Une vingtaine de pirogues vinrent se ranger autour de lui, et il renouvela l'offre d'une demi-caisse de tabac. Personne ne répondit.

« Je sais ce qui se passe dans vos têtes ! leur cria le missionnaire : vous pensez beaucoup de tabac sur goélette et vous l'avoir. Ecoutez ceci : beaucoup fusils sur goélette. Vous pas recevoir tabac, mais balles. »

En fin de compte, un homme, seul dans une petite pirogue, prit la lettre et se mit en route. En attendant du secours, on se mit bravement à l'œuvre sur le *Minota*. Quand ses réservoirs d'eau douce furent vidés, les espars, les voiles et le lest furent mis du même bord, du côté de la terre.

Il aurait fallu voir le branle-bas général lorsque le *Minota* se mit à rouler d'un bord sur l'autre. Les hommes, une vingtaine au moins, bondissaient en l'air pour garer leurs jambes des caisses de marchandises, des espars, des saumons de fonte pesant vingt kilos que le mouvement du bateau lançait continuellement d'un bord à l'autre. Le pauvre yacht de plaisance !

Ses manœuvres courantes et dormantes s'enchevêtrèrent lamentablement. Dans les cales, tout était sens dessus dessous. On avait dû défoncer le parquet pour arriver au lest, et l'eau, pleine de rouille, clapotait et éclaboussait partout. Un boisseau de citrons, dans un gâchis d'eau et de farine, allaient et venaient comme de petits beignets poisseux échappés, à demi cuits, d'une poêle à frire. Dans la cabine intérieure, Nakata montait la garde auprès de nos fusils et de nos munitions.

Trois heures après le départ de notre messager, une baleinière, toutes voiles dehors, sortit subitement d'un grain épais, au vent à nous. C'était le capitaine Keller, trempé de pluie et d'embruns, le revolver à la ceinture, ses hommes d'équipage armés jusqu'aux dents. Les ancres et les aussières formaient un tas imposant au milieu de son bateau, qui filait aussi vite que le vent pouvait le porter. Le blanc — l'inévitable blanc — accourait au secours de son frère, l'homme blanc !

Les pirogues, tels des rapaces qui attendaient patiemment leur proie, s'enfuirent aussi vite qu'elles étaient venues. Le cadavre convoité recouvrait la vie ! Nous possédions à présent trois baleinières, deux faisant continuellement la navette entre le bateau et la rive ; sur l'autre, les hommes s'occupaient à élonger des ancres, à faire des nœuds dans des aussières cassées, à rechercher les ancres perdues.

Etant donné qu'un certain nombre de nos matelots et dix des recrues étaient natifs de cet endroit, nous décidâmes, au cours de l'après-midi, de désarmer les hommes d'équipage. Cette mesure nous permit d'employer tout le monde au sauvetage du bateau. Les fusils furent confiés à cinq des frères de missions au service de M. Caulfeild.

En bas, dans la cabine délabrée, le missionnaire et ses frères convers s'agenouillèrent pour supplier le Seigneur de sauver le *Minota.* Scène impressionnante : l'homme de Dieu, sans armes, priant avec une foi ardente, à côté de ses disciples sauvages appuyés sur leurs fusils et murmurant des « ainsi soit-il ». A chaque coup de lame, le bateau se soulevait et retombait avec fracas sur le corail. Du pont nous parvenaient les cris des hommes, peinant et s'acharnant au travail — autre forme de prière de la volonté consciente soutenue par la force du poignet.

Cette nuit-là, M. Caulfeild vint nous avertir que la tête de l'une de nos recrues avait été mise à prix pour cinquante brasses de monnaie de coquillages et quarante cochons.

Déjoués dans leur désir de capturer le *Minota,* les broussards avaient décrété la mort de cet homme. Lorsque les massacres commencent dans ce pays-là, on ne sait quand ils s'arrêteront ; aussi, le capitaine Jansen arma une baleinière et l'amena à la rame jusque près de la rive. Le capitaine voulait prévenir les sauvages que toute pirogue aperçue pendant la nuit recevrait une salve nourrie de plomb. Ougi, un de ses matelots, se leva pour prendre la parole en son nom. Mais il était si surexcité qu'il transforma la déclaration du capitaine en une véritable déclaration de guerre, avec une péroraison de ce goût :

« Vous tuer mon capitaine, moi boire son sang et mourir avec lui ! »

Les noirs se contentèrent d'incendier une hutte de missionnaire inoccupée et regagnèrent subrepticement leur brousse.

Le lendemain, l'*Eugénie* arrivait et jetait l'ancre. Pendant trois jours et trois nuits le *Minota* continua de talonner sur le récif, sans pour cela se disjoindre. Enfin, nous pûmes le dégager et amener le bateau en eau calme. Nous lui adressâmes nos adieux, ainsi qu'à tout le monde à bord, et nous nous éloignâmes sur l'*Eugénie,* à destination de l'île de Florida (1).

(1) Afin de démontrer que les passagers du *Snark* ne sont tout de même pas des mazettes, comme on serait tenté de le croire d'après nos fréquentes maladies, je crois utile de relever les témoignages suivants sur le livre du bord de l'*Eugénie.* Ce n'est là qu'un échantillon d'une croisière dans les îles Salomon.

Ulava, jeudi 12 mars 1908.

Le canot va à terre dans la matinée. Embarquons deux chargements de noix d'ivoire, 4000 copras. Capitaine alité avec la fièvre.

Ulava, vendredi 13 mars 1908.

Achetons noix aux broussards, une tonne et demie. Second et capitaine alités avec la fièvre.

Ulava, samedi 14 mars 1908.

A midi, virons l'ancre et poursuivons notre route avec un vent E.-N.-E. très léger, pour Ngora-Ngora. Mouillé par huit brasses d'eau, fond de coquillages et coraux. Second alité avec la fièvre.

Ngora-Ngora, dimanche 15 mars 1908.

Au petit jour, nous découvrons que le nègre Bagna a succombé pendant la nuit des suites d'une dysenterie. Malade durant quatorze jours environ. Au coucher du soleil, gros grain de N.-O. (Deuxième ancre parée à mouiller.) A duré une heure trente minutes.

En mer, lundi 16 mars 1908.

Fait route sur Sikiana. A 4 heures du soir, le vent se calme. Gros grain pendant la nuit. Capitaine alité avec la fièvre, ainsi qu'un homme.

En mer, mardi 17 mars 1908.

Capitaine et deux hommes alités avec dysenterie. Second, fièvre.

En mer, mercredi 18 mars 1908.

Mer houleuse. Lisse sous le vent, ne cesse d'être submergée. Voilure : grand-voile le ris pris, trinquette, petit foc. Capitaine et trois hommes dysenterie. Second, fièvre.

En mer, jeudi 19 mars 1908.

Temps trop brumeux pour permettre de distinguer quoi que ce soit. Coups de vent, sans discontinuer. Pompe obstruée. Ecopons avec seaux. Capitaine et cinq hommes alités avec dysenterie.

En mer, vendredi 20 mars 1908.

Pendant la nuit, grain suivi de rafales. Capitaine et six hommes alités avec dysenterie.

En mer, samedi 21 mars 1908.

Revenons de Sikiana. Grain toute la journée, avec fortes pluies et mer agitée. Capitaine et la plupart des hommes d'équipage alités avec dysenterie. Second, fièvre.

Ainsi qu'on le voit, le journal de bord continue, bien que la majeure partie d'entre nous soient malades. Le seul ennui grave nous advint le 31 mars : le capitaine et le second gardèrent tous deux le lit, l'un avec la fièvre, et l'autre atteint de dysenterie.

CHAPITRE XVI

ANGLAIS « BÊCHE DE MER » (1)

A en croire les relations des négociants blancs itinérants, bon nombre de langues ou de dialectes pratiqués sur de vastes superficies nécessitent que les transactions se fassent à l'aise d'un sabir adéquat, parfaitement illogique mais très efficace ! Ce fut, par exemple, le cas lorsque les trafiquants ont inventé le *Chinook,* véritable jargon en usage dans la Colombie britannique, l'Alaska et les territoires américano-canadiens du Nord-Ouest ; de même avec le Kroo-boys (2) africain, l'anglais pigeon (3) en Extrême-Orient et le fameux « Bêche de

(1) Ce chapitre était absent de la traduction que nous utilisons ici. Il a été ajouté spécialement pour cette édition de 1986, traduit par Charles-Noël Martin qui a également rédigé les notes explicatives. (N.D.E.)

(2) « Boy » étant entendu ici avec le sens de « domestique » ou de « porteur » ; un « boy » tel que les films sur l'épopée anglaise aux Indes et en Afrique — les *Tarzan* par exemple — ont rendu ce personnage populaire en France à une certaine époque.

(3) Pigeon ou pidgin, que l'on traduit par « petit-nègre ».

Mer » (1) dans la partie Sud-Ouest du Pacifique. On le dit parfois anglais pidgin ou pigeon mais c'est à tort car il n'en est pas du tout ; pour en avoir la preuve, il suffit de remarquer que le classique « piecee » (2) de Chine en est totalement absent alors que c'est un mot de base dans l'anglais pigeon pratiqué en Asie.

Prenons un exemple : celui d'un commandant de navire qui désire parler dans sa cabine à un potentat nègre à ce même moment sur le pont. Le capitaine dira alors à son steward, si c'est un Chinois : « Hé, boy ! tu vas là-haut m'attraper cette espèce (piecee) de roitelet. » Mais si le steward en question est natif des Nouvelles-Hébrides ou des îles Salomon, il exprimera son ordre tout différemment et de la façon suivante : « Hé, toi fella boy ! va jeter ton œil à toi le long du pont et amène-moi fella le gros maître fella qu'est l'homme noir (3). »

Ce jargon a été forgé par les premiers explorateurs qui se sont aventurés à travers les îles de la Mélanésie. L'anglais Bêche de Mer a surtout été développé par les pêcheurs de bêches-de-mer (4)

(1) C'est un terme spécifiquement anglais, tel quel, malgré sa formation à partir de mots français ; une autre note, un peu plus loin, en donne la curieuse origine.

(2) Que l'on peut rendre par « espèce » tel qu'il se trouve dans « espèce de ballot » par exemple ; ce mot veut tout dire... et ne rien dire !

(3) Jack London explique par la suite que le mot passe-partout « fella » (qui n'a rien à voir avec le fellah (paysan) arabe) est l'équivalent approximatif du « piecee » chinois.

(4) La bêche-de-mer, mot anglais répétons-le, est en français le « trépang » (du malais « tripang »). C'est un animal marin, une holothurie qui, une fois séchée au soleil et par le

précisément, les pêcheurs de perles et les recruteurs de main-d'œuvre. Les dialectes parlés dans les îles Salomon sont multitude : jamais les trafiquants n'auraient pu les apprendre tous, et plus ils avançaient, plus le nombre de ces patois augmentait. Une langue unique s'imposait, suffisamment simple pour qu'un enfant puisse l'apprendre, avec un vocabulaire aussi limité que l'intelligence des sauvages auquel il s'adressait. Evidemment, les voyageurs ne firent pas un tel calcul de manière délibérée : l'anglais Bêche de Mer s'est en réalité formé selon les conditions et les circonstances rencontrées. La fonction précède l'organe et la nécessité d'un langage universel à l'usage des Mélanésiens précéda l'anglais Bêche de Mer dont la structure fut purement fortuite tout en suivant néanmoins des voies parfaitement déterminées. Outre sa nécessité, cette langue artificielle constitue une superbe raison de « pouvoir être » aux fanatiques de l'espéranto !

***

---

feu, est employée dans des soupes gélatineuses fort appréciées des Chinois pour ses propriétés aphrodisiaques. Ces échinodermes font entre cinquante centimètres et un mètre de long, et on les trouve, entre autres, sur les récifs coralliens de l'Australie septentrionale (en Californie également). Les pêcheurs de bêches-de-mer leur ont donné initialement le nom portugais de « Bicho da Mar » qui est curieusement devenu l'anglais « Bêche de Mer » pour le langage. Notons que l'animal est féminin, s'écrit avec un trait d'union et en minuscules, alors que le langage est masculin, n'a pas de trait d'union et comporte des majuscules !

Un vocabulaire restreint implique que chaque mot s'emploie dans un grand nombre de circonstances. Ainsi, « *fella* » en Bêche de Mer signifie tout ce que le « *piecee* » du pidgin chinois implique et même un peu plus : on l'utilise à tout bout de champ. Un autre mot d'usage continuel, c'est *belong* (1). Rien ne peut signifier quoi que ce soit s'il est employé seul : tout est forcément en relation avec quelque chose d'autre, de concret ; une chose désirée est forcément désignée dans sa liaison avec d'autres choses. Un vocabulaire primitif exige des expressions primitives. Ainsi, la persistance de la pluie s'exprime par « *pluie il s'arrête* » (2). « *Le soleil il grimpe* » ne fait aucune ambiguïté et cette structure de phrase fait un usage sans aucune restriction mentale avec une profusion de significations (3), tel, par exemple, cet indigène qui veut faire comprendre qu'il y a là beaucoup de poissons et qui dira « *poissons il s'arrête* » (4).

J'appris l'excellence de ce langage en commerçant sur l'île Isabelle (5). Je désirai deux ou trois

(1) Littéralement « *appartient à* » ; mais il convient mieux dans le sens plus vague « *aller* » comme on dit « un habit *va* bien » ou dans l'expression « ça me *va* ».

(2) Comprenons « comme la pluie continue il est obligé de s'arrêter pour s'abriter ».

(3) Jack London a écrit « ten thousand » c'est-à-dire « dix mille » mais il a manifestement exagéré ! Nous préférons rétablir les choses plus près de la réalité.

(4) On comprendra évidemment qu'il y a tellement de poissons qu'il s'arrête (pour les pêcher).

(5) Plus connue sous le nom de *Santa Isabel*, une des îles de l'archipel des Salomon qui était possession allemande avant 1918 et qui fit l'objet de vifs combats navals et terrestres lors de la guerre entre les U.S.A. et le Japon : le nom de Guadalcanal est resté dans les mémoires.

paires de ces coquillages géants — ils mesurent un mètre (1) — mais je ne voulais pas de la chair qu'ils contiennent. En revanche, je voulais déguster d'autres coquillages plus petits sous forme de bouillabaisse. Après bien des réflexions, mes instructions aux indigènes prirent la forme suivante : « *Toi fella, tu apportes à fella moi un gros fella coquillage — kaï-kaï il ne s'arrête pas, il se promène. Toi fella tu apportes fella moi des fellas petits coquillages — kaï-kaï il s'arrête.* »

Kaï-kaï est le terme polynésien employé pour *nourriture, viande, repas* et *manger ;* mais il est bien difficile de préciser si son introduction en Malaisie a été le seul fait des commerçants de bois de santal ou bien une des vagues de Polynésiens émigrant vers l'Ouest. « *Il se promène* » (2) est une expression bizarre. Si l'on veut demander à un marin natif des îles Salomon d'avoir à fixer un palan sur un mât, il faudra lui dire : « *ce fella palan se promène de trop !* ». Si le même marin veut se rendre à terre, il assurera qu'il désire « *se promener* » et, toujours lui, s'il a le mal de mer : « *le ventre appartenant à moi se promène un peu de trop* ». Notons au passage que le « *de trop* » (3) n'indique nullement qu'il y ait quelque chose d'excessif : c'est en réalité le superlatif simple. Ainsi, si on demande à un indigène la distance qu'il y a jusqu'à un certain village, sa réponse aura quatre gradations :

— près d'ici,

(1) Ce coquillage géant — dit tridacne — est décrit et fait l'objet d'un dessin au début de *Vingt Mille Lieues sous les mers,* de Jules Verne.

(2) *To walk about.*

(3) *Too much.*

— un long trajet pas trop,
— un long trajet beaucoup,
— un long trajet de trop.

Le « *long trajet de trop* » ne signifie pas que le village est inaccessible mais qu'il est situé plus loin qu'un très long trajet.

« *Gammon* » (1), c'est mentir, exagérer, plaisanter. *Mary* désigne une femme ; toute femme se dit « *Mary* » et toutes les femmes en général sont dites des « *Marys* ». Il ne fait aucun doute que le premier voyageur anonyme à s'aventurer dans ces îles n'ait donné par plaisanterie le nom de Mary à une femme indigène et ce procédé amusant s'est étendu à bien d'autres mots du Bêche de Mer. Tous les Blancs étaient nécessairement marins de sorte que les mots « *chavirer* » (2) et « *chanter un brin* »(3) se trouvèrent introduits dans ce sabir. On ne dira pas à un maître queux mélanésien de remplir le seau mais de le « *chavirer* » ; quant à « *chanter un petit air* » il a son sens maritime, c'est « *crier à voix forte* », « *appeler* » ou même simplement « *parler* ». Une véritable chanson se dit « *sing-sing* ». Les indigènes convertis au christianisme n'ont pas l'idée que Dieu « *appelle* » Adam dans le Paradis terrestre ; non ! pour eux Dieu lui « *chante un petit air* » !

« *Savvee* » ou « *catchee* » sont pratiquement les deux seuls mots empruntés à l'anglais pigeon qui se soient glissés dans ce sabir.

(1) En anglais : blaguer.
(2) En anglais, « *capsize* » a le sens de chavirer ou prendre eau.
(3) *Sing out*, littéralement chanter un petit air... mais, en termes spéciaux de marine, c'est « *crier un ordre* ».

Naturellement, « *pickaninny* » (1) est associé à « *à cause de* », « *en provenance de* », certains de ses usages étant absolument délicieux. C'est ainsi qu'ayant acheté une volaille à un indigène en canoë, il me demanda ensuite si je voulais « *pickaninny fella arrêter venant d'elle* ». J'hésitais en me demandant ce qu'il pouvait bien vouloir dire et je ne compris que lorsqu'il me montra un tas d'œufs de poule dans le creux de ses mains. « *My word !* » (2) est une exclamation qui revient des centaines de fois avec des tas de significations ; aucune hésitation à avoir sur ses origines « vieille Angleterre » ! Une *pagaie,* un *aviron,* une *rame* portent le nom de « *washee* » (3), mot qui désigne également l'action de faire avancer un canoë.

***

Voici, à titre d'exemple, la lettre dictée par un certain Peter, marchand indigène de Santa Anna, adressée à son employeur. Harry, le capitaine d'une goélette, commença la lettre de façon classique mais Peter l'arrêta à la seconde ligne et se mit à dicter à sa manière, tant il craignait que le capitaine « *ne plaisante de trop* » et il voulait que la véritable histoire et ses revendications propres parviennent au siège.

(1) *Pickaninny* désigne en anglais « *le mioche* », comprenons ici « *le petit de* ».

(2) Interjection typiquement anglaise signifiant : « *fichtre* », « *mince alors !* », « *elle est raide celle-là !* ».

(3) Si l'on veut : laver en frottant dans l'eau.

Santa Anna

Le négociant Peter a travaillé douze mois pour votre Société et n'a pas encore reçu le moindre paiement ; il réclame de ce fait 12 livres sterling. (C'est à ce moment que Peter s'est mis à dicter (1).) Harry il blague (ou ment) (*gammon*) le long de lui (*along him*) tout le temps (*all the time*) beaucoup trop (*too much*).

J'aime (« *I like* » dans le sens ici, de *donner* ou *procurer*) lui 6 boîtes de biscuits, 4 sacs de riz, 24 boîtes de corned-beef (*bullamacow*) ; j'aime lui deux rifles. Moi confié (*savvee*) surveillance (*look out*) le long du bateau, plusieurs endroits où je (suis) allé lui pas bon ; lui *kaï-kaï* le long de moi.

PETER

« *Bullamacow* » désigne la boîte de conserve de viande de bœuf, que nous appelons du corned-beef. Ce mot a été pris de l'anglais et déformé par les Samoens qui l'ont communiqué aux voyageurs, lesquels l'ont diffusé aux Mélanésiens. Le capitaine Cook et les premiers navigateurs à lui succéder introduisirent semences, plantes et animaux domestiques. Un de ces navigateurs débarqua dans

(1) On retrouve donc ici les mots et les expressions du Bêche de Mer, détaillés dans ce qui précède et que nous mettons entre parenthèses. Traduisons ces lignes : « *Harry n'arrête pas de mentir (ou plaisanter) un tantinet. Je lui ai fourni six boîtes de biscuits, quatre sacs de riz, vingt-quatre boîtes de « singe », également deux fusils. En outre, j'ai assuré la garde sur le bateau et plusieurs des endroits où il m'a envoyé ne me plaisaient pas ; de plus il s'est procuré des vivres à mon détriment.* »

une île des Samoa un taureau et une vache : « Voilà un Taureau (*Bull*) et une (*and a*) Vache (*Cow*) », leur dit-il. Les Samoens pensèrent qu'il avait donné leur nom collectif ainsi que celui de leur descendance. De ce jour, aussi bien le bœuf sur pied que sa viande en conserve ont pris là-bas le nom de *bullamacow*.

L'indigène des Salomon n'arrive pas à prononcer « *fence* » (la haie qui sert de barrière), laquelle devient « *fennis* » en Bêche de Mer ; de même « *store* » (provision) devient dans leur bouche « *sittore* » et « *box* » (une boîte) se prononce chez eux « *bokkis* ». L'habitude est de protéger les malles-cantines à l'aide d'une clochette fixée à la serrure : on ne peut la forcer et soulever le couvercle sans faire sonner cette clochette qui alerte ainsi son propriétaire. Une cantine protégée de cette façon porte le nom de « *cloche appartient à bokkis* ».

« *Fright* » est le correspondant Bêche de Mer de « *crainte* » (1). Si un indigène paraît quelque peu réservé, intimidé et qu'on lui en demande la cause, il est possible qu'il réponde : « *Moi crains à cause de toi beaucoup trop.* » Ou alors on peut « *craindre à cause de l'orage* », ou « *de la bête sauvage tapie sous le buisson* », ou encore les endroits hantés. « *La croix* » (*cross*) désigne toutes sortes de raisons de se mettre en colère. Un homme peut se mettre « *en croix* » contre un autre uniquement parce qu'il est irrité ou encore quand il cherche à vous couper la tête d'un coup de hachette pour vous faire

(1) « *Fright* », c'est en réalité *l'effroi* alors que « *crainte* » se dit « *fear* » en anglais.

ensuite bouillir et vous manger. Une recrue, après avoir travaillé trois années dans une plantation, était de retour dans son village de Malaïta (1) ; il était vêtu d'habits disparates à la fois de sport et surtout de toutes les couleurs, coiffé d'un haut-de-forme. Il avait avec lui une cantine remplie de calicots, de verroterie, de dents de tortue et de tabac. L'ancre n'était pas encore jetée que tout le village se trouvait déjà à bord. Le manœuvre cherchait anxieusement quelqu'un de sa famille mais il n'en vit aucun. Un des indigènes lui prit sa pipe de la bouche, un autre lui détacha carrément les colliers de verroterie qu'il portait en sautoir, un troisième s'empara de son pagne aux couleurs criardes et le quatrième essaya son haut-de-forme, oubliant ensuite de le lui rendre. Pour finir, un autre prit tout simplement la cantine qui représentait le fruit de trois ans d'un dur labeur et la laissa glisser jusqu'à un canoë qui avait accosté le long du brick. « *Ce fella est de chez toi ?* » demanda le capitaine à l'ouvrier agricole en désignant le voleur : « *Non ! lui pas appartenir moi* », répondit l'intéressé. « *Alors, pourquoi diantre lui laisses-tu prendre ta cantine ?* » s'indigna le capitaine : « *Il parle à moi à propos de lui, il dit que la bokkis il s'arrête et ce fella il fait croix à propos de moi* (2) », manière bien à lui de faire comprendre que l'homme le tuerait, s'il s'opposait ! La colère de

(1) Malaïta est une des îles des Salomon, à côté de Santa Isabel.

(2) Traduisons ce Bêche de Mer : « *Cet individu m'a prévenu que ma cantine lui plaisait, qu'il avait l'intention de se l'approprier ou qu'il se mettrait en colère (en croix) après moi* » ; sous-entendu : « *Il me tuera si je m'y oppose.* »

Dieu quand il provoqua le Déluge était un excellent exemple d'être « en croix » contre l'Humanité !

« *Quel nom?* (1) » constitue une grande question du Bêche de Mer, sa signification étant fonction de la façon dont elle est prononcée. Elle peut signifier : « *Que faites-vous actuellement?* » ou « *Que voulez-vous prouver par cette conduite scandaleuse?* », « *Que désirez-vous?* » ou encore « *Après quoi en avez-vous?* », « *Vous feriez bien de vous méfier!* », « *J'exige une explication!* » et des tas d'autres choses encore. Appelez un indigène en l'obligeant à sortir de sa hutte au milieu de la nuit et il vous demandera : « *Quel nom vous me chantez à mon propos?* »

***

Essayez d'imaginer ce que peut être le prêche d'un prêtre allemand (2) dans les plantations de l'île Bougainville, obligé d'apprendre le Bêche de Mer pour s'adresser aux travailleurs indigènes; c'est, pour lui, une langue tout à fait non scientifique, faite de bric et de broc et qu'aucun manuel ne permet d'apprendre. Aussi c'est une source permanente de plaisanteries dénuées de tout respect envers la religion de la part des planteurs et des commerçants blancs quand ils écoutent les prêcheurs allemands parler lentement avec force circonlocutions et abréviations qui tentent de

(1) « *What name?* »

(2) N'oublions pas que Jack London écrivit ces pages en 1914 alors que l'archipel des îles Salomon appartenait encore à l'Allemagne.

rejoindre un patois ne possédant ni grammaire ni dictionnaire !

Un grand nombre d'insulaires des Salomon furent recrutés il y a quelques années pour travailler dans les plantations de sucre du Queensland, en Australie (1). Un missionnaire eut l'idée d'insister auprès de l'un de ces ouvriers — déjà converti, bien sûr — lui demandant de s'habiller convenablement et de faire un prêche à un groupe d'indigènes en provenance des Salomon et qu'un bateau venait de débarquer. Il choisit pour sujet « *la Chute de l'Homme* » et son histoire est devenue un classique dans toute l'Australie. Voici à peu près ce que cela donne (2).

Tous ensemble, vous boys appartenant aux Salomon vous pas avoir confiance de l'homme Blanc; moi, fella, j'ai confiance de lui. Moi fella me confie de dire histoire le long de l'homme Blanc.

Avant très longtemps aucun endroit il s'arrête. Dieu grand fella maître appartient l'homme Blanc; à lui fella Il fait eux entièrement. Dieu grand fella maître appartient l'homme Blanc. Il lui fait grand

(1) Donc au moment précis où débute le célèbre roman de Colleen Mac Cullough : *Les oiseaux se cachent pour mourir* et dont une partie se déroule justement dans les plantations sucrières du Queensland australien.

(2) Evidemment, dans le récit qui suit comme pour tout le chapitre que l'on vient de lire, il ne faut pas oublier que sa traduction était d'une difficulté folle — une quasi-gageure — puisque le sabir en question est fait de mots *anglais*. Comment rendre en français des mots anglais estropiés, modifiés ? Nous l'avons tenté, quand même, du mieux possible, en espérant que le lecteur s'amusera autant à le lire que nous nous sommes amusé à le « traduire ».

fella Jardin. Lui bon fella beaucoup trop ; le long du jardin profusion d'ignames il arrête, profusion de noix de coco, profusion de taros, profusion de kumaras (patates douces), *entièrement le bon fella kaï-kaï beaucoup trop.*

Bientôt le grand fella maître à propos de l'homme Blanc Il fait fella homme et le place le long du Jardin le long de Lui. Il appelle ce fella homme Adam ; Il donne à lui ce nom. Il place ce fella homme Adam le long du Jardin et Il parle : « Ce fella Jardin il t'appartient. » Et puis Il regarde le fella Adam qui marche beaucoup trop. A Lui le fella Adam il donne la même maladie : lui pas vouloir kaï-kaï ; il marche tout le temps et Dieu Lui pas savoir. Dieu le grand fella maître au sujet de l'homme Blanc Il se gratte la tête à son propos à Lui. Dieu dit : « Quel nom ? » Moi pas comprendre le « nom » que ce fella Adam il veut.

Alors que Dieu il grattait la tête appartenant à Lui beaucoup trop, il dit : « Moi fella Moi savoir que lui fella Adam lui vouloir une Mary. » Aussi il fait Adam lui endormir, Il prend un fella os appartenant à lui et il fait une Mary le long de l'os. Il appelle Lui cette fella Mary Eve. Il donne cette fella Eve le long d'Adam et il parle Lui le long du fella Adam : « Ayez l'œil tous ensemble au sujet de ce fella Jardin à propos de vous deux fellas. Un des fellas arbres il tambo (1) *le long de vous ensemble. Ce fella arbre à propos de pomme. »*

Ainsi Adam Eve deux fellas s'arrêtèrent le long du Jardin et ces deux fellas se donnèrent du bon temps beaucoup trop. Bientôt, un jour, Eve elle vint le

(1) Le mélanésien « *tambo* » = le polynésien « *tabou* ».

long d'Adam et elle parla : « Bien plus toi, moi, deux fellas (si) nous mangeons cette fella pomme. » Adam il parle : « Non ! » et Eve elle parle : « Quel nom ? tu ne m'aimes pas ! » Et Adam il parle : « Moi aimer toi beaucoup trop mais moi craindre le long de Dieu. » Et Eve elle parle : « Plaisanterie ! Quel nom ? Dieu Il pas regarder le long de nous deux fellas tout le temps ; Dieu grand fella maître, Il se moque bien de toi ! » Mais Adam il parle : « Non ! » Mais Eve elle cause, cause, cause tout le temps comme toutes les Marys elles parlent le long des garçons le long du Queensland et elles font trouble le long des garçons. Et bientôt Adam est fatigué beaucoup trop et il parle : « Ça va ! » Ainsi ces deux fellas ils vont manger. Quand ils ont fini de manger, mazette ! ils ont peur comme l'enfer et ils vont se cacher le long de taillis dans brousse.

Et Dieu Il vient faire promenade le long du Jardin et Il chante une chanson : « Adam ! » Adam il ne parle pas ; lui beaucoup trop craintes. « Mon nom ! » et Dieu il chante un petit air : « Adam ! » Et Adam il parle : « Vous appelez moi ? » Dieu Il parle : « Moi t'appeler beaucoup trop ! » Adam il parle : « Moi dormir fella beaucoup trop. » Et Dieu Il parle : « Vous avoir été manger cette fella pomme. » Adam il parle : « Non ! moi pas l'avoir mangée ! » Dieu Il parle : « Quel Nom ? toi mentir le long de Moi ! tu as été manger ! » Et Adam il parle : « Oui ! moi avoir été manger ! »

Et Dieu grand fella maître il croix le long d'Adam, Eve, deux fellas beaucoup trop. Et il dit : « Vous deux fellas fini le long de moi tous ensemble. Vous allez attraper les boîtes (malles) *vous appartenant et vous aller enfer le long de brousse. »*

Ainsi Adam Eve ces deux fellas aller le long de brousse. Et Dieu Il fait une grande barrière tout autour du Jardin et Il fait un fella maître appartenant à Dieu le long de la barrière. Et Il donne à ce fella maître le long de Dieu un grand fella mousquet et il parle : « S'pose (1) *tu vois ces deux fellas Adam Eve tu tires dessus à profusion beaucoup trop. »*

(1) Suppose.

CHAPITRE XVII

LE MÉDECIN AMATEUR

A notre départ de San Francisco, j'en savais autant, en matière de médecine, que l'amiral suisse en connaît sur l'eau salée. Si, aujourd'hui, quelqu'un s'adressait à moi avant d'entreprendre une longue croisière dans les régions tropicales, je lui donnerais sans hésiter ce conseil : entrez dans une grande pharmacie, voyez un chef de rayon qualifié, et expliquez-vous avec lui. Prenez minutieusement note de toutes ses indications, faites-vous dresser une liste, avec prix, des produits qu'il vous recommandera, rédigez un chèque représentant la somme totale et déchirez-le aussitôt.

Que n'ai-je procédé de la sorte ? J'eusse été plus avisé, je le reconnais, qu'en me procurant une de ces pharmacies portatives faites en série, au fonctionnement automatique et sans danger, si recherchées par les capitaines de quatrième ordre. Dans ces coffrets, chaque flacon est numéroté. A l'intérieur du couvercle, on peut lire ce simple mode d'emploi : N° 1, mal de dents ; N° 2, petite vérole ; N° 3, mal d'estomac ; N° 4, choléra ; N° 5, rhumatisme, et ainsi de suite, en passant par toute la gamme des maladies humaines. J'aurais pu m'en servir comme certain vénérable capitaine de ma connaissance ; lorsque, par exemple, le flacon N° 3 était vide, il mélangeait une dose du N° 1 avec le N° 2, et si le N° 7 ne contenait plus rien, il soignait ses hommes avec une partie du N° 4 et du N° 3 jusqu'à ce que l'un des deux flacons fût épuisé ; alors il prenait les N°s 5 et 2.

Jusqu'ici, à l'exception du sublimé corrosif (qui me fut recommandé comme antiseptique dans les opérations chirurgicales et que je n'ai pas encore employé à cette intention), non seulement mon coffret pharmaceutique ne m'a servi à rien, mais il tient inutilement une place précieuse.

Il en va autrement de mes instruments chirurgicaux. Bien que je n'aie pas encore eu l'occasion d'y recourir pour un cas grave, je ne regrette point l'espace qu'ils occupent. Le seul fait d'y penser me réconforte. Ils représentent pour moi une espèce d'assurance sur la vie, à cela près que la perspective en est moins sinistre : point n'est besoin de mourir pour gagner la partie. Bien entendu, j'ignore la manipulation de ces instruments, mais je m'en console en songeant qu'avec mon faible bagage de science médicale, une douzaine de charlatans pourraient monter clinique et prospérer à coup sûr. Mais nécessité fait loi, et nous ne savons pas quand il lui prendra fantaisie de nous mettre à l'épreuve... qui sait ? Peut-être à un millier de milles de toute terre, ou à vingt jours du port le plus proche.

J'étais absolument nul en ce qui concerne l'art dentaire ; néanmoins, un mien ami m'a approvisionné en daviers et autres armes semblables, et il m'arriva de tomber à Honolulu sur un arsenal du parfait dentiste. J'ai réussi également à me procurer un crâne, dont j'ai extrait les dents rapidement et sans douleur. Ainsi équipé, j'étais prêt, sinon empressé, à taquiner toute dent qui s'offrirait à moi.

Ce fut à Noukou-Hiva, dans les îles Marquises, que mon premier client se présenta, sous la forme d'un vieux Chinois. Tout d'abord, il me flanqua le trac. Je laisse aux gens de bonne foi le soin de conclure si le trac, avec tout son cortège de palpitations et de tremblements épileptiques, peut mettre en posture favorable un ignorant qui s'efforce de poser au praticien expérimenté.

Je ne me moquai pas pour autant du fils du Ciel, aussi effrayé que moi, d'ailleurs, et tremblant davantage. Je faillis même oublier ma frousse, de crainte que le bonhomme ne s'échappât d'entre mes mains. Je vous jure qu'en ce cas je n'aurais pas hésité à le renverser d'un croc-en-jambe et à m'asseoir sur lui jusqu'à ce que le calme et la raison lui revinssent !

Je désirais à tout prix arracher cette dent. Et Martin voulait me prendre un instantané au moment même de l'opération. Charmian elle-même s'arma de son Kodak. Alors la procession se mit en route. Nous logions dans la maison qui servait autrefois de club, lors de l'arrivée de Stevenson aux Marquises dans le *Casco*. Sous la véranda où l'auteur anglais avait passé des heures si agréables, la lumière n'était pas propre aux instantanés.

Une chaise à la main, l'autre pleine de daviers de toutes sortes, mes genoux s'entrechoquant comme ceux d'un polichinelle, je me dirigeai vers le jardin. Le pauvre vieux Chinois, flageolant également sur ses jambes, déambulait derrière moi. Charmian et Martin, munis de leur appareil photographique, fermaient la marche. Nous nous enfonçâmes sous les poiriers-avocats, puis parmi les cocotiers, et arrivâmes enfin à un endroit où Martin, de son œil artiste, nous fit signe d'arrêter.

J'examinai la dent. Impossible de me rappeler la forme exacte des dents que j'avais arrachées du crâne cinq mois auparavant ! Celle-ci avait-elle une racine ? deux ? trois ? Ce qui subsistait de la partie encore visible paraissait bien fragile, et il me faudrait saisir la dent très loin dans la gencive. Jugeant indispensable de savoir en combien de racines se divisait cette dent, je revins à la maison chercher le manuel du dentiste. Ma pauvre victime ressemblait à certains criminels chinois dont j'ai vu quelque part la photographie, qui se tiennent à genoux en attendant d'être décapités par le coup de glaive.

« Ne le laissez pas s'échapper ! recommandai-je à Martin. Je veux cette dent !

— N'ayez crainte ! répliqua-t-il avec ardeur. Je tiens autant à ma photo. »

Pour la première fois, j'éprouvai quelque pitié envers le Chinois. Bien que le manuel n'indiquât pas la manière d'arracher les dents, je trouvai à la page 1 un diagramme où figuraient toutes les dents, avec les racines et leur emplacement dans la mâchoire. Vint alors le dilemme des daviers. Sur sept instruments, je ne savais lequel prendre et je ne voulais opérer qu'à coup sûr. Quand je manipulai toute cette ferblanterie avec un effroyable cliquetis, le malheureux Chinois perdit courage et ses joues prirent une teinte jaune verdâtre. Il se plaignit du soleil, mais comme nous avions besoin de lumière pour nos photographies, nous passâmes outre. Je plaçai une pince autour de la dent ; le patient se mit à trembler de tous ses membres et cette fois son visage se décomposa entièrement.

« C'est prêt, Martin ?

— Fin prêt ! »

Je donnai une secousse. O dieux ! la dent branlait ! Elle s'arracha du premier coup. Je jubilais en la tenant en l'air au bout du davier.

« Remettez-la en place, je vous en prie ! Oh ! remettez-la, suppliait Martin. Vous avez opéré trop vite pour moi. »

Le pauvre vieux Chinois reprit sa position tandis que je replaçais la dent et tirais dessus à nouveau. Martin fit fonctionner le déclic. Le tour de force était accompli. Exaltation ? Orgueil ? Nul chasseur n'a montré plus de fierté, à la vue du premier chevreuil tué par lui, que moi devant cette dent à trois racines ! C'était moi, moi, l'auteur de cette prouesse ! Moi-même, à l'aide de mes propres mains et de la pince, sans parler des expériences faites sur le crâne humain.

Mon deuxième client était un matelot tahitien, petit de taille, qui se présenta dans un état complet de prostration consécutif à de longs jours et de longues nuits de douleurs lancinantes.

Je commençai par un coup de lancette aux gencives. Je ne savais au juste comment m'y prendre, mais je n'hésitai pas. Il me fallut ensuite tirer de toutes mes forces. Le héros poussait des rugissements si affreux que je m'attendais à le voir défaillir d'une seconde à l'autre, mais il garda la bouche ouverte et me laissa opérer. Enfin la dent céda.

Après ces glorieux succès, je me sentais prêt à pratiquer mon art sur le premier venu.

Cette témérité devait fatalement aboutir à une cuisante défaite qui, en effet, ne tarda pas. L'homme s'appelait Tomi et descendait de parents cannibales. Ce païen géant, réputé pour sa brutalité, avait, entre autres, assommé deux de ses femmes à coups de poing. Lorsqu'il fut assis et que, debout devant lui, je lui fourrai le davier dans la bouche, sa tête arrivait presque à la hauteur de la mienne. Sachant que les hommes gros sont souvent portés à la violence, je me méfiai de celui-ci. Charmian lui saisit un bras, Martin l'autre, et le jeu de la corde commença (1). Au moment où ma première pince se refermait sur la dent du païen, ses mâchoires agrippèrent l'instrument, puis ses deux mains, dégagées soudain, empoignèrent la mienne. Je résistais de toutes mes forces, de même Charmian et Martin. Nous nous démenions comme des enragés.

Nous luttions à trois contre un ; cependant ma prise sur une dent malade demeurait très précaire et la brute finit par avoir raison de nous. Le davier glissa le long de ses dents supérieures avec un grincement qui nous crispa les nerfs, vola hors de sa bouche, et l'homme se dressa soudain en poussant des hurlements de fauve. Nous tombâmes tous trois à la renverse. La crainte d'être massacrés

(1) Jeu très populaire en Belgique. Deux équipes tirent sur une corde, et celle qui l'emporte sur l'autre est proclamée gagnante.

s'empara de nous, mais ce sauvage sanguinaire se contenta de s'effondrer sur sa chaise, la tête entre les mains, et de grogner. Inutile de lui faire entendre raison. Il me traita de charlatan. Mon extraction de dents sans douleur était une duperie, un piège à gogos. Je tenais tant à posséder cette dent que je songeai à me concilier les grâces du bonhomme par quelque présent, mais ma fierté professionnelle s'y opposa. Je le laissai donc partir, sa dent toujours intacte.

Ce fut la seule fois où j'abandonnai un patient sans avoir exercé sur lui, jusqu'au bout, mes talents de dentiste. Je me suis donné pour règle de ne jamais perdre une occasion de me perfectionner : l'autre jour encore, je n'ai pas hésité à naviguer trois jours vent debout pour soulager la femme d'un missionnaire qui souffrait d'une dent. Je ne désespère pas d'être en mesure, avant le terme de notre voyage, de fabriquer des dentiers et de poser des couronnes en or.

J'ignore si j'ai souffert des *yaws ;* un médecin des îles Fidji me l'a assuré et un missionnaire des îles Salomon m'a affirmé le contraire. Toujours est-il que je conserve un souvenir cuisant des plaies qui m'envahirent à cette époque. A Tahiti, il m'arriva d'embarquer un matelot français qui, aussitôt en mer, fut affligé d'une immonde maladie de peau. Le *Snark* était de dimension trop restreinte et notre famille trop nombreuse pour nous permettre de conserver longtemps cet homme à bord ; néanmoins force me fut de le soigner jusqu'à ce que nous eussions accosté et pris congé de lui.

Après avoir consulté mes ouvrages de médecine, je commençai mon traitement en prenant soin de toujours procéder à une désinfection antiseptique de ses plaies. Quand nous fûmes arrivés à Tutuïla, le médecin du port, à l'encontre de nos prévisions, déclara notre Français en quarantaine et refusa de le laisser descendre à terre. Toutefois, à Apia, dans l'île Samoa, je réussis à le faire embarquer sur un vapeur à destination de la Nouvelle-Zélande.

Avant de quitter Apia, j'eus les chevilles dévorées par les moustiques ; j'avoue avoir gratté les piqûres, et comme je l'avais fait maintes fois auparavant, quand nous abordâmes l'île de Savaï, je découvris un petit ulcère sur mon cou-de-pied. Il provenait sans doute, pensai-je, d'un échauffement du pied et des gaz acides émanant de la lave brûlante que j'avais foulée. Bah ! un baume quelconque suffirait à me guérir. Mais le baume ne produisit aucun effet : une bizarre inflammation se produisit, la nouvelle peau se détacha et un gros ulcère apparut. Le phénomène se manifesta à plusieurs reprises. Chaque fois que la peau se reformait, une inflammation se déclarait et l'ulcère prenait de plus fortes proportions. J'étais à la fois intrigué et effaré. A la moindre écorchure, ma peau s'était toujours cicatrisée avec une rapidité étonnante ; or, cette plaie refusait non seulement de se cautériser, mais s'agrandissait sans cesse, me rongeant jusqu'aux muscles.

Ce jour-là, le *Snark* roulait en mer, à destination des îles Fidji. Sérieusement alarmé, je pensai au matelot français. Quatre autres plaies semblables — quatre ulcères, plutôt — se montrèrent, et la douleur me tint éveillé toute la nuit. Je tirai des plans pour désarmer le *Snark* aux îles Fidji, prendre un vapeur se dirigeant vers l'Australie ; arrivé là, je consulterais un médecin professionnel. Pendant ce temps, je me soignai le mieux possible en amateur. Je lus d'un bout à l'autre tous les ouvrages médicaux que je trouvai à bord; pas une ligne, pas une phrase qui décrivît la nature de mon mal! Pour essayer de résoudre le problème, je recourus au vulgaire bon sens. Des ulcères virulents causés par un poison organique me dévoraient. Bien. Il fallait découvrir un remède énergique capable de détruire le mal jusqu'en sa racine. Je songeai immédiatement au sublimé, mais le seul nom de ce produit m'effraya. Cette méthode revenait à combattre le feu par le feu. Rongé par un poison corrosif, je voulais guérir en employant un autre poison corrosif! Au bout de quelques jours, j'alternai mes pansements de sublimé avec d'autres de peroxyde d'hydrogène. Or, voici le résultat : au moment où nous atteignions les îles Fidji, quatre sur cinq de mes ulcères étaient guéris et le dernier réduit à la grosseur d'un pois.

Bien qu'alors je me sentisse tout à fait qualifié pour traiter ce genre de plaies, elles m'inspiraient néanmoins une grande crainte que mes compagnons de voyage ne partageaient point. Il ne leur suffisait pas de voir pour croire. Tous avaient été témoins de mon horrible situation et tous, j'en suis convaincu, s'imaginaient inconsciemment être à l'abri de semblables maux. Fi donc! Comment un poison aussi vulgaire oserait-il s'insinuer dans leurs superbes organismes? Moi, c'était différent : j'étais un anémique et de constitution médiocre.

A Port Résolution, dans les Nouvelles-

Hébrides, Martin se risqua à marcher pieds nus dans la brousse. Il revint à bord avec quantité de coupures et d'abrasions, notamment sur les tibias.

« Vous devriez vous soigner, lui recommandai-je. Si vous voulez, je vous préparerai une dose de sublimé corrosif avec lequel vous laverez vos plaies. Vous connaissez le proverbe : mieux vaut prévenir... »

Martin me répondit d'un air supérieur. Encore qu'il se gardât de me l'avouer, il me laissa entendre qu'il ne ressemblait pas au commun des mortels — allusion discrète, j'en conviens, à mon propre cas. D'un air détaché, il m'assura que sa guérison serait l'affaire d'un ou deux jours. Il me tint également un discours sur la pureté de son sang et ajouta qu'il traitait toujours ces petits bobos par le mépris. Je me sentis tout humilié quand il eut terminé sa péroraison. De toute évidence, je différais des autres quant à la pureté de mon sang.

Nakata, le mousse, un jour qu'il repassait du linge, prit sans doute son mollet pour le support de son fer, car il se fit une brûlure de trois pouces de long sur quatre et demi de large. Lui aussi m'accueillit avec un sourire narquois lorsque je lui proposai de le soigner au sublimé corrosif et lui rappelai mes cruelles souffrances. Par ses manières suaves et courtoises, il insinuait nettement que son sang splendide de Japonais dédaignait les microbes.

Wada, le cuisinier, prit part à un désastreux accostage de la chaloupe. Il dut sauter par-dessus bord et écarter la barque de la grève au milieu d'un violent ressac. Les coquillages et le corail lui firent, aux jambes et aux pieds, de magnifiques coupures.

Une fois de plus je me présentai avec le sublimé corrosif et j'essuyai le même front qu'avec les deux autres. Quoi ? Wada n'avait-il pas contribué à battre la Russie ? n'était-il pas prêt à flanquer une tripotée aux Etats-Unis ? Si son sang se refusait à guérir quelques méchantes égratignures, eh bien, lui, Wada, n'avait plus qu'à faire hara-kiri, et disparaître dans la honte.

De tout ce qui précède, je conclus qu'un médecin amateur, même s'il se soigne lui-même avec succès, n'est point prophète sur son propre bateau. Mes compagnons me considéraient comme une sorte de monomaniaque inoffensif lorsque j'amenais la discussion sur les ulcères et le sublimé. Que diable ! Parce que mon sang était impur, il ne s'ensuivait pas que celui des autres lui ressemblât. Soit. Désormais, je ne ferais plus d'avances. Le temps et les microbes se chargeraient de parler pour moi. Je n'avais plus qu'à attendre les événements.

Plusieurs jours après, Martin, moins sûr de lui-même, vint me trouver.

« Je crois tout de même qu'il y a de la saleté dans ces coupures, me dit-il d'un air interrogateur. Mais je vais les laver et d'ici peu il n'en sera plus rien », ajouta-t-il, comme je refusais de mordre à l'hameçon.

Deux jours passèrent, mais les coupures point. Je surpris Martin en train de se baigner les pieds et les jambes dans un baquet d'eau chaude.

« Rien ne vaut la bonne eau chaude ! proclama-t-il avec enthousiasme. Un bain chaud dame le pion à toutes vos drogues de médecin. Ces plaies n'existeront plus demain matin. »

Le lendemain, Martin avait le regard inquiet. L'heure de mon triomphe approchait.

« Après tout, je crois que je tâterai de cette médecine, annonça-t-il un peu plus tard dans la journée. Non que je lui accorde grande confiance, souligna-t-il, mais je ne risque rien d'essayer. »

Ensuite j'eus la visite de l'orgueilleux fils du Japon, qui vint me demander de soigner ses illustres ulcères. Je lui expliquai en détail le traitement à appliquer. Nakata suivit mes instructions à la lettre et de jour en jour ses plaies se cicatrisèrent.

Avec sa nature lymphatique, Wada se guérit moins rapidement.

Martin demeurait incrédule. Son mal ne disparaissant pas assez vite à son gré, il en déduisit que, si les drogues s'avéraient radicales en certains cas, elles ne produisaient cependant pas les mêmes effets pour tout le monde. Quant à lui, le sublimé corrosif ne donnait aucun résultat. En outre, comment osais-je prétendre que c'était là le vrai remède ? Pouvais-je parler sérieusement moi-même ? Parce que je m'étais trouvé mieux pendant l'application du sublimé, fallait-il en conclure que cet antiseptique avait joué un rôle prépondérant dans ma guérison ? Simple coïncidence ! Sans doute existait-il un traitement contre les ulcères, et Martin était bien résolu à consulter un véritable médecin à la prochaine occasion.

Peu après, nous touchions les Salomon. Certes, aucun médecin ne s'aviserait de recommander ce groupe d'îles à ses malades, tant le climat en est insalubre. Je ne tardai pas à constater — pour la première fois de ma vie — la fragilité de l'être humain.

Nous jetâmes l'ancre à Port Mary, sur l'île de Santa Clara. Le seul blanc qui s'y trouvait, un trafiquant nommé Butler, s'approcha de nous avec sa baleinière. Il illustrait de façon tragique les ravages que son séjour dans ce pays avait accumulés sur lui. Il demeurait allongé dans sa barque, et aucun sourire, aucune intelligence n'éclairaient son visage. Ses traits portaient déjà les marques de la mort. Lui aussi, était affligé de *yaws* énormes. Nous dûmes le soulever par-dessus la lisse du *Snark.* A l'entendre, il jouissait d'une bonne santé, il n'avait pas souffert de la fièvre depuis quelque temps et, à l'exception de son bras, il se sentait en excellente forme. Son bras était paralysé, mais cet homme traitait la paralysie avec mépris. Elle sévissait communément chez les indigènes de Santa Clara, ajouta-t-il, tandis que nous l'aidions à descendre l'escalier, son bras inerte rebondissant avec un bruit mat sur chacune des marches. Notre invité était assurément le plus macabre de toute la série de malheureux atteints de la lèpre ou de l'éléphantiasis que nous recueillîmes à bord du *Snark* — et Dieu sait s'ils furent nombreux !

Martin l'accabla de questions au sujet des *yaws.* Certes, à en juger par les plaies de ses jambes et de ses bras et par les ulcères qui rongeaient à vif le centre de ses cicatrices, ce patient devait savoir de quoi il retournait.

« Oh ! on s'habitue aux *yaws,* répondit Tom Butler. Ils ne sont graves que lorsqu'ils mordent profondément la chair : alors, ils attaquent les artères, celles-ci éclatent et la mort s'ensuit. Plusieurs indigènes ont succombé ainsi à terre, tout récemment. Peuh ! Qu'importe ? Si on échappe aux *yaws,* dans les Salomon, d'autres maladies aussi dangereuses vous emportent. »

A partir de cet instant, Martin s'intéressa davantage à ses propres plaies, auxquelles il appliqua de plus fréquents lavages au sublimé. Au cours de la conversation, il ne tarissait pas d'éloges sur le climat salubre du Kansas et sur tous les autres avantages de ce bienheureux pays. Charmian et moi pensions de même de notre Californie. Henry ne jurait que par Rapa. Tehei eût tout sacrifié pour revoir Bora-Bora. Quant à Wada et à Nakata, ils lançaient au ciel des hymnes célébrant les charmes du Japon.

Un soir, comme le *Snark* contournait l'extrémité méridionale de l'île d'Ugi à la recherche d'un mouillage, un certain M. Drew, missionnaire de l'Eglise anglicane, qui gagnait dans sa baleinière la côte de San Cristobal, vint se ranger le long du *Snark,* et nous l'invitâmes à monter à bord pour partager notre repas. Martin, les jambes bandées de pansements qui le faisaient ressembler à une momie, fit dévier la conversation sur les *yaws.*

« Oui, dit M. Drew, ils sont très communs dans les îles Salomon. Aucun blanc n'y échappe.

— En avez-vous eu vous-même ? » demanda Martin, choqué, au fond, qu'un représentant de l'Eglise pût contracter une affection si vulgaire.

Acquiesçant de la tête, M. Drew ajouta que non seulement il en avait souffert, mais qu'en ce moment même il en soignait plusieurs sur sa personne.

« Quel traitement employez-vous ? »

Mon cœur faillit s'arrêter de battre. De la réponse dépendait mon prestige. Martin — je lus cela sur son visage — attendait ma chute.

« Du sublimé corrosif », répondit M. Drew.

Je l'aurais embrassé de joie.

Beau joueur, Martin reconnut volontiers son tort. Si, à ce moment, je lui avais demandé de lui arracher une dent, je suis persuadé qu'il ne m'aurait pas refusé ce plaisir.

Tout le monde sur le *Snark,* Charmian exceptée, fut affligé de *yaws.* Semblable aux gars du Japon et du Kansas, elle attribuait avec orgueil son immunité à la pureté de son sang. A part moi, je m'expliquais le phénomène par le fait que Charmian, n'étant pas soumise, comme nous, à de dures besognes, échappait aux légères écorchures qui devenaient, sur nous, par la suite, autant de plaies malignes. Je me gardai bien de lui dire ma pensée, par crainte de détruire ses illusions. Encore que médecin amateur, j'en connaissais plus long qu'elle sur la nature de cette maladie et je n'ignorais point que le temps travaillait pour moi. Mais je ne pus m'empêcher de trahir ce précieux allié dès que j'aperçus un soupçon de *yaw* sur le tibia de Charmian ; j'y appliquai immédiatement un traitement antiseptique, et l'ulcère disparut avant même que ma femme se crût victime du mal.

De nouveau, je faillis perdre ma réputation de guérisseur. Charmian ne m'accusait-elle pas de l'avoir sciemment induite en erreur ? Allons donc, elle n'avait jamais eu de *yaw !* Impossible, avec un sang pur comme le sien. Sans mot dire, je me replongeai dans mes livres de navigation et me tins désormais tranquille. Mais tôt ou tard, mon heure devait arriver. Ce jour-là, nous longions la côte de Malaïta.

« Tiens ? Qu'as-tu donc à la cheville ? demandai-je à Charmian.

— Moi ? rien du tout !

— Mets-y tout de même du sublimé corrosif. D'ici deux ou trois semaines, si tu te soignes bien, il ne restera plus qu'une cicatrice. En attendant, oublie la pureté de ton sang et l'histoire de tes ancêtres. Tu me diras ensuite ton opinion sur les *yaws.* »

Cet ulcère, large comme un dollar d'argent, demanda trois semaines pour guérir. La douleur était si violente qu'elle empêcha Charmian de marcher pendant de longs jours.

Au bout d'un certain temps, les *yaws* perdirent l'attrait du nouveau. A l'heure où j'écris, j'en compte cinq sur mes mains et trois autres sur mes tibias. Charmian en porte un de chaque côté de la cheville droite. Ceux de Tehei le rendent fou. De récentes plaies sur les tibias de Martin remplacent les premières. Mais l'odyssée du *Snark* dans les îles Salomon est celle de tous les explorateurs. Je relève les lignes suivantes dans les *Instructions nautiques :*

« Les hommes d'équipage des bâtiments prolongeant leur séjour dans les îles Salomon contractent presque tous des espèces de plaies susceptibles de se transformer en ulcères virulents. »

Les *Instructions nautiques* ne sont guère plus optimistes sur la question de la fièvre. Je cite textuellement :

« Les nouveaux arrivés souffriront tôt ou tard de la fièvre à laquelle les indigènes également sont sujets. Le nombre de décès chez les blancs, dans l'année 1897, s'est élevé à 9 sur une population de 50.

« Toutefois, certaines de ces morts sont accidentelles. »

A Penduffryn, Nakata fut le premier terrassé par la fièvre. Wada et Henry le suivirent. Puis Charmian. Je réussis à tenir le coup pendant deux mois environ. Mon tour venu, Martin, par pure sympathie, sans doute, me rejoignit quelques jours plus tard. De nous sept, Tehei demeure le seul indemne, mais il souffre d'une nostalgie pire que la fièvre. Comme toujours, Nakata se conforma à mes instructions. Après son troisième accès, il pouvait transpirer deux heures de suite, consommer de trente à quarante grammes de quinine. Malgré son état de faiblesse, il fut sur pied au bout de vingt-quatre heures.

Wada et Henry étaient des patients difficiles à soigner. Tout d'abord Wada, en proie à une terrible frousse, s'imaginait abandonné par sa bonne étoile et croyait dur comme fer qu'il laisserait ses os dans ce pays. Tout autour de lui, la vie lui semblait extrêmement précaire. A Penduffryn, où la dysenterie avait causé d'affreux ravages, il avait vu des brancardiers de fortune emporter son voisin de lit sur une bande de tôle galvanisée et le jeter dans une fosse, sans sépulture. Tout le monde souffrait de la fièvre, de la dysenterie, de toutes espèces de maladies. La camarde était chose commune. On vivait aujourd'hui ; demain on pouvait disparaître ; Wada, oubliant le jour présent, ne songeait qu'au lendemain.

Indifférent à ses ulcères, il ne se souciait même

plus de les traiter au sublimé et, se grattant continuellement, les parsemait sur tout son corps. Il cessa de soigner sa fièvre. Résultat : il tomba malade pendant six jours, alors qu'il eût pu se lever dès le deuxième.

Henry, ce géant, ne se montrait pas plus raisonnable. Il refusa formellement de prendre de la quinine sous ce prétexte enfantin : voilà plusieurs années, un médecin lui avait ordonné, pour calmer la fièvre, des pilules de dimension et de couleur différentes de celles que je lui offrais. En sorte qu'il alla tenir compagnie à Wada.

La frousse leur inculquait l'idée fixe d'une mort imminente. J'amplifiai chez eux cet état d'esprit pour arriver à mes fins et leur fis accroire à tous deux que leur cas était désespéré : ils ne risquaient donc plus rien à suivre ma médication. Je les bourrai de quinine et pris leur température.

Pour la première fois, je me servais du thermomètre de ma pharmacie portative. Je ne tardai pas à découvrir que cet article, manufacturé en série, ne valait rien. Si je leur avais avoué la température qu'il marquait, soit 43 degrés, les deux malheureux auraient succombé sur le coup. D'un geste solennel je leur glissai à tour de rôle l'instrument dans la bouche, j'esquissai sur mon visage une expression de satisfaction et leur annonçai joyeusement que leur température n'atteignait que 38 degrés ! Puis je leur fis ingurgiter une nouvelle dose de quinine, en leur recommandant de ne point se frapper s'ils se trouvaient encore abattus ou un peu plus malades. Je les laissai ensuite à leur sort. Tous les deux se remirent, Wada bien malgré lui. S'il est vrai qu'on meurt de peur, avais-je raison de vouloir sauver mes deux malades par la peur ?

Parlez-moi des hommes de race blanche pour leur cran et leur volonté de vivre ! L'un de nos Japonais et nos deux Tahitiens tremblaient tellement à la pensée de quitter ce monde, qu'il fallait les dorloter comme des enfants pour les ramener de force à la vie. Charmian et Martin se résignèrent courageusement à leur mal, sans en exagérer l'importance, et recouvrèrent leur santé avec une foi sereine. Lorsque Wada et Henry furent convaincus que leurs jours étaient comptés, cette ambiance funèbre devint insupportable pour Tehei ; il se mit à prier et à sangloter pendant des heures d'affilée. Quant à Martin, il ne cessait de jurer, mais revenait peu à peu à la vie, tandis que Charmian pestait tout en formant des projets d'avenir.

Habituée dès l'enfance à suivre un régime végétarien et des prescriptions hygiéniques très sévères, elle ne croyait pas aux drogues, tout comme sa tante Netta, chez qui elle avait été élevée dans un pays très salubre. Leurs effets, affirma-t-elle, sont pires que les maladies qu'elles prétendent soulager. Toutefois, elle accepta mes arguments en faveur de la quinine, et ce remède comme un moindre mal : elle vit bientôt diminuer le nombre et l'intensité de ses accès de fièvre. M. Caulfeild, le missionnaire que nous avions rencontré, et dont les deux prédécesseurs étaient morts dans les îles Salomon en moins de six mois, partageait leur croyance en l'homéopathie jusqu'à sa première fièvre. Par la suite, il se rangea du côté des partisans de la médecine courante et de la quinine. La fièvre ne l'empêchait pas d'accomplir sa mission évangélique.

Mais le pauvre Wada ! Le coup de grâce lui fut donné lorsque Charmian et moi l'emmenâmes jusqu'à l'île de Malaïta, dans un petit yacht sur le pont duquel le capitaine avait été assassiné un an auparavant. L'île était peuplée de cannibales et Wada était sûr qu'on allait lui faire *kaï-kaï,* c'est-à-dire le manger. Armés jusqu'aux dents, toujours sur le qui-vive, nous allâmes nous baigner à l'embouchure d'une rivière. De jeunes noirs, porteurs de fusils, montaient la garde autour de nous. Des vaisseaux de guerre anglais bombardaient la côte pour punir des villages où des blancs avaient été massacrés. Plusieurs indigènes, dont la tête était mise à prix, venaient se réfugier à notre bord. Les criminels infestaient le pays. Dissimulés dans les buissons, certains sauvages, non hostiles aux blancs, nous avertirent du danger. Notre bateau « devait » deux têtes à Malaïta et à tout moment on pouvait nous surprendre. Pour comble de malchance, nous échouâmes sur un récif et, tandis que d'une main nous chassions les pilleurs d'épaves en les menaçant de nos fusils, de l'autre main nous travaillions au sauvetage de notre embarcation. Wada ne put en supporter davantage et faillit perdre la tête. Entre deux attaques de fièvre et menacé de pneumonie, il nous pria de le débarquer sur l'île Isabelle, en pleine rafale de pluie.

S'il parvient à échapper aux dents des cannibales et à survivre aux ulcères et à la fièvre qui règnent là-bas à l'état endémique, il réussira peut-être à gagner l'île voisine dans six à huit semaines. Il témoigne d'une piètre opinion envers mes talents médicaux. Cependant, je lui ai arraché du premier coup deux dents gâtées.

Depuis plusieurs mois, le *Snark* est transformé en hôpital, et nous commençons à nous y habituer. Au lagon de Méringe, où notre bateau fut mis en carène pour qu'on pût nettoyer son doublage en cuivre, il arrivait parfois qu'un seul d'entre nous se trouvait en état d'entrer dans l'eau, et les trois blancs qui travaillaient dans la plantation étaient terrassés par la fièvre. Au moment où je trace ces lignes, nous sommes égarés en mer, quelque part au Nord-Ouest de l'île Isabelle, à la recherche de l'île de Lord Howe, un atoll qu'on aperçoit seulement quand on a le nez dessus. Le chronomètre fonctionne mal. Pendant le jour, le soleil se cache, et la nuit il m'est impossible d'observer les étoiles. La pluie ne cesse de tomber. A défaut de cuisinier, Nakata cumule les fonctions de coq et de mousse, mais la fièvre l'oblige à se coucher. Martin, lui, vient de s'en relever, et reste encore sous la menace d'un nouvel accès. Quant à Charmian, sa fièvre est devenue périodique et elle consulte son agenda pour savoir la date de la prochaine attaque. Henry absorbe quantité de quinine dans l'espoir d'améliorer son état. Depuis que mes accès se déclenchent avec la soudaineté d'un coup de fouet, je m'attends continuellement à une rechute. Par étourderie, nous avons donné le reste de notre farine à des blancs qui nous en demandaient. Nous ignorons quand nous pourrons toucher terre. Nos ulcères se multiplient et empirent de jour en jour. Pour comble de déveine, nous avons oublié notre sublimé à Penduffryn ; notre peroxyde d'hydrogène est épuisé et j'y supplée par de l'acide borique, du lysol et de l'antiphlogistine. Quoi qu'il en soit, si je ne deviens pas un médecin accompli, ce ne sera point faute de pratique.

*
**

Voici deux semaines que ces lignes sont écrites. Tehei, le seul d'entre nous qui jusqu'à présent soit resté indemne, garde le lit depuis dix jours, en proie à une fièvre plus intense que la nôtre. A plusieurs reprises, sa température a monté à 40 degrés et ses pulsations à 105.

*
**

En mer, entre l'atoll de Tasman
et le détroit de Manning.

L'accès de Tehei s'est transformé en fièvre d'eau noire, forme la plus redoutable de la malaria. Mon livre de médecine m'assure qu'elle provient également de quelque infection cutanée. Ayant débarrassé le malade de sa fièvre, je ne sais plus à quel saint me vouer, car Tehei donne des signes de démence. Je suis vraiment trop peu versé dans la pratique de la médecine pour essayer de guérir la folie. Voici le deuxième cas de ce genre qui se déclare au cours de notre croisière.

*
**

Quelque jour j'écrirai un livre à l'intention des disciples d'Esculape. Je l'intitulerai : *Voyage autour du monde sur le « Snark », navire-hôpital.* Nos animaux favoris eux-mêmes n'échappent pas à la maladie. En quittant le lagon de Méringe, nous emportions à bord un terrier irlandais et un cacatoès blanc. Le chien tomba malade dans l'escalier de la cabine et se démit une patte de derrière, du côté droit. Peu après, répétant la manœuvre, il se démit une patte de devant, du côté gauche. Par bonheur, il put encore se mouvoir en sautillant sur les deux autres pattes. Le cacatoès s'écrasa sous la claire-voie de la cabine, et on dut l'achever. Ce fut la seule mort que nous ayons eu à déplorer, exception faite de nos poules, qui volèrent pardessus bord et se noyèrent. Dommage ! Elles eussent fourni un succulent bouillon à nos convalescents. Seuls, les cancrelats, invulnérables aux maladies et aux accidents, croissent et se multiplient. Ces carnivores grossissent à vue d'œil et, pendant notre sommeil, viennent ronger les ongles de nos mains et nos pieds.

*
**

Charmian se débat encore contre la fièvre. De désespoir, Martin, mué en vétérinaire, soigne ses *yaws* avec du sulfate de cuivre et ne cesse de pester contre les Salomon. Quant à moi, je continue à remplir mes devoirs de navigateur, de médecin et d'écrivain, bien que ma santé laisse fort à désirer. Exception faite des cas de folie, c'est moi le plus atteint. Sans doute prendrai-je le prochain vapeur à destination d'Australie, et irai-je m'étendre sur la table d'opération. Parmi mes moindres maux, je vais vous en citer un, nouveau et mystérieux. Toute la semaine dernière mes mains ont enflé comme si j'étais hydropique. Je ne les referme que difficilement. Tirer sur un filin me cause une douleur intolérable, comme si je souffrais d'engelures malignes. La peau de mes mains se pèle avec une rapidité effrayante et le nouveau derme se durcit et devient épais. Le manuel ne mentionne point cette étrange maladie et personne d'entre nous n'en a entendu parler.

⁂

Toujours est-il que j'ai réussi à réparer le chronomètre. Après avoir bourlingué pendant huit jours sous des rafales de pluie, obligé de prendre la cape la plupart du temps, je suis enfin arrivé à relever une observation méridienne, d'où je déduisis ma latitude ; partant de là, je fis route pour atteindre la latitude de l'île de Lord Howe, et atteignis l'île elle-même et son parallèle en même temps. Ici, je contrôlai le chrono par un calcul d'angle horaire et découvris qu'il avançait à peu près de trois minutes. Puisque chaque minute équivaut à quinze milles, on peut évaluer facilement l'erreur totale. Après avoir fait plusieurs observations à l'île de Lord Howe, je réglai le chronomètre qui perdait journellement sept dixièmes de seconde. Quand nous quittâmes Hawaï voilà un an, ce chronomètre perdait également sept dixièmes de seconde par jour. Cette même erreur s'étant ajoutée régulièrement tous les jours, comment diable se fait-il que le chronomètre s'emballe maintenant et avance de trois minutes ? De tels phénomènes peuvent-ils se produire ? Des maîtres horlogers soutiendront que non : eh bien ! qu'ils viennent se renseigner dans les Salomon. J'en accuse le climat. En tout cas, si je n'ai pu guérir les deux cas de folie à bord du *Snark* et les *yaws* de Martin, je suis venu à bout de mon chronomètre !

⁂

Martin essaye maintenant de se soigner avec de l'alun brûlé et, plus que jamais, abreuve d'injures les îles Salomon.

⁂

Entre le détroit de Manning et les îles Pavuvu.

Henry souffre de rhumatismes dans le dos, et mes mains se pèlent à dix endroits différents. Tehei, de plus en plus toqué, prie Dieu jour et nuit pour qu'on ne le tue point. Nakata et moi nous nous débattons de nouveau contre la fièvre. Pour comble de malheur, Nakata fut pris hier soir d'un commencement d'empoisonnement de ptomaïne et nous dûmes passer la nuit à le soigner.

POSTFACE

FIN DU VOYAGE

Le *Snark* mesure 43 pieds à la flottaison et 55 pieds hors tout, avec un bau de 15 pieds et 7 pieds 8 pouces de tirant d'eau. Il est gréé en *ketch,* avec clinfoc, trinquette, grand-voile, artimon et *spinnaker.* La hauteur sous barrots est de 6 pieds et il est du type à pont dégagé, sans rouf. Il contient quatre compartiments prétendus étanches. Un moteur à essence auxiliaire de soixante-dix chevaux-vapeur fournit la vitesse à raison de vingt dollars par mille, environ. Un autre moteur de cinq chevaux-vapeur actionnait les pompes lorsqu'il fonctionnait et, à deux reprises, il alimenta le projecteur. Les accumulateurs marchèrent bien quatre ou cinq fois en l'espacc de deux ans. La chaloupe de 14 pieds donnait satisfaction quand la fantaisie l'en prenait, mais elle se détraquait invariablement chaque fois que je montais dedans.

Par bonheur, le *Snark* pouvait naviguer à la voile. C'est, d'ailleurs, ce qui nous permit d'effectuer le voyage. Deux années durant, il bourlingua sur mer sans jamais toucher les rochers, les récifs ou les hauts-fonds. Il ne porte aucun lest, sa quille pèse cinq tonnes, mais son fort tirant d'eau et son franc-bord très élevé en font un bateau très raide à la toile. Fréquemment, il lui arriva d'être pris, toutes voiles hautes, sous les grains des Tropiques, de plonger complètement sa lisse dans l'eau, mais il refusa toujours catégoriquement de chavirer. Il gouvernait très bien et pouvait tailler de la route nuit et jour, sans homme de barre, au plus près, petit largue et vent de travers. Grand largue, et avec ses voiles convenablement bordées, il gouvernait seul sans embarder de plus de deux quarts ; et avec le vent presque de l'arrière, ses embardées n'atteignaient trois quarts qu'exceptionnellement.

Le *Snark* fut en partie construit à San Francisco. Le matin même où l'on devait fondre sa quille de fonte, éclata le grand tremblement de terre. Alors ce fut de l'anarchie complète. Par suite d'un retard de six mois dans la livraison, je décidai de transporter la coque à Hawaï, pour la terminer. On amarra le moteur dans la cale, et les différents matériaux de construction demeurèrent sur le pont. Si j'avais attendu l'achèvement de mon bateau à San Francisco, je m'y trouverais encore à l'heure actuelle. En fin de compte, le *Snark* me coûta quatre fois la somme prévue.

Le *Snark* naquit sous de mauvais auspices. Il fut saisi à San Francisco, on refusa de payer mes chèques à Hawaï sous le prétexte qu'ils étaient faux, et je fus frappé d'une amende dans les îles Salomon pour rupture de quarantaine. Les journaux n'eurent pas le courage de révéler la vérité à leurs lecteurs. Lorsque je renvoyai un capitaine pour son incompétence, on m'accusa de l'avoir roué de coups. Une jeune homme m'ayant quitté pour reprendre ses études au collège, la presse me traita de Loup Larsen (1), ajoutant que tout l'équipage avait déserté le *Snark* à la suite de mes mauvais traitements. Si quelqu'un s'est livré à des voies de fait à bord du *Snark,* ce fut un capitaine qui malmena notre cuisinier. Cet officier, qui s'était embarqué avec nous en abusant de notre confiance, fut remercié par moi aux îles Fidji. Charmian et moi faisions de la boxe par amour du sport, mais sans jamais nous blesser sérieusement.

Nous comptions avoir du bon temps pendant cette croisière. J'avais construit le *Snark* et réglé toutes les dépenses. Je m'étais engagé par contrat à rédiger une série d'articles décrivant notre voyage et comportant une longueur totale de trente mille mots, pour un magazine qui devait me rétribuer au même tarif que mes romans composés chez moi. Cette revue, qui était riche, s'empressa d'annoncer qu'elle m'envoyait à ses frais accomplir une croisière autour du monde. Il s'ensuivit que tous mes fournisseurs triplèrent leurs prix sous prétexte que le périodique en question avait le moyen de payer. Cette légende nous accompagna jusque dans les îles les plus reculées des mers du Sud, et je dus débourser en conséquence. Aujourd'hui encore, chacun croit dur comme fer que la revue supporta tous les frais du voyage et que celui-ci me rapporta une fortune. Après une telle publicité, il est difficile d'enfoncer dans la tête de mes compatriotes que Charmian et moi, nous entreprîmes cette croisière pour notre seul plaisir.

(1) Personnage central du *Loup des Mers,* roman de Jack London, d'une brutalité devenue légendaire aux Etats-Unis.

Dès mon débarquement en Australie, je passai cinq semaines à l'hôpital, et environ cinq mois de misère dans les hôtels. La mystérieuse maladie qui m'affligeait les mains dépassait la compétence des médecins du pays. Elle ne figurait dans aucun ouvrage médical. Jamais on avait enregistré de cas semblable. L'enflure apparaissait également sur les pieds et je restais parfois impotent comme un nourrisson. Un certain jour, je regardai mes mains ; elles présentaient deux fois leur grosseur naturelle, et je comptai sept épaisseurs de peaux, mortes ou mourantes, qui se pelaient en même temps. En vingt-quatre heures les ongles de mes orteils devinrent aussi épais qu'ils étaient longs. Je les limai, et vingt-quatre heures après ils avaient repris cette dimension anormale.

Les spécialistes américains déclarèrent que cette maladie, n'offrant aucun caractère microbien, devait être de nature nerveuse. Comme le mal persistait, je dus renoncer à continuer le voyage, autrement il m'aurait fallu demeurer cloué sur ma couchette ; incapable de rien saisir avec mes mains, je n'aurais pas été à même de me mouvoir sur un si petit bateau, roulant et tanguant. Je me raisonnai de cette façon : plus tard, je pourrais effectuer de nombreux voyages sur de nombreux bateaux, mais je ne disposais que de deux mains et de dix ongles de pied. En outre, j'avais toujours conservé mon système nerveux en parfait équilibre sous le climat de la Californie. Je décidai donc de rebrousser chemin.

***

Depuis mon retour, je suis complètement rétabli et j'ai identifié cette mystérieuse maladie. Je tombai par hasard sur un ouvrage écrit par le lieutenant-colonel Charles E. Woodruff, de l'armée américaine, intitulé : *Effets de la lumière tropicale sur les blancs*. Je compris alors de quoi il retournait. Plus tard, je fis la connaissance de cet officier, et il m'apprit que lui-même avait souffert du même mal. Chirurgien militaire aux Philippines, dix-sept de ses collègues avaient étudié son cas et s'étaient avoués vaincus. En un mot, la lumière tropicale exerçait une action destructive sur mes tissus. Les rayons ultraviolets me déchiraient la peau, tout comme les rayons X attaquent celle des radiologistes.

En passant, je crois bon d'ajouter qu'une des maladies qui nous forcèrent à abandonner notre croisière est connue sous trois appellations différentes : la maladie de l'homme sain, la lèpre d'Europe et la lèpre biblique. Contrairement à la lèpre ordinaire, on ignore tout de ce mal bizarre. Nul savant n'a encore trouvé le remède, bien que des guérisons spontanées se soient déjà produites. On ne sait d'où elle vient, ni comment elle disparaît. Dès que je me replongeai dans le climat salubre de la Californie, ma peau argentée tomba d'elle-même, sans le secours d'aucun médicament. La seule espérance que m'avaient laissé entrevoir les médecins australiens était une guérison spontanée, et elle s'était produite !

***

Un dernier mot sur notre voyage. Je puis affirmer qu'il fut en somme délicieux, mais il existe un meilleur témoignage que le mien : celui de la seule femme qui, du commencement à la fin, prit part à la croisière du *Snark*. Lorsque, allongé sur mon lit d'hôpital, j'appris à Charmian qu'il nous faudrait regagner immédiatement la Californie, ses yeux s'emplirent de larmes. Pendant deux jours entiers, le cœur brisé de douleur, elle se traîna comme une épave, à la pensée d'abandonner cette magnifique aventure.

Glen Ellen, Californie,
7 avril 1911.

CHRONOLOGIE
de
La croisière du « Snark »

1906

Janvier (ou février) : Début de la construction du « Snark », à Oakland.

18 février : London adresse une lettre circulaire à quatre magazines (*Cosmopolitan, Collier's, Mac Clure's, Outing magazine*). Elle annonce son départ en octobre pour les mers du Sud et sollicite une avance de 3 000 dollars à valoir sur les articles que lui inspirera son voyage autour du monde : « Il durera au moins sept ans. » Seul, *Cosmopolitan* consentira à verser... 2 000 dollars.

8 avril : La construction s'avérant plus coûteuse que prévue, London propose également ses (futurs) services au *Woman's Home Companion* qui accepte et l'annonce publiquement. Cela entraînera une polémique entre ce magazine et son rival *Cosmopolitan.*

18 avril : Au moment où allait être fondue la coque du « Snark », un tremblement de terre ravage San Francisco de l'autre côté de la baie. Nouveaux retards qui empêcheront le « Snark » de prendre la mer comme prévu le 1er octobre.

1907

21 avril : Sur les quais d'Oakland, une foule d'amis et de curieux sont venus assister au départ du « Snark ». Mais un huissier vient mettre le bateau sous séquestre en raison d'une facture d'épicerie impayée.

23 avril : Départ du « Snark » en direction d'Hawaï. Le bateau a pour capitaine un amateur : Roscoe Eames, oncle de la femme de London. Tous les autres membres de l'équipage, du mécanicien au cuisinier (Martin Johnson) sont des amateurs.

20 mai : Après bien des retards et difficultés, arrivée à Honolulu (îles Hawaï). Le capitaine et son second démissionnent aussitôt. Un nouveau capitaine, Rosehill, démissionnera à son tour avant la fin du séjour qui se prolongera pendant cinq mois ; en raison des réparations et modifications à apporter au bateau et à la machinerie. Séjours mis à profit par London pour écrire la célèbre nouvelle *Construire un feu.*

7 octobre : Le « Snark » quitte Hawaï, commandé par le capitaine Warren. Le cuisinier Martin Johnson est promu électromécanicien.

6 décembre : Arrivée à Hua Uka (îles Marquises).
19 décembre : Départ des îles Marquises.
24 décembre : Dans « l'Archipel dangereux », le « Snark » ne parvient pas à trouver l'île Rougiroa. Il met alors le cap sur Tahiti.
26 décembre : Arrivée du « Snark » à Papeete (Tahiti).

1908

16 janvier : Abandonnant provisoirement le « Snark » et sa croisière, London et sa femme embarquent sur un bateau des lignes régulières, le « Mariposa », à destination de San Francisco. Voyage éclair destiné à rétablir les finances de l'auteur en pleine déconfiture.

15 février : Jack et Charmian sont de retour à Papeete. Ils y resteront sept semaines. Au cours de ce séjour London achèvera son roman. *Martin Eden.*

4 avril : Au moment du départ, défection du matelot Hermann. Il est remplacé à la hâte par un autre matelot déserteur d'un bateau français.

9 avril : Arrivée à Bora Bora.
15 avril : Départ en direction des îles Samoa.
28 avril : Arrivée à l'île Tam. (Samoa américaines.)
2 mai : Départ en direction de l'île Apia.
8 mai : Arrivée à Apia.
14 mai : A partir d'Apia, croisière à travers les Samoa.
20 mai : Départ pour les îles Fidji.
25 mai : London achève la nouvelle *Chun Ah Chun.*
26 mai : Arrivée à Koro (îles Fidji). Le surlendemain, le capitaine Warren est congédié. London décide d'assumer lui-même les fonctions de capitaine.
6 juin : Départ de Suva (capitale des îles Fidji).
11 juin : Arrivée à Port-Resolution. Nouvelles-Hébrides.
15 juin : Départ pour les îles Salomon.
28 juin : Arrivée à Port-Mary, île Santa Anna. La santé de London commence à se dégrader.
2 au 4 juillet : Séjour à l'île Ugi.
9 juillet : Arrivée à Pennduffryn Plantation, dans l'île de Guadalcanal. (London y situera plus tard son roman

l'*Aventureuse.*) On procède au carénage du « Snark » dans une île voisine, à Gubutu.

12 juillet : London victime d'un accès de paludisme.
13-15 juillet : Promenade en pirogue sur les rivières.
15 juillet-8 août : Divers ennuis de santé pour London, sa femme et l'équipage.
8-21 août : Séjour à Malaïta à bord du bateau du capitaine Jansen.
26-27 août : A l'île Isabella où se situera l'action de *Jerry chien des îles.*
7 septembre : Le cuisinier Wada abandonne le « Snark ».
1 au 18 septembre : Le « Snark » erre lamentablement à la recherche de l'introuvable atoll de Lua-Nua où il aborde enfin le 18.
18 septembre-2 octobre : Séjour à Lua-Nua. Nouveaux ennuis de santé pour l'équipage et pour London dont les mains enflent de façon inquiétante. Il a du mal à tenir une plume.
3-6 octobre : Séjour à l'île Tasman.
8 octobre : Le nouveau cuisinier devenu « timbré » tente de se suicider en se jetant par-dessus bord : Martin Johnson le rattrape à temps. Jack London de plus en plus malade.
15 octobre : Retour à Pennduffryn Plantation, île de Guadalcanal, où ils vont séjourner pendant trois semaines, en attendant un bateau régulier pour Sidney. Toujours souffrant, London a décidé de se faire admettre à l'hôpital de cette ville.
3 novembre : Les London et M. Johnson abandonnent le « Snark » et l'équipage et s'embarquent sur le « Makambo ».
14 novembre : Arrivée des London à Sydney. Jack est admis au Saint-Malo Hospital le lendemain. Il y sera traité pendant 5 semaines.

9 décembre : London annonce à Johnson son intention d'interrompre la croisière autour du monde et de vendre le « Snark ».

22 décembre : Sortie de l'hôpital. London écrit quelques articles dans la presse australienne pour améliorer ses finances.

1909

Janvier-mars : Convalescence en Tasmanie.

5 mars : Entrée du « Snark » dans le port de Sydney. Il sera vendu 3 000 dollars, sa construction en avait coûté 30 000.

31 mars : Martin Johnson (le seul membre de l'équipage à avoir participé à toute la croisière du « Snark ») prend congé des London. Il poursuivra une carrière de chasseur d'images.

1er mai : Les London s'embarquent sur le « Tymeric » à destination de l'Equateur.

28 juillet : Ils sont de retour au ranch de Glen Ellen après vingt-sept mois d'absence.

Francis LACASSIN

BIBLIOGRAPHIE

Pour chacun des textes composant ce volume nous indiquons le titre original américain, et le périodique qui l'a publié pour la première fois.

I. LA RÉALISATION D'UN RÊVE (*Foreword*).
Sous le titre : *The Voyage of the « Snark »*, dans *Cosmopolitan*, décembre 1906.

II. L'INCONCEVABLE ET LE MONSTRUEUX (*The inconceivable and monstruous*).
Sous le titre : *Building of the Boat* dans *Harper's Weekly*, 18 juillet 1908.

III. L'AVENTURE (*Adventure*).
Sous le titre : *Engaging A Crew. Harper's Weekly*, 25 juillet 1908.

IV. NOUS NOUS ORIENTONS (*Finding one's way about*).
Sous le titre : *Finding One's Way on the Sea. Harper's Weekly*, 1er août 1908.

V. PREMIER ATTERRISSAGE (*The first landfall*).
Sous le titre : *Adventures in Dream Harbor. Harper's Weekly*, 8 août 1908.

VI. UN SPORT ROYAL (*A royal sport*).
Sous le titre : *Riding the South Sea Surf* dans *The Woman's Home Companion,* octobre 1907.

VII. LES LÉPREUX DE MOLOKAI (*The lepers of molokai*).
The Woman's Home Companion, janvier 1908.

VIII. LA MAISON DU SOLEIL (*The house of the sun*).
The Pacific Monthly, janvier 1910.

IX. TRAVERSÉE DU PACIFIQUE (*A pacific traverse*).
The Pacific Monthly, février 1910.

X. TYPEE (*Typee*).
The Pacific Monthly, mars 1910.

XI. L'HOMME NATURE (*The nature man*).
The Woman's Home Companion, septembre 1908.

XII. LE HAUT SIÈGE D'ABONDANCE (*The high seat of abundance*).
The Woman's Home Companion, novembre 1908.

XIII. LA PÊCHE AUX CAILLOUX DE BORA BORA (*The stone-fishing of Bora Bora*).
The Pacific Monthly, avril 1910.

XIV. LE NAVIGATEUR AMATEUR (*The amateur navigator*).
Sous le titre : *An Amateur Navigator. The Pacific Monthly,* mai 1910.

XV. UNE CROISIÈRE DANS LES ÎLES SALOMON (*Cruising in the Solomons*).
The Pacific Monthly, juin 1910.

XVI. ANGLAIS BÊCHE DE MER (*Bêche de Mer english*).
Sous le titre : *Too Much English. The Woman's Home Companion,* avril 1909.

XVII. LE MÉDECIN AMATEUR (*The amateur M.D.*).
The Pacific Monthly, août 1910.

POSTFACE : FIN DU VOYAGE (*Backword*).
Écrit spécialement pour le volume, en avril 1911.

LES 18 TEXTES ONT ÉTÉ RECUEILLIS SOUS LE TITRE :

a) THE CRUISE OF THE « SNARK ».
The Macmillan Company, New York, juin 1911.

b) LA CROISIÈRE DU « SNARK ».
Traduction de Louis Postif. Hachette, 1936. Collection « Les Meilleurs romans Etrangers ». Cette traduction ne contient pas le chapitre : « ANGLAIS BÊCHE DE MER » ; il est rétabli dans la présente édition.

Francis LACASSIN

TABLE

Achevé d'imprimer en février 1986
sur les presses de l'Imprimerie Bussière
à Saint-Amand (Cher)

— N° d'édit. 1646. — N° d'imp. 3287. —
Dépôt légal : février 1986.

Imprimé en France